国家社会科学基金
NSSFC
The National Social Science Fund of China

博士论文
出版项目

重建法的规范性基础

——哈贝马斯法哲学思想探源

Reconstruction of the Normative Basis of Law:
Research on Habermas' Philosophy of Law

杨 丽 著

中国社会科学出版社

图书在版编目（CIP）数据

重建法的规范性基础：哈贝马斯法哲学思想探源／杨丽著．—北京：中国社会科学出版社，2021.1

ISBN 978 - 7 - 5203 - 7620 - 4

Ⅰ.①重… Ⅱ.①杨… Ⅲ.①哈贝马斯(Habermas,Jürgen 1929 -)—法哲学—研究 Ⅳ.①B516.59②D095.165

中国版本图书馆 CIP 数据核字（2020）第 254252 号

出 版 人	赵剑英
责任编辑	朱华彬
责任校对	张爱华
责任印制	张雪娇

出　　版	中国社会科学出版社
社　　址	北京鼓楼西大街甲 158 号
邮　　编	100720
网　　址	http://www.csspw.cn
发 行 部	010 - 84083685
门 市 部	010 - 84029450
经　　销	新华书店及其他书店

印　　刷	北京君升印刷有限公司
装　　订	廊坊市广阳区广增装订厂
版　　次	2021 年 1 月第 1 版
印　　次	2021 年 1 月第 1 次印刷

开　　本	710×1000 1/16
印　　张	17.5
插　　页	2
字　　数	244 千字
定　　价	99.00 元

出 版 说 明

为进一步加大对哲学社会科学领域青年人才扶持力度，促进优秀青年学者更快更好成长，国家社科基金设立博士论文出版项目，重点资助学术基础扎实、具有创新意识和发展潜力的青年学者。2019 年经组织申报、专家评审、社会公示，评选出首批博士论文项目。按照"统一标识、统一封面、统一版式、统一标准"的总体要求，现予出版，以飨读者。

全国哲学社会科学工作办公室

2020 年 7 月

序一　探究世界规范秩序重建的紧迫性

　　四年前我在一篇"主编导读"中做过如此断言："在今天这个世界上，哪怕我们不出家门，都能时时刻刻感受到世界的动荡和冲突，规范秩序的瓦解正如电脑病毒一样威胁着人类当下的生活，政治与人心的焦灼在一定意义上就是对秩序瓦解的激烈反映。哲学，如果真能如黑格尔所说，作为它自己时代的思想，就必须以它卓越的思想来直接面对和理解这一人类的根本困境。"① 但谁也没有想到，规范秩序的瓦解竟然来得如此迅猛。2019 年年末突然暴发而至今仍在全球多地肆虐的不是电脑病毒而是"新冠病毒"的大流（covid – 19 – pandemia），它把迄今所有自鸣得意的"体制""主义"和"高调"统统打回原形，令其狼狈不堪。其实，令人狼狈的远不是令人悲哀的巨大感染和死亡人数②，而恰恰就是在世界规范秩序瓦解面前的无能为力。人们痛心的是，世上竟然真的已经找不到具有战略眼光的国际政治家。各类带着特殊利益的政客撕下了平常各种虚伪的面具，赤裸裸地交换着他们各自的私利。当然，人类依赖英雄与领袖的时代早已远去，指望卡里斯马

---

　　①　邓安庆主编：《伦理学术》1：《现代政治伦理与规范秩序的重建》，上海教育出版社 2016 年版，第 1 页。

　　②　据实时信息网站 Worldmeter 统计数据，截至 2020 年 6 月 28 日下午，全球新冠肺炎确诊患者超过 1010 万人，死亡超过 50 万人！

（Charisma）之救星的时代，早已蒙上了厚厚的历史尘埃，散发出死尸般的恶臭。现代性的成功靠的不是任何英雄般的世界历史人物，更不是少数天才的政治家，而是自由民主的法治制度。因此，面对这一世界历史的深刻危机，人类的唯一出路，依然还是制度建设。对于目前最为急迫的课题而言，就是探究世界规范秩序的重建。

哈贝马斯这位现代性的极力维护者，在推进现代性的未竟之业中显然是功莫大焉。就其2019年6月19日在度过其辉煌的90大寿之后在法兰克福大学做了一个题为"再论：关于道德与伦理的关系"演讲所引起的全球轰动效应来看[①]，哈贝马斯显然在当代在世哲学家中属于最为举世瞩目、令人期待的哲学家。这与他在每一发生的世界性大事上，都能发表具有智慧性的评论能力密切相关，而不仅仅因为他是一名公共知识分子。那么，究竟是什么决定了一位哲学家具有如此广泛的影响力呢？当然就是他的哲学的理论深度和现实关怀的高度契合。实际上，哈贝马斯虽然一直身居高校，但他绝不属于学院派哲学家。虽然他的哲学既具有马克思主义的社会批判性，也具有康德、黑格尔的深刻思辨性。但这些并非是关键。关键在于他的思想不仅仅是哲学，而是一种社会学进路的哲学。更重要的是，它不仅仅是一种将现代社会学融为一体的社会哲学，而且是以社会交往行动为基础、以语言理解为媒介、以商谈对话为程序的现代规范秩序之构建的法政哲学。他的思想本身之广博性、多元性和跨学科性特征决定了他的受众绝不仅仅在学术圈，而是最为广泛的文化圈。

仅就哈贝马斯的法哲学而言，也充分体现了他的思想的综合创新的特色即有现代自然法传统，因为他认识到，在基督教信仰式微的现代，要寻找到法的合法性规范来源，传统已经中断，宗教

---

① 澎湃新闻网以"哈贝马斯与自由主义：哈贝马斯九十大寿引发的西方哲学界笔战"为题，对哈贝马斯演讲引起西方学界的轰动性反应做了报道。

信仰的权威已经不再具有有效性，重拾自然法是现代理性法的形而上学奠基的必然选择，但是，哈贝马斯也意识到，自然法的现代复兴在马克思主义的革命话语流行之后再次失效。社会批判必然导致资产阶级法权基础的批判。确实，他从马克思主义的历史唯物论中，确认了晚期资本主义的合法性危机，但是如何克服这种合法性危机，从哪里再次赢得法哲学的批判性力量，是哈贝马斯面临的一种思想任务。

这种思想任务以重建一种法律对话理论（Diskurstheorie des Rechts）为己任。在这里，我们与其将"Diskurstheorie des Rechts"翻译为"法律对话理论"，不如理解为"义的对话理论"。因为法律（Recht）本身既是法，也是权利，也是"正义"。作为为法的规范寻求合法依据的对话理论，当然不是就实证法本身进行对话，而是同现代以来各种有影响力的法哲学的"义理"之间进行对话。而对话的判定标准或者所希求达成的"共识"，是就"法义"达成共识。于是，我们看到，哈贝马斯既与"实证法""眉来眼去"，也从不同自然法一刀两断；他既希望利用康德法哲学的资源，也同黑格尔一起批判康德的道德性之空洞与虚妄，但又不能成为一个黑格尔主义的法哲学家。为什么如此？因为他只想同他们在"法义"上有"共识"，但又不能落入任何一种形而上学之窠臼，因为他确信我们已处在后形而上学时代，不能仅以某种实体正义为法义的唯一根据。现代性的伟大成就，是民主法治国家所确立的"程序"为社会各个阶层的理性存在者参与"法义"的商谈对话提供了条件，而法哲学最为重要的，既不是确立某一"法义"为绝对价值，也不是确立一种权威性的规范，而是由"价值"落实为"规范"的"规范有效性"。为了赢得这种规范有效性的"义"，"普遍有效性原则"（U原则）和"对话原则"都是缺一不可的。确立"义"与"规范有效性"的程序，才最终是一种现代规范秩序建构中最为重要的东西。

因此，哈贝马斯的法哲学在现代法哲学或者说政治哲学中就具有了不可取代的地位，他自己也最广泛地参与到同当代最为知名的学说的对话之中，而不拘泥于作为某一"主义"的坚守者。所以，研究他的法哲学的意义就在于能够为当代全球规范秩序的重建，寻找到"义"的根据和确立的程序或方法。

把握这样一位思想家是非常困难的，因为你不可能从他之前出版的某一本著作中就能理解他的全部思想。而且哪怕是就他的某一著作入手，但他思想的庞杂，即需要我们对最伟大的法哲学家有透彻性的领悟，还需要对现代最重要的社会学家、政治学家、语言哲学、分析哲学、心理学等都能熟悉与了解，才能知道哈贝马斯在同他们争论什么，才能判断他们争论中的是非得失。因此，我不敢说杨丽的这本专著达到了目前对哈贝马斯法哲学理解的最好水平，但我可以说，这是她经过多年研究、反复修改所能达到的就她自己而言最好的水平。

杨丽是我招进复旦大学的博士研究生，由于她致力于研究哈贝马斯，而我的同事王凤才教授是专门研究法兰克福学派的专家，因此，我邀请王凤才教授作为她的博士指导教师。后来她自己又申请到了出国留学基金，作为复旦大学和法兰克福大学联合培养的博士生，到德国著名学者弗斯特（Rainer Forst）教授门下学习了两年，在此期间，她参加了法兰克福大学法学理论、刑法学君特（Klaus Günther）教授和许多其他教授的研讨课，补习了大量法学和法哲学的功课，对康德法哲学尤其是新康德主义法哲学家加深了了解，对实证主义法哲学在德国法哲学中的地位和影响都加深了学习和认识。所以，在德国学习的两年内，她的哲学学养、外语水平和国际视野，都得到了明显地加强。

我虽然自始至终地参与指导了她研究生阶段的学习与科研，但她这次最终修改完成的著作还是令我耳目一新，比毕业答辩时提交的论文有了很大的改进。当然，最终的评判者是出版后的读者们，我作为她的老师，在此只是祝贺她这本见证着成长经历的著作顺利出版。但愿在急需重建国际规范秩序的当下，能作为一份礼物献给这个时代，那就是万幸了。

是为序。

邓安庆
庚子仲夏于沪上

序二 如何理解批判理论的 "政治伦理转向"？

　　"法兰克福学派"因法兰克福大学社会研究所而得名，以批判理论闻名于世；但这三者之间并不是完全对应的，而是存在着错综复杂的关系。换言之，社会研究所是法兰克福学派大本营，批判理论是法兰克福学派标志性贡献；但并非社会研究所所有成员都属于法兰克福学派代表人物，并非社会研究所所有理论成果都属于批判理论。例如，在格律贝格时期，既没有法兰克福学派，也没有批判理论；但他奉行的超党派学术立场、跨学科研究方法，为法兰克福学派真正创始人、批判理论真正奠基人霍克海默继承和发展。法兰克福学派并非铁板一块、批判理论并非整齐划一，而是存在着众多差异、矛盾甚至对立。尽管第一代批判理论家内部有着这样或那样的差异，但总体上都属于"老批判理论"，体现着批判理论第一期发展。尽管第二代批判理论家内部有着三条不同的研究路径，但与"老批判理论"相比，基本上都属于"新批判理论"，体现着批判理论第二期发展。尽管第三代批判理论家有着不同的学术路向，但总体上属于批判理论第三期发展，标志着批判理论最新发展阶段（"后批判理论"）、体现着批判理论最新发展趋向（"批判理论的'政治伦理转向'"）。批判理论的"政治伦理转向"，是作者长期研究法兰克福学派批判理论及其最新发展而做出的基本判断，已经得到了学界同人的认同（尤其是得到了霍耐特的认同）。要想理解批判理论的"政治伦理转向"，首先要弄清楚"批判理论三期发展"。批判理论第一期发展（从 20 世纪 30 年代初到 60 年代末，以霍克海默、阿多诺①、马尔库塞、洛文塔尔、波洛克等人为代表）致力于批判理论构建与工业文明批判；批判理论第二期发展（从 60 年代末到 80 年代中期，以前期哈贝马斯②、A. 施密特、F. V. 弗里德堡等人为代表）致力于批判理论重建与现代性批判；批判理论第三期发展（从 80 年代中期至今，以后期哈贝马斯、霍耐特、维尔默、奥菲等人为代表），完成了批判理论的"政治伦理转向"。概言之，"批判理论三期发展"意味着：从古典理性主义到感性浪漫主义再到理性现实主义；从激进乐观主义到激进悲观主义再到保守乐观主义；从欣赏、信奉到怀疑、批判再到超越、重建马克思主义；从文化主体哲学到语言交往哲学再到政治道德哲学（"政治伦理学"）；从"老批判理论"到"新批判理论"再到"后批判理论"。"后批判理论"标志着批判理论的最新发展阶段，它不再属于传统的西方马克思主义范畴，而是已经进入与当代实践哲学主流话语对话的语境之中。

一　批判理论第一期发展：从社会哲学到批判理论

关于"社会哲学"（socialphilosophy/Sozialphilosophie），大致

---

① 学界关于 Theodor Wiesengrund Adorno 的译法有不同意见，常见的是阿多诺，或阿多尔诺。本书统一翻译成阿多诺。

② 关于哈贝马斯思想的发展，学界有不同分期法，这是由于研究角度不同而导致的。作者将之分为前期和后期：从 20 世纪 60 年代初到 80 年代中期，称为前期哈贝马斯，致力于批判理论重建和现代性批判；20 世纪 80 年代中期至今，称为后期哈贝马斯，开启了批判理论的"政治伦理转向"。（参见王凤才《蔑视与反抗——霍耐特承认理论与法兰克福学派批判理论的"政治伦理转向"》，重庆出版社 2008 年版，第 21 页）

有三条不同的理解路向：①

第一，本体论路向（典型形式是传统的马克思主义哲学）认为，旨在从最抽象层面解决思维与存在关系问题的辩证唯物主义是该哲学的核心，由此而派生的历史唯物主义则是其社会哲学。当代西方许多哲学流派，在一些根本问题上与马克思主义哲学存在着深刻分歧，但在将哲学当作关于实在的认识形式问题上，则是一致的。它们对于社会哲学的理解，基本上也属于本体论路向。

第二，认识论路向（典型代表是分析哲学和科学哲学）认为，社会哲学探讨各种不同的关于理想的社会制度或社会本质的观点；有时也提出一些关于美好生活或理想社会是由什么构成的设想；通常也关心关于各种政治意识形态的价值及其特征的评价，以此作为赞扬（有时仅仅是修辞学上的）某种社会措施或社会计划有价值的理由。这一路向理解的社会哲学类似于政治哲学、道德哲学。

第三，社会理论路向（典型代表是社会科学家而非专业哲学家）认为，应该用"社会理论"概念取代"社会哲学"概念，并强调社会理论不能归属于任何一门特殊学科；相反，它涵盖了所有的社会科学和人文科学。因而，社会哲学问题亦即社会科学和人文科学的一般理论问题，它是对社会现象进行的哲学反思。

在霍克海默看来，社会哲学的最终目标是，对并非仅仅作为个体的而是作为社会共同体成员的人的命运进行哲学阐释。因此，它主要关心那些只有处于人类社会生活关系中才能理解的现象，即国家、法律、经济、宗教，简言之，社会哲学从根本上关心人类的全部物质文化和精神文化。② 就是说，社会哲学意味着要对人类文明进行反思、对社会现实进行批判、对人类命运进行关注。

---

① 苏国勋：《当代西方著名哲学家评传》（第十卷：社会哲学），山东人民出版社 1996 年版，第 1—4 页。

② Max Horkheimer, *Gesammelte Schriften*, Bd3, Hg. von Alfred Schmidt, Frankfurt/M.: Fischer, 1988, S. 20.

霍克海默关于社会哲学的这种广义理解，尽管并不为社会研究所成员完全认同，但即使在批判理论后来的发展过程中，也贯穿了其基本精神。

那么，什么是批判理论呢？这需要从"批判"一词谈起。根据杜登德语通用辞典（DudenDeutsches Universal Wörterbuch）的说法，"批判"一词源于古希腊的 Κριτικη，是指"评判的艺术"（Kunst der Beurteilung），主要被用于政治实践和法律诉讼中；后来被扩展到生活习俗、社会制度、文学艺术、文献编纂等领域。在这里，我们首先讨论"批判"（critique/Kritik）的四种模式。①

第一，文化批判模式（评判的艺术/批评的艺术）。在这里，批判既可以做肯定性理解——评判（包括表扬在内），譬如，文学评论、文学批评意义上的批判，就包括表扬在内；也可以做否定性理解——批评，主要是对某些事物、理论、立场、观点的不认可、否定。从词源学上说，批判与"危机"（crisis/Krise）紧密相关。因而，任何批判都是为了拯救。

第二，内在批判模式（纯粹理性批判/形而上学批判）。我们知道，康德开创了理性批判传统，甚至将批判视为理性的代名词。所谓纯粹理性批判，从肯定意义上理解，是指人们如何有效地认识对象并为这种认识提供某种先验基础；从否定意义上理解，它表明某些理性要求是虚妄的。因而，纯粹理性批判就是纯粹理性的自我认识。黑格尔坚持内在批判模式，将批判等同于否定，但他并未将批判贯彻到底，从而导致了非批判的结果。在《否定辩证法》中，阿多诺断定，黑格尔的"肯定辩证法"最终服务于形而上学的目的。

第三，社会现实批判模式（政治经济学批判＋意识形态批

---

① 关于批判的四种模式，是作者近来思考的结果。不过，关于批判的理解，则受到了国内外学者的启发。譬如，德国《批判理论杂志》编辑出版人 G. 施威蓬豪伊塞尔（Gerhard Schweppenhäuser）关于批判与危机关系的考察，以及谢永康教授关于批判与拯救关系的分析。

判）。众所周知，马克思的批判源于黑格尔，即马克思对黑格尔整个哲学体系的批判，包含着对黑格尔辩证方法的某种程度的坚持，以至于在阿多诺视阈里，马克思辩证法与黑格尔辩证法并没有根本不同，都是将否定之否定视为肯定的"肯定辩证法"。不过，马克思将政治经济学批判与意识形态批判结合起来，构造了一种社会现实批判模式。这毕竟不同于黑格尔，仅仅局限在未能贯彻到底的形而上学内在批判模式。

第四，形而上学批判与社会现实批判相结合模式。法兰克福学派批判理论家，例如，阿多诺将对传统哲学同一性逻辑的批判、对社会现实的合理化原则的批判结合起来，将卢卡奇的物化批判与 M. 韦伯的合理化批判结合起来，既坚持形而上学的内在批判，又赋予批判以强烈的现实意义，构造了一种形而上学批判与社会现实批判相结合的模式。

当然，上述关于批判模式的划分，只是为了更好地理解批判的复杂性，以及批判究竟是什么？并不表明这种划分囊括了一切批判，没有任何例外；也不表明这种划分已经无懈可击，完全能够自洽。实际上，为了揭示什么是批判理论，除考察批判的复杂性外，还要考察什么是"理论"？这需要从"理论"（theory/Theorie）与"实践"（practice/Praxis）关系谈起。关于理论与实践的关系，我们归结为以下四种理解。

第一，理论与实践"异中有同"。在古希腊，实践一词，从广义上说，一般是指有生命物的行为方式。亚里士多德第一次将实践提升为一个哲学概念。在《尼各马可伦理学》中，他将人的行为分为三类，即"理论"（θεωρια）、"生产"（παràγουν）、"实践"（πρακτικη）。在他看来，生产的目的在于它产生的结果，本身并不构成目的；与生产不同，实践的目的不在自身之外，而在自身之内，实践本身就是目的。在理论沉思中，人独自面对真理；与理论不同，实践活动总是在人际之间展开。不过，在本身就是目的这一点上，理论与实践又是相同的。正是在这个意义上，亚里士多德将理论视为最高的实践。简言之，在古希腊，理论是对永恒东西的观察和凝视；而实践的最根本的规定性在于：（1）它本身就是目的；（2）它不是人维持生命的生物活动和生产活动，不是人与自然之间的活动，而是人与人之间的政治伦理行为。① 当然，也包括以可变东西为对象的行为。

第二，理论主义取向（用理论"吞噬"实践）。在《后形而上学思维：哲学文集》（1988）中，哈贝马斯说形而上学的基本特征之一，就是强大的理论概念。阿多诺认为，尽管康德区分了理论理性与实践理性，但其理论理性是指纯粹理性，而其实践理性则将去实践化与去对象化结合在一起。"理性的存在者"不是根据质料而是根据形式包含着意志的决定根据，这就是康德的实践"形式主义"。这种理论主义倾向，与主体主义取向联系在一起。

第三，实践主义取向（使理论"屈从于"实践）。在这里，或片面强调实践第一性；或制造实践神话。就前者而言，尽管柯尔施将理论与实践的关系问题视为马克思主义哲学的核心问题，但在具体论述中有突出实践的嫌疑；至于葛兰西的实践一元论则更加明显，尽管他对实践有独特的理解；阿尔都塞强调理论也是一种实践，即理论实践，表面似乎是抬高理论，但实际上暗含着使理论屈从于实践的倾向。就后者而言，美国实用主义，以及教条主义的马克思主义对于实践的片面强调，几乎达到了神话的程度。阿多诺的这种说法，对于理解理论与实践的关系有启发意义，但却未必完全正确，需要具体地分析。

第四，理论与实践"有差异的统一"（理论与实践相互独立又不绝对分离，而是有差异的统一）。例如，阿多诺既反对实践第一性，强调理论批判的重要性；又将理论批判视为一种实践形式，目前甚至是唯一合理的形式——作为一种批判行为，它只能以理论

---

① 关于古希腊实践概念的详细分析，参见张汝伦《作为第一哲学的实践哲学及其实践概念》，《复旦学报》2005 年第 5 期。

的方式介入实践，否则就像大学生运动那样，变成一种"行动主义"（Aktionismus）、"实践主义"（Praktizismus）、"伪行动"（pseudo-Aktivität）。①

考察理论与实践的关系，主要是为了揭示"批判理论"（criticaltheory/kritischeTheorie）的内涵。所谓批判理论，从广义讲，是指人们对（包括理性在内的）文明历史、社会现实进行批判性反思而形成的思想观点、理论学说，既包括古希腊传统的评判的艺术/批评的艺术在内的文化批判模式；又包括康德传统的纯粹理性批判/形而上学批判的内在批判模式，更包括马克思传统的政治经济学批判＋意识形态批判的社会现实批判模式。从狭义讲，特指法兰克福学派"以辩证哲学与政治经济学批判为基础的"社会哲学理论，即形而上学批判与社会现实批判相结合模式。这里的"批判理论"，指的是法兰克福学派批判理论。

概括地说，批判理论第一期发展主要体现在以下三个方面。

第一，确立了社会哲学研究方向，确定了批判理论基本纲领。C. 格律贝格②领导的法兰克福大学社会研究所致力于社会主义史与工人运动史研究，对批判理论构建并没有什么实质性贡献；当然，他为社会研究所规定的超党派学术立场、跨学科研究方法，成为社会研究所的一笔宝贵精神财富，并为法兰克福学派批判理论的真正奠基人霍克海默以及所有批判理论家所继承。然而，早在题为《社会哲学的现状与社会研究所的任务》（1931）③ 的就职演说中，霍克海默就力图改变 C. 格律贝格"重史轻论"的学术路

---

① 参见哈贝马斯的《后形而上学思想》以及谢永康的《形而上学的批判与拯救》一书中关于理论与实践关系的分析。

② C. 格律贝格（Carl Grünberg，1861—1940），又译格律恩堡，奥地利马克思主义之父，维也纳大学政治学教授，法兰克福社会研究所第一任所长（1924—1929）。

③ ［德］霍克海默：《社会哲学的现状与社会研究所的任务》，王凤才译，《马克思主义与现实》2011 年第 5 期。

向，并将社会哲学确立为社会研究所的研究方向。他认为，社会哲学既不是一种阐释具体社会生活意义的价值哲学，又不是各种实证社会科学成果的综合，而是关于个体与社会关系、文化的意义、共同体形成的基础、社会生活的整体结构的思想。"社会哲学的最终目标是，对并非仅仅是作为个体的，而是作为共同体成员的人的命运进行哲学阐释。因此，社会哲学主要关心那些只有处于人类社会生活关系中才能理解的现象，即国家、法律、经济、宗教，简言之，社会哲学从根本上关心人类的全部物质文化和精神文化。"① 到《社会研究杂志》创刊号（1932）"前言"中，霍克海默又强调社会哲学研究要与具体科学研究、一般哲学研究、纯粹经验描述、当代形而上学主流精神、世界观和政治考虑区分开来，但要与社会学研究叠合在一起，通过对历史、现实和未来进行跨学科研究，揭示整个社会、个人心理与文化变化之间的关系，从而在总体上把握整个人类文明。

事实上，霍克海默不仅为社会研究所确立了社会哲学研究方向，而且还与马尔库塞一起确定了批判理论基本纲领。在《传统理论与批判理论》（霍克海默，1937）、《哲学与批判理论》（霍克海默、马尔库塞，1937）中，他们认为，"批判理论"（kritische-Theorie）并非在唯心主义的纯粹理性批判意义上使用的，而是在政治经济学的辩证批判意义上使用的。这意味着，法兰克福学派批判理论不是康德意义上的纯粹理性批判理论，而是青年马克思意义上的政治经济学批判理论，因而又称为"批判的社会理论""批判的马克思主义"。

例如，在《传统理论与批判理论》中，霍克海默从各个方面阐述了批判理论与传统理论之间的对立：（1）从理论基础看，传统理论是以笛卡尔的《方法谈》（《正确运用自己的理性来追求真

---

① Max Horkheimer, *Gesammelte Schriften*, Bd3, Hg. von Alfred Schmidt, Frankfurt/M. : Fischer, 1988, S. 20.

理的方法》,1637)奠立的科学方法论为基础的,它只研究命题之间以及命题与事实之间的相互关系,从而把理论视为外在于社会历史的;而批判理论则是以马克思的政治经济学批判为基础的,它关注包括人在内的社会整体,并对之进行具体地、历史地分析。(2)从理论性质看,传统理论是超然物外的知识论,是缺乏批判维度和超越维度的顺从主义;而批判理论则是批判社会的激进思想,是具有批判维度和超越维度的批判主义。(3)从理论目标看,传统理论仅仅是在认同、顺从、肯定社会现实中追求知识的增长;而批判理论则在批判、反叛、否定社会现实中追求社会的公正合理,以求得人的解放和人的幸福。①

第二,系统阐发了否定的辩证法,试图为早期批判理论奠定规范基础。早期批判理论到底有没有规范基础?如果有,它是什么?如果没有,又意味着什么?这个问题历来是有争议的,不过有一点倒是很明确:尽管早期社会研究所核心成员②的观点有所不同,但却有一个共同点,那就是他们都赞同否定的辩证法。从这个角度看,是否可以将否定辩证法视为早期批判理论的规范基础?为了回答这个问题,首先需要弄清"否定的辩证法"是什么?

众所周知,传统辩证法(不论柏拉图、黑格尔,还是马克思)都认为矛盾双方存在着对立统一关系,认为否定是包含着肯定因素的辩证的否定,否定之否定就是肯定。但在阿多诺看来,矛盾就意味着非同一;否定的辩证法是一以贯之的非同一性意识。因而,"否定辩证法"(Negative Dialektik)排斥"否定之否定"这个传统辩证法图式,它应该摆脱同一性的还原主义传统,用非同一性原则代替同一性。"改变概念性的方向,使之转向非同一物,这

① Vgl. Max Horkheimer, *Traditionelle und Kritische Theorie*, Frankfurt/M.: Suhrkamp, 2005, S. 205 – 259.

② 从与批判理论关系角度看,我将霍克海默、阿多诺、马尔库塞、洛文塔尔、波洛克等人视为早期社会研究所核心成员,而将 W. 本雅明、弗洛姆、诺伊曼、基希海默等人视为早期社会研究所外围人员。

是否定辩证法的关键。"① 他认为，任何概念都不能与自身对象完全同一，因为概念本身已经包含了非概念的东西，即否定自身的非同一的东西。因而，否定的辩证法必须努力"通过概念而摆脱概念"②，从根本上清除对概念的崇拜。这样，否定的辩证法真正感兴趣的东西，就是黑格尔与传统相一致宣布他们不感兴趣的东西，即非概念的东西、个别的东西、特殊的东西。阿多诺从这种否定的辩证法出发，对一切体系哲学、二元论哲学、本体论哲学在内的传统同一性哲学，尤其是对黑格尔的辩证法和海德格尔的"基础本体论"（Fundamentalontologie）进行了内在批判；并严厉批判了基础主义和形式主义、相对主义和绝对主义、主体主义和客观主义。当然，"对本体论的批判，并不想走向另一种本体论，即使非本体论的本体论"③。因而，否定的辩证法既非方法又非实在，而是一种"反体系"④。

那么，这样一种否定的辩证法能否成为早期批判理论的规范基础呢？作者认为，否定辩证法作为法兰克福学派的共同思想，最早肇始于《哲学的现实性》（1931）一文⑤，经过《理性与革命》（马尔库塞，1941）、《启蒙辩证法》（霍克海默、阿多诺，1947），最终完成于《否定的辩证法》（阿多诺，1966）。因而，否定的辩证法是阿多诺对批判理论的最大贡献。事实上，自从《理性之蚀》（霍克海默，1946；即德文版《工具理性批判》，1967）、《启蒙辩

---

① Theodor Wiesengrund Adorno, *Negative Dialektik*, Frankfurt/M.: Suhrkamp, 1975, S. 24.

② Theodor Wiesengrund Adorno, *Negative Dialektik*, S. 27.

③ Theodor Wiesengrund Adorno, *Negative Dialektik*, S. 140.

④ Theodor Wiesengrund Adorno, *Negative Dialektik*, S. 10.

⑤ 该文是阿多诺于 1931 年在法兰克福大学的就职演说。在该文中，他不仅力图避免普遍性概念，还极力清除自我满足的精神总体性观念，并提出了否定性、辩证的否定等概念，强调哲学应该严格排斥所有传统意义上的本体论问题，认为哲学问题集中在具体的内在于历史的复杂性中。由此可以断定，该文应该被视为"否定的辩证法"的萌芽。王凤才译文，载《国外社会科学》2013 年第 1 期。

证法》以来，早期批判理论家就将"理性"局限于"工具理性"，并对工具理性进行了严厉批判，这就放弃了将理性作为批判理论的规范基础的可能。不过，《否定的辩证法》使之极端化而已。就是说，否定的辩证法以非同一性为理论基础，以反概念、反体系、反传统为基本特征，以"被规定的否定"（bestimmte Negation）为核心，最终陷入了"瓦解的逻辑"①。从这个意义上说，否定辩证法不仅不是、反而解构了早期批判理论的规范基础，并由此成为后现代主义的理论渊源之一。② 这样说来，哈贝马斯、霍耐特、S. 本哈比（Seyla Benhabib）等人的看法就是有根据的。他们认为，早期批判理论的缺陷之一，就是规范基础缺乏理论论证，或者说根本缺乏规范基础。于是，批判理论的规范基础问题，就成为阿多诺之后批判理论家急于解决的问题，哈贝马斯是如此，维尔默也不例外。

第三，全方位批判现代工业文明，使批判理论系统化并加以运用。

（1）启蒙理性批判。《启蒙辩证法》的核心问题就是试图阐释：为什么在科学技术进步、工业文明发展似乎可以给人们带来幸福的时候，在理性之光普照世界大地的时候，"人们没有进入真正的人性完善状态，而是深深地陷入了野蛮状态？"③ 在这里，霍克海默、阿多诺以人与自然关系为主线，以神话与启蒙关系为核心，对启蒙理性进行了深刻的批判。他们不仅揭示了"神话已经是启蒙，启蒙倒退为神话"的过程；而且阐明了启蒙精神的实现过程，就是进步与倒退相交织、文明与野蛮相伴生的过程。因此霍克海默、阿多诺断定，启蒙精神最终走向了自我毁灭。

---

① Theodor Wiesengrund Adorno, *Negative Dialektik*, S. 148.

② 参见王凤才《阿多诺：后现代主义的思想先驱》，《山东大学学报》2002 年第 5 期。

③ Max Horkheimer/Theodor Wiesengrund Adorno, *Dialektik der Aufklärung*, Frankfurt/M.：Fischer, 1988, S. 1.

　　那么，启蒙理性批判究竟是一种什么性质的批判？哈贝马斯说，《启蒙辩证法》"没有充分注意到文化现代性的本质特征……根本没有告诉我们如何才能摆脱目的理性的神话暴力"①。所以，启蒙理性批判是一种带有悲观主义色彩的文化批判。但霍耐特指出，在《启蒙辩证法》中，霍克海默、阿多诺从自然史而非社会史出发重构欧洲文明过程。② 因而，启蒙理性批判并不是一种纯粹的文化批判，而是一种自然支配模型批判，一种开放的社会批判，其中贯穿着病理学诊断。维尔默认为，《启蒙辩证法》的不寻常之处，在于它试图把两个互不相容的传统，即启蒙理性批判传统与资本主义批判传统融合在一起。③

　　在作者看来，所谓启蒙理性，就是一种以征服、支配自然为出发点，以科学知识万能、技术理性至上为特征，以人类中心主义为核心，以历史进步为目标的文明乐观主义。简言之，启蒙理性的核心价值就是，技术理性主义、个体中心主义、文明进步主义。因而，对启蒙理性批判需要从三个方面加以分析：其一，这个批判直接针对启蒙理性，但实际指向工业文明，甚至整个人类文明史。不过，需要纠正一个流传甚广的误读，即法兰克福学派否定科学技术、否定理性，甚至否定文明本身。事实上，他们只是想矫正科学技术滥用、工具理性膨胀带来的工业文明弊端。当然，在这个过程中，确实存在着情绪化和片面化倾向。其二，需要纠正一个较为普遍的看法，即法兰克福学派只是致力于文化和意识形态批判，不太注重经济分析。事实上，尽管早期批判理论确实是以文化和意识形态批判为核心，但并没有忽视、反而比较重视

　　① ［德］哈贝马斯：《现代性的哲学话语》，曹卫东译，译林出版社 2004 年版，第 131 页。

　　② Axel Honneth, *Kritik der Macht. Reflexionsstufen einer kritischen Gesellschaftstheorie*, Frankfurt/M.：Suhrkamp, 1989, S. 49.

　　③ Albrecht Wellmer, *Zur Dialektik von Moderne und Postmoderne . Vernunftkritik nach Adorno*, Frankfurt/M.：Suhrkamp, 1985, S. 10.

经济学分析。按照霍耐特的理解，在早期批判理论的历史哲学框架中，经济学解释模型、社会心理学解释模型、文化理论解释模型是相互补充的。① 其三，这个批判核心在于对技术理性主义、人类中心主义、文明进步主义的批判。尽管它是带有浓厚浪漫主义色彩的悲观主义文化批判，但这种批判性反思是发人深省的，实际上是对工具理性霸权、价值理性被贬抑的强烈抗议。这种批判立场，上承卢梭等人的浪漫主义、尼采等人的非理性主义、卢卡奇等人的早期西方马克思主义，下续福柯等人的后现代主义。因而可以说，无论在西方马克思主义发展史上，还是在现当代西方哲学史上，它都占有十分重要的地位。

（2）文化工业批判。早期批判理论家对大众文化/文化工业的态度有所不同，但否定性批判倾向占据支配地位，这在阿多诺那里表现得尤为突出。在《启蒙辩证法》第二部分，即《文化工业：作为大众欺骗的启蒙》中，阿多诺指出，一切文化工业都是相似的，无论从微观角度还是宏观角度看，文化工业都表现出齐一性，从而使个性成为虚假的；文化工业产品作为一种特殊商品，只注重经济效益，并导致人格异化；文化工业通过广告诱导消费者，并通过娱乐活动或不断地向消费者许诺公开欺骗消费者。总之，"整个世界都经过了文化工业的过滤"②。

到《再论文化工业》（1963）③ 中，尽管阿多诺有限度地承认文化工业的作用，但仍然像在《文化工业：作为大众欺骗的启蒙》中一样，强调必须用"文化工业"（Kulturindustrie）代替"大众文化"（Massenkultur）概念，因为文化工业并不是从大众自身中自

---

① Axel Honneth, *Die zerrissene Welt des Sozialen. Sozialphilosophische Aufsätze*, Frankfurt/M. : Suhrkamp, 1999, S. 32 – 36.

② Max Horkheimer/Theodor Wiesengrund Adorno, *Dialektik der Aufklärung*, Frankfurt/M. : Fischer, 1988, S. 134.

③ ［德］阿多诺：《再论文化工业》，王凤才译，《云南大学学报》2012 年第 4 期。

发成长起来的、服务于大众的通俗文化，也不是大众艺术的当代形态，而是为大众消费量身定制的、并在很大程度上规定着消费本身的文化工业产品；是技术化、标准化、商品化的娱乐工业体系；具有重复性、齐一性、欺骗性、辩护性、强制性特征；本质上是为了经济利益（利润）人为制造出来的。因而，它试图通过人为刺激的虚假消费满足给人们带来虚假幸福，最终成为一种消除人的反叛意识、维护现存社会秩序的意识形态，从而阻碍了个性形成发展和人的解放。由此可见，阿多诺对文化工业的态度总体上是否定的。尽管这种批判有过激和片面之嫌，但文化工业批判理论无疑是阿多诺对批判理论的又一重要贡献。不仅是对西方文化危机振聋发聩的反思，而且对当代文化研究也产生了重要影响。

（3）压抑性文明批判。像霍克海默、阿多诺一样，马尔库塞也对工业文明进行了激烈的批判。他在《爱欲与文明》（1955）、《单向度的人》（1964）等著作中指出，文明产生于"基本压抑"（basic repression），即为了维持文明延续而不得不对性本能进行的必要压抑；工业文明产生于"额外压抑"（surplusrepression），即为了使文明永续而对性本能进行的附加压抑。这样，工业文明就是一种压抑性文明，而发达工业文明则是压抑性文明的顶峰。因为随着科学技术进步，文明不断发展；文明发展必然伴随着沉重的代价。就是说，文明发展并没有给人们带来自由和幸福，而是带来了全面压抑和精神痛苦。可悲的是，人们在物质享受的虚假满足中，丧失了痛苦意识而充满了幸福意识，心甘情愿地成为发达工业文明的奴隶。然而，尽管"发达工业文明的奴隶是升华了的奴隶，但他们仍然是奴隶"①。

与霍克海默、阿多诺的悲观态度不同，马尔库塞试图在改造弗

---

① Herbert Marcuse, *Der eindimensionale Mensch*, München: Deutscher Taschenbuch Verlag GmbH & Co. KG, 1998, S. 53.

洛伊德压抑性文明论基础上重建非压抑性文明。为了重建非压抑性文明，必须重建新文明观念，确立新文明目标。为此目的：一是要超越现实原则，重建现实原则与快乐原则的关系，协调感性力量与理性力量的关系；二是要将工作转变为游戏，消除一切异化劳动和异化现象。三是要将性欲转变为爱欲，重建爱欲与文明的关系，通过性文化革命改变现存社会秩序，重建人与自然的和谐、人与人的和谐，实现非压抑性升华。当然，重建非压抑性文明并不意味着回归原始自然状态，而是寄希望于文明的进一步发展。可见，马尔库塞对待未来文明的态度是相对乐观的，但最终没有摆脱悲观主义结局："批判的社会理论并不拥有能够消除当代与未来之间鸿沟的概念；它不承诺任何东西，不显示任何效果，它保留的只是否定。因而，它想忠诚于那些自身生活毫无希望，正在和将要献身于大拒绝的人们。"①

　　尽管马尔库塞对发达工业文明的批判有过激之嫌，但他不仅揭示了发达工业社会的某些新特点，而且提出了某些令人深思的问题与合理的见解。正如李小兵所说，作为反潮流的思想家，马尔库塞的思想是偏激的，其思想中的空想成分俯拾皆是；但他捍卫知识价值、艺术价值、精神价值、人的价值。"马尔库塞的思想，表现出他作为当代思想家的独创个性：不是社会现实的建设者和辩护者，也不是人类原初精神家园的追忆者和眷恋者（像他的先师海德格尔那样）。毋宁说，马尔库塞是一位面向未来的预言家。"②我们认为，从根本上说，马尔库塞的非压抑性文明论是一种爱欲解放论。尽管马尔库塞极力反对将它理解为性解放论，但它对性解放确实起到了推波助澜的作用；而且它试图通过性文化革命反叛现存社会秩序也具有空想性。不过，马尔库塞的非压抑性

---

　　① Herbert Marcuse, *Der eindimensionale Mensch*, S. 268.

　　② 参见［德］马尔库塞《审美之维》，李小兵译，广西师范大学 2001 年版，"译序"第 20 页。

文明论，以西方发达工业社会压抑性文明批判为核心，以重建非压抑性文明、实现人的爱欲解放为目标，尤其是重建感性与理性关系、爱欲与文明关系、人与自然关系、人与人关系的构想，对于克服工业文明弊端，实现科学精神与人文精神融合具有重要的启发意义。

二 批判理论第二期发展：从批判 理论到新批判理论

概括地说，批判理论第二期发展主要体现在以下四个方面：

第一，对早期批判理论进行批判性反思。对早期批判理论进行批判性反思，这是阿多诺之后的批判理论家首先要做的事情，哈贝马斯可谓开风气之先。在 20 世纪 80 年代初的一次学术访谈中，当霍耐特等人问到"早期批判理论的不足之处在哪里？"时，哈贝马斯回答说，早期批判理论的缺陷体主要现在：一是局限于工具理性批判，而没有对复杂的社会现实进行经验分析，由此陷入了抽象的文化哲学批判之中，从而使批判理论缺乏规范基础。二是未能扬弃黑格尔的理性概念，不能真正把握理性的含义。三是未能认真对待资产阶级民主，不能客观地评价"后期资本主义"（Spätkapitalismus）① 社会福利政策所取得的成就。总之，早期批判理论仍然以马克思的历史哲学为根据，始终未跳出主体哲学窠臼。然而，运用主体哲学范式反思现代文明问题已经进入了死胡同。所以，需要转变哲学范式：从侧重主体与客体关系、崇尚主体性的"主体哲学"，转向侧重于语言与世界关系、崇尚主体间性的

---

① 在西方学界，"Spätkapitalismus"概念为阿多诺、曼德尔、哈贝马斯、詹姆逊等人使用，国内学界一般译成"晚期资本主义"。作者认为，结合现代资本主义的实际情况，以及他们使用这个概念的语境，译成"后期资本主义"或许更恰当一些。

"语言哲学"，从传统批判理论转向交往行动理论。

第二，创立交往行动理论，重建批判理论的规范基础。早期批判理论家试图修正马克思的某些预测，但并没有打算彻底告别马克思。当然，流亡经历肯定影响了他们的历史唯物主义立场。就像德国政治哲学家 H. 杜比尔（Helmut Dubiel）所说，20 世纪 30年代，他们还从历史哲学角度对理性抱有部分信任；但到了《启蒙辩证法》中，这种信任就消失殆尽：他们反对将理性作为意识形态批判的有效基础，认为意识形态批判应该让位于总体性批判。哈贝马斯认为，《启蒙辩证法》更多地应归功于尼采，因为在《美学理论》（阿多诺，1970）之前，尼采第一个使审美现代性概念化，并将意识形态批判转向了谱系学批判。因而可以说："尼采的知识批判与道德批判也预设了霍克海默、阿多诺用工具理性批判形式所阐述的思想。"[①] 在启蒙传统中，启蒙理性总是被理解为神话的对立面，但霍克海默、阿多诺强调启蒙与神话的共谋关系，并告诫人们不要对启蒙的拯救力量抱有任何希望。这样，"他们就从早先对实证主义科学观的批判，转变为对被工具理性同化的整个科学的不满；并从元伦理道德阐释的批判，转向对道德怀疑主义的赞同"[②]。当然，哈贝马斯的这种解读，并不完全符合实际情况。

在哈贝马斯看来，从 M. 韦伯、卢卡奇一直到早期批判理论，现代性概念的立足点就是"被总体管理的社会"（totaleverwaltete-Sozial）与"被伤害的个体主体"（verletzteindividuelleSubjekt）之间的对立；但霍克海默、阿多诺把 M. 韦伯的"铁的牢笼"主题重新解释为黑格尔主义的马克思主义的历史哲学语言，并将现代性批判还原为工具理性批判。因而，他们只是对工具理性进行了内

[①] ［德］哈贝马斯：《现代性的哲学话语》，曹卫东译，译林出版社 2004 年版，第 141 页。

[②] ［德］哈贝马斯：《现代性的哲学话语》，第 128—129 页。

在批判，但没有说明这种内在批判的根据何在，从而没有为批判理论奠定坚实的规范基础。为了重建批判理论的规范基础，从20世纪60年代哈贝马斯就开始酝酿交往行动理论，至80年代初得以完成，从而实现了批判理论的"语言哲学转向"。在哈贝马斯那里，所谓"交往行动"（kommunikatives Handeln），就是指至少两个具有语言能力和行动能力的主体通过语言或其他媒介所达到的相互理解和协调一致行为，实质上是主体之间以语言或其他符号为媒介通过没有任何强制的诚实对话而达成共识、和谐的行动。交往行为的有效性要求，即"真实性"（Wahrheit）、"正当性"（Richtigkeit）、"真诚性"（Wahrhaftigkeit），是交往合理性得以重建的前提条件。交往行动理论作为哈贝马斯论的核心，主要是探讨交往合理性问题。因而，在一定意义上说，交往行动理论就是交往合理性理论。哈贝马斯相信，交往合理性理论可以摆脱主体哲学前提，能够对黑格尔的"伦理"（Sittlichkeit）进行重建；并可以从中归纳出一种新古典主义的现代性概念，即交往合理性概念，以便作为批判理论的规范基础。

第三，现代性话语的批判与重建。与某些后现代理论家试图"告别现代性"不同，哈贝马斯把现代性视为一项未完成的规划，认为现代性还要继续发展，但是必须用政治意志和政治意识加以引导，因而需要对现代性话语进行批判与重建。

在《现代性的哲学话语》（1985）中，哈贝马斯将笛卡尔确立的主体性原则视为现代性的基本原则，同时断定这个原则使现代世界进步与异化并存。所以，关于现代性的最初探讨中就包含着对现代性的批判。在这个意义上可以说，席勒的《审美教育书简》（1795）是现代性审美批判的第一部纲领性文献。因为在那里，席勒批判了异化劳动、官僚政治，以及远离日常生活问题的知性科学，强调艺术是通过教化使人达到真正政治自由的中介。18世纪末，黑格尔首先提出了现代性的自我批判与自我确证问题，创立了启蒙辩证法原则。而一旦有了这个原则，现代性自我确证问题就能做到万变不离其宗。所以说，尽管黑格尔不是第一位现代哲学家，但"却是第一个意识到现代性问题，并清楚阐释现代性概念的哲学家"①。在黑格尔之后，现代性话语出现了三个视角，即黑格尔左派、黑格尔右派和尼采。

然而，无论黑格尔还是嫡传左派或右派，都未曾想对现代性成就提出过严肃质疑。只有尼采试图打破西方理性主义框架，认定人们对现代性已经无可奈何，因而放弃了对主体理性的再修正，并放弃了启蒙辩证法原则。换言之，尼采依靠超越理性视阈的激进的理性批判，最终建立起权力理论的现代性概念。哈贝马斯指出，随着尼采进入现代性话语，整个讨论局面发生了天翻地覆的变化。从此以后，现代性话语不再坚持解放内涵，并在两个方向上被发扬光大：一是从海德格尔到德里达；二是从巴塔耶到福柯。"如果说尼采打开了后现代的大门；那么海德格尔与巴塔耶则在尼采基础上开辟了两条通往后现代的路径。"②

在"尼采讲座"（1939—1946）中，海德格尔继承了黑格尔以来构成现代性话语的主题动机，但却独创性地将现代主体统治落实到形而上学历史中，贯穿于现代时间意识中。如果说尼采曾经希望通过瓦格纳歌剧回到古希腊悲剧中"未来的过去"；那么海德格尔也希望从尼采权力意志形而上学回到前苏格拉底。然而，海德格尔在拒绝主体哲学本体论化的过程中，仍然拘泥于主体哲学的提问方式，因而，除了抽象否定之外，海德格尔也没有给出打破主体哲学牢笼的途径，最终还在否定意义上坚持了主体哲学的基础主义。譬如，《存在与时间》（1927）就流露出空洞抉择的决定论倾向。哈贝马斯认为，在《存在与时间》中，尽管海德格尔通过对"此在"（Dasein）的生存论分析为走出主体哲学框架做出了许多努力，但没有从交往行动理论角度回答"此在为谁"的问

---

① ［德］哈贝马斯：《现代性的哲学话语》，第51页。
② ［德］哈贝马斯：《现代性的哲学话语》，第121页。

题；尽管他已经意识到自己走出主体哲学的努力失败了，但没有意识到这是追寻存在意义问题的必然结果。在后期海德格尔那里，出现了从基础本体论到"思"（Denken）的转向。这体现在三个方面：一是放弃了形而上学提出的自我确证要求；二是拒绝了存在本体论的自由概念；三是否定了还原到第一原则的基础主义思想。哈贝马斯说，这本来可以作为走出主体哲学死胡同的出路，但是海德格尔断然拒绝这种做法。当然，后期海德格尔用"事件"（Ereignis）取代"此在"，"超越了尼采的形而上学分析，而且事实上也脱离了现代性话语"①。

德里达沿着海德格尔的路径，试图与胡塞尔的"在场形而上学"划清界限。在《声音与现象》（1967）中，德里达反对胡塞尔的意义理论，并揭露现象学的形而上学特征。他说，胡塞尔放任自己被西方形而上学基本观念所蒙蔽，即理想的自我认同的意义只能由活生生的在场加以保证。在《文字学》（1967）中，德里达把"文字学"称为形而上学批判的科学导言，因为它深入了模仿声音的文字的根源之中。哈贝马斯指出，尽管可以将德里达的解构主义与阿多诺的否定的辩证法视为对同一问题的不同回答，但阿多诺的否定的辩证法与海德格尔的形而上学批判一样不能令人满意；而德里达试图颠覆逻辑学优于修辞学的传统，让修辞学成为逻辑学的基础，并解构哲学与文学、文学与文学批评的差异，这固然受到了罗蒂的追捧，但却是一种错误的诉求。哈贝马斯说，尽管德里达摆脱了后期海德格尔的隐喻学，并超越了海德格尔试图颠覆的基础主义，从而他的语音中心论批判可以被视为超越本源哲学过程的关键一环，但是德里达最终未能摆脱海德格尔的束缚，因而也未能走出主体哲学窠臼。

哈贝马斯指出，巴塔耶与海德格尔一样都致力于打破现代性牢笼，并试图打开西方理性的封闭空间，但与后者有着不同的人生

---

① ［德］哈贝马斯：《现代性的哲学话语》，第186页。

取向和政治选择，这主要是基于两种不同的体验：超现实主义审美体验和左翼激进主义政治体验。"他们之所以有如此巨大的差异，原因在于巴塔耶在攻击理性时并没有触及认知合理性的基础，即科学技术客观化的本体论前提，而是关注伦理合理性的基础。虽然巴塔耶给现代性的哲学话语指出的方向与海德格尔的方向相似，但他选择了另外一种完全不同的途径来告别现代性。"① 就是说，巴塔耶继承了萨德（De Sade）的黑色写作风格，并试图继承尼采作为意识形态批判家留下的遗产，从而表现出与尼采的亲缘性，主要表现在对审美自由概念，以及超人自我的捍卫。因而，哈贝马斯断言，尽管巴塔耶与青年卢卡奇、早期批判理论有相似之处，但他所思考的问题根本不是物化理论，而是关于排挤的历史哲学，关于不断剥夺神圣的治外法权的历史哲学，最终是用人类学来扬弃经济学的消极的形而上学世界观。

诚然，作为"纯粹历史学家"、哲学家的福柯与作为人类学家、社会学家的巴塔耶根本不属于同一传统中成长起来的人，但巴塔耶反对启蒙的性话语非自然化，并试图恢复性放纵、宗教放纵的色情意义，这深深地吸引了福柯。所以说，尼采的理性批判主题是经过巴塔耶而非经过海德格尔传给了福柯。福柯在《词与物》（1966）中指出，现代性的特征在于主体具有自相矛盾的、人类中心的知识型。在尼采的影响下，福柯从 20 世纪 60 年代末开始就力图将历史学与人文科学对立起来。哈贝马斯说，"海德格尔和德里达想沿着解构形而上学的思路把尼采的理性批判纲领推向前进，福柯则想通过解构历史学实现这一目的。海德格尔和德里达用超越哲学的思想来超越哲学，福柯则用以反科学形式出现的历史学来超越人文科学"②。但是，福柯一直没有弄清楚话语与实践的关系。直到 70 年代初，他才力图将知识考古学与权力谱系学区

① ［德］哈贝马斯：《现代性的哲学话语》，第 248 页。
② ［德］哈贝马斯：《现代性的哲学话语》，第 300 页。

分开来，在方法论上告别解释学，并试图抛弃现代性的在场时间意识，从而把普遍历史推向了终结。这样，福柯就遇到了三个难题：一是没有认识到人文科学考古学与海德格尔的形而上学批判之间的亲缘性；二是福柯与结构主义之间的亲缘性是成问题的；三是仅用知识考古学手段研究人文科学的发生，最终陷入了尴尬境地。总之，福柯无法用从主体哲学中获得的权力概念，消除他所批判的主体哲学的种种困境。

综上所述，从黑格尔到马克思，经过尼采到海德格尔和德里达，或巴塔耶和福柯，对现代性的批判最终都没有摆脱主体哲学窠臼，没有走出主体理性批判模式。但主体理性以及自我意识结构只是理性的一个侧面，而非全部理性。

第四，揭露现代文明危机根源，寻找通往未来文明之路。在这里，哈贝马斯主要做了三方面工作：（1）划分后期资本主义危机类型：一是经济危机，即以利润率下降为特征的经济系统的持续性危机；二是合理性危机，即由合理性欠缺所导致的政治系统的产出危机，它是一种被转嫁的系统危机；三是合法化危机，即由合法性欠缺所导致的政治系统的投入危机，它是一种直接认同危机；四是动因危机，即由合作动机欠缺所导致的文化系统的产出危机。① （2）揭露现代文明危机根源。他指出，自 19 世纪最后 25 年以来，后期资本主义社会出现了两个巨大变化：一是国家强化了对经济生活的干预；二是科学技术成为第一生产力并变成了意识形态。这两个变化使得交往合理性与工具理性的关系发生紊乱，从而导致了"生活世界殖民化"（Kolonialisierung der Lebenswelt），即作为现代文明系统的市场经济系统和官僚政治系统，借助于货币媒介和权力媒介侵蚀了原本属于非市场和非商品化的私人领域和公共领域，从而导致生活世界意义和价值丧失；同时，由于现代技术进步

---

① Vgl. Jürgen Habermas, *Legitimationsprobleme im Spätkapitalismus*, Frankfurt/M. : Suhrkamp, 1973, S. 73 – 128.

服务于生产力发展，放逐了早期市民社会的自由、平等、正义这些价值观念，从而使文化世界荒芜，最终导致了文明危机。(3) 寻找摆脱文明危机的途径、通往未来文明之路。他认为，既然后期资本主义文明危机根源于生活世界殖民化，那么摆脱文明危机的途径，就在于生活世界殖民化的克服。为此目的，必须重新协调系统与生活世界的关系，平衡工具理性与交往合理性的关系，重建交往合理性。所谓"交往合理性"（kommunikativeRationalität）就是交往主体以语言或其他符号为媒介、通过没有任何强制性的诚实对话、达到相互理解、获得共识为目的的理性。因此，交往合理性本质上是对话性的。只有重建交往合理性，才能实现社会合理化。所谓"社会合理化"（sozialeRationalisierung），就是借助于普通语用学改变社会舆论结构，创造理想言谈情境，使所有对某一情境不满的人，自由地进入讨论该问题的话语结构中，经过协商达成普遍共识；在此基础上，实现个人与社会的协调一致。

由此可见，像早期批判理论家一样，哈贝马斯也对现代工业文明进行了批判，不仅区分了文明危机类型，而且揭露了文明危机根源，但在摆脱文明危机的途径、通往未来文明之路问题上，哈贝马斯与早期批判理论家是不同的：霍克海默、阿多诺对工业文明只是激进地批判，没有找到摆脱文明危机的途径，也没有指出通往未来文明之路——要么在早期资本主义文明的认同中自我安慰（霍克海默），要么在现代资本主义文明的否定中自我折磨（阿多诺），马尔库塞则在非压抑文明性文明的憧憬中自我陶醉；而哈贝马斯对现代工业文明则表现出辩护倾向，并试图在现代工业文明校正中重建后期资本主义文明。他主张用理解、宽容、和解的态度处理不同信仰、不同价值观、不同生活方式、不同文化传统、人际关系和国际关系，因为只有话语民主才是社会交往、文化交流的行为准则，是建立理想、公正、稳定社会秩序的前提条件，是社会文明合理性的基础，是社会合理化的根本标志，是未来文明发展方向。

三　批判理论第三期发展：从新批判理论到后批判理论

批判理论第三期发展，实现了批判理论的"政治伦理转向"。

所谓"转向"，一是指研究思路、基本观点转变，例如，康德的"哥白尼式革命"，近代哲学的"主体主义转向"；二是指研究领域、研究侧重点转变，例如，这里所说的"政治伦理转向"。它意味着，在这之前，政治伦理向度在批判理论中至多处于边缘地位；在这之后，政治伦理向度在批判理论中处于核心地位。从这个角度看，早期批判理论中确实存在着政治伦理向度，但它只处于边缘地位而非核心地位。这有两层意思：其一是该向度为社会研究所外围人员所拥有；其二是该向度在社会研究所核心成员那里只处于边缘地位。

尽管在20世纪六七十年代，哈贝马斯就讨论了政治哲学、道德哲学问题。例如，在《公共领域的结构转型》（1962）中，不仅讨论了公共领域的历史形成与构想，而且分析了公共领域的社会结构及其转型，并试图在新的理论框架下考察政治公共领域及其功能转型等问题①；在《理论与实践》中，分析了古典政治学说与现代社会哲学的关系、自然法与政治革命的关系，以及黑格尔的政治哲学等问题；到《后期资本主义的合法性问题》（1973）中，讨论了道德发展与自我认同等问题，尤其考察了后期资本主义合法化危机问题。然而，所有这些在前期哈贝马斯视阈中都处于边缘地位。创立交往行动理论、试图为批判理论奠定规范基础，才是前期哈贝马斯工作重心之所在。应该说，批判理论的"政治伦

---

①　Jürgen Habermas, *Strukturwandel der Öffentlichkeit*, Frankfurt/M.：Suhrkamp, 1990, S. 11 – 50.

理转向"始于后期哈贝马斯；维尔默、奥菲进一步推进了这个转向；霍耐特则最终完成了这个转向。

第一，后期哈贝马斯的话语伦理学与协商政治理论，开启了批判理论的"政治伦理转向"。交往行动理论，即交往合理性理论是话语伦理学的理论基础，话语伦理学是交往行为理论在伦理学领域的拓展。因而，理解交往行动就成为理解话语伦理学的前提。在哈贝马斯那里，交往行动的三个有效性要求，即断言的真实性、规范的正当性、表达的真诚性，是重建交往合理性的前提。交往合理性与工具理性本质上是不同的，它不仅注重交往行动的有效性要求，而且遵守道德规范要求。这样，交往合理性就不仅是交往行动理论的核心概念之一，而且是话语伦理学的核心概念之一。

如果说，交往合理性理论是话语伦理学基础；那么，U 原则与 D 原则就是话语伦理学基本原则。在《后期资本主义的合法性问题》中，当讨论"实践问题的真诚性"时，哈贝马斯就指出，"规范有效性要求的基础，不是缔约双方的非理性意志行动，而是由合理性动机诱发的对规范的承认。所以，规范的认知要素并不局限于规范行为期待的命题内涵；毋宁说，规范有效性要求本身在假定意义上是认知的，这种规范有效性要求是通过话语来兑现的，即存在于参与者通过论证获得的共识中"①。就是说，由于所有参与者原则上都有机会参与实际协商，因而这种话语意志形成的理性就在于：被提高为规范的行动期待，在没有欺骗情况下使被确定下来的共同利益具有正当性。到《道德意识与交往行动》（1983）、《话语伦理学解说》（1991）中，哈贝马斯又详细阐发了 U 原则和 D 原则。U 原则——"普遍化原则"（Universalisierung-sprinzip），是指"每个有效规范都必须满足这些条件，即对该规范的普遍遵守所产生的预期效果与附带效果，对每个具体的人的利

---

① Jürgen Habermas, *Legitimationsprobleme im Spätkapitalismus*, S. 144.

益满足来说，能够为所有参与者非强制地接受"①。D原则——
"话语伦理原则"（DiskursethischerGrundsatz），是指"每个有效规
范都将会得到所有参与者的赞同，只要他们能参与实践话语"②。

　　自从1903年G. E. 摩尔提出"元伦理学"（meta - ethics）与
"规范伦理学"（normative ethics）的划分，就宣告了元伦理学时代
的到来。从此以后，元伦理学就成为与规范伦理学相对立的当代
西方最重要的伦理学说。在当代西方元伦理学中，尽管R. M. 黑尔
（Richard Mervyn Hare）力图将普遍主义与规定主义结合起来，创
立一种普遍的规定主义伦理学，使事实、逻辑、价值统一起来，
从而使元伦理学从非认知主义、反规范主义转向认知主义、价值
规范科学，但从总体上看，当代西方元伦理学，如G. E. 摩尔
（George Edward Moore）的价值论直觉主义、S. W. D. 罗斯（Sir
William David Ross）的义务论直觉主义、C. L. 斯蒂文逊（Charles
Leslie Stevenson）的情感主义、S. E. 图尔敏（Stephen EdelstonToul-
min）的规定主义，或多或少都与道德怀疑主义有牵连——或者本
身就是道德怀疑主义，或者最终滑向了道德怀疑主义。在这种背
景下，哈贝马斯的话语伦理学强调实践话语普遍化、话语伦理普
遍性、道德规范有效性，可以被视为继罗尔斯的《正义论》
（1971）之后，道德普遍主义的又一次高扬。尽管有些西方学者，
如A. 阿雷托（Andrew Arato）将哈贝马斯的话语伦理学归结为政
治伦理学未必完全正确，但是话语伦理学成为后期哈贝马斯的政
治哲学，即协商政治理论的一个基准点，则是确定无疑的。

　　协商政治理论作为话语理论的拓展和运用，主要体现在《在
事实与规范之间：关于法权和民主法治国的商谈理论》（1992）、
《包容他者：政治理论研究》（1997）、《后民族结构：政治文集》

---

① Jürgen Habermas, *Moralbewuβtsein und Kommunikatives Handeln*, Frankfurt/M. :
Suhrkamp, 1983, S. 131.

② Jürgen Habermas, *Moralbewuβtsein und Kommunikatives Handeln*, S. 132.

（1998）等著作中。

《在事实与规范之间：关于法权和民主法治国的商谈理论》（1992），作为后期哈贝马斯最重要的法哲学著作，对批判理论的"政治伦理转向"贡献在于：

（1）将交往行动理论当作法权话语理论的基础，揭示触及交往行动理论基础的事实与规范之间的张力，并试图澄清常常被人忽视的"交往行为理论的多元主义特质"①。在这里，哈贝马斯不仅讨论了作为事实与规范之社会媒介范畴的法权，而且讨论了社会学的法权构想与哲学的正义构想。他指出，法权话语理论就是要重构现代道德实践的自我理解，以便保护自己的规范内核既能够抵制科学主义的还原，又能够抵制审美主义的同化。

（2）用话语伦理学阐发法权话语理论的内容，揭示法权本身蕴含着的事实与规范之间的张力，并重新阐释道德规范与法律规范的关系。在这里，哈贝马斯在法权话语理论框架中，不仅讨论了法权体系和法治国家原则，而且讨论了法权的不确定性与判决的合理性，以及宪法判决的作用与合法性问题，尤其是重新阐释了道德规范与法律规范的复杂关系。哈贝马斯指出，道德规范与法律规范都是用来调节人际关系冲突的，它们都应平等地保护所有参与者及其自主性，但两者的调节对象和外延是不同的：前者保护个体的人格完整；后者保护法权共同体成员的人格完整。但在后形而上学论证基础上，道德规范与法律规范应该协调一致。

（3）在澄清"协商政治"（deliberative Politik）内涵的基础上，从社会学视角检视对复杂的社会权力循环过程进行法治国家调节的条件，并从合法性视角讨论话语民主理论，最终提出程序主义的法权模型。② 在这里，哈贝马斯讨论了经验民主模型、规范民主

---

① 　Jürgen Habermas, *Faktizität und Geltung. Beiträg zur Diskurstheorie des Rechts und des demokratischen Rechtsstaats*, Frankfurt/M.：Suhrkamp, 1992, S. 9.

② 　Vgl. Jürgen Habermas, *Faktizität und Geltung. Beiträg zur Diskurstheorie des Rechts und des demokratischen Rechtsstaats*, S. 10.

模型，以及程序民主概念，并讨论了公民社会与政治公共领域的作用。他指出，在复杂的社会中，要在素不相识的人们之间建立具有道德法则性质的相互尊重关系，法律仍然是唯一的媒介。

当然，对于社会秩序建构这个"霍布斯难题"，无法用个别行为者合理抉择的偶然聚合做出满意解释。在语言学转向之后，康德的道德义务论获得了话语理论理解。由此，契约模型就为话语模型所取代：法权共同体是通过协商达成的共识构成的而非通过社会契约构成的。这样，哈贝马斯就将话语伦理学的普遍化原则发展成为话语民主理论的协商原则。所谓"协商原则"（deliberativerGrundsatz），是指"只有那些所有可能的相关者（作为合理协商参与者）都可能同意的行为规范才是有效的"①。在此基础上，哈贝马斯提出了超越自由主义与共和主义的程序主义法权模型。在这个模型中，富有生机的公民社会与健全的政治公共领域必须能够承担相当部分的规范期待。

作为后期哈贝马斯的政治哲学、道德哲学文集，《包容他者：政治理论研究》的核心问题是，在今天，共和主义的普遍内涵究竟带来了什么后果？在这里，哈贝马斯试图从多元主义社会、跨民族国家、世界公民社会三个视角加以论述。②该文集对批判理论的"政治伦理转向"贡献在于：

（1）进一步阐发"对差异十分敏感的道德普遍主义"，它要求"每个人相互之间都平等尊重，这种尊重就是对他者的包容，而且是对他者的他性的包容，在包容过程中既不同化他者，也不利用他者"③。因而"包容他者"意味着，道德共同体对所有人开放，

---

① Vgl. Jürgen Habermas, *Faktizität und Geltung. Beiträg zur Diskurstheorie des Rechts unddes demokratischen Rechtsstaats*, S. 459.

② Vgl. Jürgen Habermas, *Die Einbeziehung des Anderen*, Frankfurt /M.: Suhrkamp, 1997, "Vorwort".

③ ［德］哈贝马斯：《包容他者：政治理论研究》，曹卫东译，上海人民出版社2002年版，第43页。

包括那些陌生人或想保持陌生的人；要求平等尊重每个人，包括他者的人格或特殊性；要求所有人都团结起来，共同为他者承担义务。

（2）与罗尔斯的政治自由主义相比，话语理论更适合把握道德直觉观念。哈贝马斯高度评价罗尔斯的《正义论》，认为它是当代实践哲学里程碑式的著作，因为它恢复了长期以来备受压抑的道德问题作为哲学研究对象的地位。但是，哈贝马斯怀疑罗尔斯是否始终如一地以最有说服力的方式运用自己的直觉观念。因而，在肯定罗尔斯的正义论的基础上，哈贝马斯批评罗尔斯的政治自由主义，并力图将它与自己的康德式的共和主义区分开来。哈贝马斯认为，与罗尔斯的政治自由主义相比，他自己的话语理论更适合把握他们共同关注的道德直觉观念。

（3）进一步拓展了公民身份与民族认同观念，并探讨在全球范围内以及一国范围内的人权承认问题。哈贝马斯指出，在整个世界已经成为"风险共同体"（Risikogemeinschaft）的背景下，公民身份与民族认同问题越来越迫切；国际人权承认问题日益凸显；主流政治文化压制少数民族文化的倾向遭到了抵制。因而，承认政治应当能够保障不同亚文化、不同生活方式在一个法治国家内平等共处，即使没有共同体的权利与生存保障，承认政治也应该能够贯彻下来。

（4）在论述三种民主规范模式的基础上，再次论述法治国家与民主的内在关联，进一步完善协商政治理论。在哈贝马斯看来，自由主义与共和主义的主要分歧在于：对民主进程作用的理解不同，从而导致了对公民地位、法律观念、政治意志形成过程的不同理解。他认为，实际上，自由主义与共和主义各有优缺点，而自己的协商政治理论吸收了两者的优点，将民主程序与规范内涵融合起来。就是说，这种程序主义的民主理论在协商、自我理解话语与正义话语之间建立起了内在关联。这样，协商政治理论作为民主与法治国家的基本观念，就有助于揭示人民主权与人权同源同宗这一事实。

《后民族结构：政治文集》作为后期哈贝马斯的政治哲学文集，围绕着"在超越民族界限的情况下，社会福利国家的民主如何能够持续和发展？"这个核心问题，表达了他对当前德国政治与国际政治等问题的看法。① 因而，该文集对批判理论的"政治伦理转向"贡献在于：（1）从不同视角讨论了民族结构，分析了从文化民族概念到民族国家概念的转变，认为："德国的政治统一可以被描述为长期以来形成的文化民族统一体的过时的完成……在民族国家中，语言共同体必须与法权共同体一致。因为，每个民族似乎从一开始就有政治独立权利。"② （2）探讨了民主合法性与社会正义的关系。他指出，"没有社会正义就没有民主合法性"，这是保守主义的基本原则之一。但是，哈贝马斯既不认同保守主义，又对超越新自由主义和社会民主主义的"第三条道路"不抱任何希望，至少对"超越左和右"的乌托邦设计持怀疑态度。因为在他看来，革命派与保守派之间存在着角色互换的可能。（3）在欧盟实现联邦制的基础上，在未来可以建立一种既能够保持差异性，又能够实现社会均衡的新世界秩序。"对每个社会的和文化的暴力驯化来说，欧洲既要保护自己不受后殖民主义侵蚀，又不退回到欧洲中心主义之中。"③ 就是说，即使对关于人权的文化间性话语，也能够保持这种充分"解中心化的"（dezentrierte）视角。

第二，维尔默的政治伦理学与奥菲的福利国家危机理论，进一步推进了批判理论的"政治伦理转向"。毫无疑问，维尔默与第一代批判理论家，尤其是与第二代批判理论家有着直接的学术传承关系。尽管一般将维尔默划归为第三代批判理论家，但实际上，他是介于法兰克福学派第二代与第三代之间的过渡性人物，是批

---

① Vgl. Jürgen Habermas, *Die Postnationale Konstellation*, Frankfurt/M.: Suhrkamp, 1998, "Vorwort".

② Jürgen Habermas, *Die Postnationale Konstellation*, S. 23.

③ Jürgen Habermas, *Die Postnationale Konstellation*, S. 9.

判理论第二期发展与第三期发展之间的中介人物，在批判理论发展史上具有承前启后的作用。可以说，维尔默的政治伦理学介于批判理论与后批判理论、现代主义与后现代主义、自由主义与社群主义、普遍主义与特殊主义之间，它对批判理论的"政治伦理转向"做出了重要贡献。

（1）批判理论的规范基础重建：政治伦理学的理论背景。正如前面所说，哈贝马斯、S. 本哈比、霍耐特等人认为，早期批判理论的缺陷之一，就是缺乏对规范基础的理论论证，或者说根本缺乏规范基础。那么，早期批判理论到底有没有规范基础？这历来是有争议的问题。实际上，从霍克海默等人的启蒙辩证法，到阿多诺的否定辩证法，再到哈贝马斯的交往合理性理论，都是构建批判理论的规范基础的尝试。为了阐发政治伦理学，维尔默首先必须解决"规范基础"这个前提性问题。作者认为，在批判理论的规范基础重建问题上，维尔默与哈贝马斯有四个共同点：一是都认为早期批判理论只是致力于纯粹批判——或者是悲观主义文化批判，或者是启蒙理性批判与资本主义批判的结合，从而缺乏规范基础。二是都认为早期批判理论仍然处在主体哲学框架中，沉溺于工具理性批判，从而不能正确对待现代性。三是都认为现代性哲学话语需要引入新的思维范式，用语言交往哲学代替主体哲学。四是都强调维特根斯坦语言哲学在重建现代性哲学话语中的作用。如果说有什么不同的话，那就是哈贝马斯试图用交往合理性重建批判理论的规范基础，而维尔默则试图用"多元的、公共的合理性"重建批判理论的规范基础。但从总体上看，维尔默并没有跳出哈贝马斯的思维框架。

（2）后形而上学现代性理论：政治伦理学的理论视阈。在现代性与后现代性关系问题上，哈贝马斯作为"最后一个现代主义者"，坚决捍卫现代性，强烈批评后现代主义。他认为，现代性是一项未完成的规划：现代性还要继续发展；但他并非一味赞同现代性，而是认为现代性的发展，需要用政治意志与政治意识加以引导。与哈贝马斯不同，维尔默试图在现代性与后现代性之间寻找某种平衡。一方面，在后形而上学现代性语境中，维尔默划分了主体理性批判形式，论述了"理性的他者"；并断定现代性的政治道德基础已经被毁坏了，"以至于决胜局变成了玩火的游戏"①。这表明，他对现代性的不信任，以及对后现代性的同情。另一方面，他又反对理性批判夸大了的怀疑主义，并指出后现代性的局限性；并以詹克斯②的建筑美学为例，阐发了现代性与后现代性辩证法。维尔默指出："后现代性，正确地理解，或许是一个规划；而后现代主义，就它确实不仅仅是一个纯粹的模型、倒退的表达或新的意识形态而言，最好被理解为寻找记录变革痕迹并使这个规划的轮廓更加凸显出来的尝试。"③ 简言之，后现代主义不过是后形而上学现代主义，是主体理性批判的最高形式，"后现代可以理解为对启蒙理性的极端批判，同时它也是对现代性批判的自我超越"④。然而，捍卫形而上学终结概念，并不意味着告别理性与现代性，而是理性批判与现代性批判的自我肯定。

　　作者认为，就后形而上学现代性理论而言，维尔默与哈贝马斯也有两个共同点：一是都对现代性哲学话语进行批判性反思；二是都看到了后现代主义的两面性。在维尔默那里，现代主体理性批判被划分为三种模式：其一是以弗洛伊德为代表的总体化理性的心理学批判；其二是以尼采、霍克海默、阿多诺、福柯为代表的工具理性的哲学—心理学—社会学批判；其三是以后期维特根斯坦为代表的自明理性及其意义——构成主体的语言哲学批判。维尔

---

　　① Albrecht Wellmer, *Revolution und Interpretation*, Van Gorcum, 1998, S. 10.

　　② 詹克斯（Charles Alexander Jencks, 1939— ），美国后现代建筑理论家，后现代主义奠基人之一。

　　③ Albrecht Wellmer, *Zur Dialektik von Moderne und Postmoderne*, Frankfurt/M.: Suhrkamp, 1985, S. 109.

　　④ ［德］维尔默：《论现代与后现代的辩证法》，钦文译，商务印书馆 2003 年版，"中文版前言"第 1 页。

默说，前两种批判形式尽管功不可没，但总体上没有摆脱主体哲学框架；只有第三种批判形式才真正突破了主体哲学限制，为重建后形而上学理性观和后形而上学主体概念提供了出路。在这个问题上，维尔默与霍耐特有所不同：后者将现代主体性批判分为心理学批判与语言哲学批判两条路径。尽管有这样或那样的差异，但这足以说明，第三代批判理论家都受到了哈贝马斯的较大影响，就是试图用当代语言哲学的成就避免第一代批判理论家工具理性批判的片面性，重建现代性的哲学话语。当然，与哈贝马斯基本否定后现代性、试图拯救现代性不同，维尔默与霍耐特试图协调现代性与后现代性的关系。因而可以说，维尔默是介于现代性与后现代性之间的批判理论家。

（3）共同体主义政治哲学：政治伦理学的理论基础。这主要体现在两方面：

其一，在讨论现代自由的两种模式，即（消极的）个体自由与（积极的）共同体自由基础上，阐发了自由平等与合理性原则、自由民主与政治合法性问题，并分析了自由主义与社群主义之争，以及自由与民主之间的相互交织。

众所周知，在现代政治哲学中，自由主义（或个体主义）与社群主义（或共同体主义）对自由的理解构成了现代自由的两种模式，即（消极的）个体自由与（积极的）共同体自由。维尔默说，如果现代世界自由包括（消极的）个体自由与（积极的）共同体自由之间的二元论，那么普遍自由概念就内含着个体主义与共同体主义之间的张力。与自由主义者不同，维尔默不是强调个体自由，而是强调共同体自由；与社群主义者也有所不同，维尔默并不完全否定个体自由，而是主张对个体自由进行共同体主义阐释。正是在这个意义上，维尔默自称为"共同体主义者"，或"自由的社群主义者"——与桑德尔的"社群的自由主义"不同。

在维尔默看来，尽管自由主义与社群主义存在着根本差异，即对待欧美自由民主社会的态度不同，但在很大程度上，它们是共同的价值取向内部的不一致，即它们强调同一传统内部的不同方面：自由主义强调自由的基本权利及其非欺骗性；社群主义更喜欢与美国早期"公民共和主义"，即与共同体的民主自治传统联系在一起。这样，它们之间的不一致就可以这样来描述：自由主义的兴趣在于自由的基本权利。对自由主义来说，个体的自由权利构成自由民主传统的规范内核；而社群主义则试图证明，只有在共同体的生活方式中，自由的基本权利才能获得合法意义。因而，自由主义与社群主义之争仍然是自由民主社会内部之争，其根本差异仅仅在于善与正义的优先性问题。事实上，自由与民主无论如何都能够联结成自由民主的政治共同体。

其二，在阐发人权普遍主义与公民权特殊主义基础上，讨论了人权与政治自由的关系，以及公民权、人民主权与民主合法性问题。

维尔默指出，在人权与公民权之间，不仅存在着内在关联，而且存在着特有的张力关系。因而，人权不能化约为公民权，但人权可以作为公民权。这样，人权与公民权之间的张力关系，就作为公民权阐释与对这些阐释进行道德批判之间的张力关系出现。换言之，自由民主主义者借助于普遍主义道德理解，将作为公民权的人权承认为道德的或以道德为基础的法律诉求。这样，在法律体系中发生的人权侵犯，同时就被描述为对公民权的侵犯，如果有关法律体系容许这样的侵犯的话。正是在这种语境中，维尔默乐观地肯定，在非西方社会也有可能实现人权，尽管很难给出正义与非正义的标准。不过，一方面，若将对文化认同破坏、宗教认同破坏，以及对传统的破坏描述为伤害，也许是没有问题的；另一方面，如果完全没有这样的伤害，那就不可能在世界范围内形成广泛的自由民主共识。

在维尔默视阈里，公民权与民主话语的双重关系不可避免地存在着"解释学循环"，即人权承认不仅是政治自由、民主话语的前提，而且是政治自由、民主话语的结果。因而，通过公民权与民主话语的解释学循环，可以回到民主法律体系的内在关联中。这种内在关联，对民主法权共同体来说是结构性的。这样，在一定程度上，民主话语只能进行双重解码。就是说，民主合法性原则的两个层面能够相互阐发：一方面，民主合法性原则作为正义原则，要求所有参与者都有可能实际参与民主话语；另一方面，民主合法性原则作为平等的参与权和交往权，包括参与民主话语要求。

（4）普遍主义伦理学重构：政治伦理学的理论前奏。这包括两个部分：

其一，在重构康德的形式主义伦理学基础上，论述从形式主义伦理学向话语伦理学过渡的必要性。维尔默指出，对康德的伦理学重构来说，大致有三种可能的选择：第一种方案承认，不同的"理性的存在者"能够期待以完全不同的行为方式成为普遍的（道德普遍主义）；第二种方案试图论证"最低限度伦理学"（阿多诺）；第三种方案是对康德的道德原则进行话语伦理学拓展（哈贝马斯、阿佩尔）。他认为，只有第三种方案才能被看作为康德的实践理性恢复名誉的尝试，它既无条件地捍卫道德规范的可辩护性，又无条件地捍卫道德"应当"的合理内涵。因而，像哈贝马斯、阿佩尔一样，维尔默也看到了从形式主义伦理学向话语伦理学过渡与从主体哲学向语言哲学过渡的内在关联；但是，这个关联使得康德的伦理学需要用对话式理解的普遍主义加以重新规定。

为此目的，维尔默区分了"对话的伦理学"（Dialogische Ethik）与"对话伦理学"（Ethik des Dialog）：在前者那里，对话原则代替道德原则；在后者那里，对话原则处于道德原则的核心位置。按照维尔默的理解，康德对内在性的思考，尽管不是关于"对话的伦理学"的思考，但也许是关于"对话伦理学"的拓展。"就康德的伦理学所要求的情境阐释与对话阐释关系而言，对自我的需要视角与价值视角进行交往理解是可能的。因为拒绝对话的标准，在矛盾的要求、需要或情境阐释相互抵触情况下，在康德

意义上是非普遍的。但在这个意义上引出的'对话原则'
（Dialogprinzip），主要并不涉及准则普遍性问题，而主要涉及情境
阐释与自我理解恰当性问题；尤其是在涉及他人的需要视角与价
值视角的正确理解时起作用。"① 维尔默认为，就话语伦理学在
"准康德主义"框架中发挥的作用而言，哈贝马斯、阿佩尔的"话
语伦理学一方面还是康德的；另一方面还不够康德的"——这就
是维尔默对话语伦理学与康德的伦理学关系的基本界定。由此可
见，维尔默的基本立场倾向于康德的伦理学而批评话语伦理学。

其二，在批评话语伦理学的两个前提，即真理共识论和最终论
证要求的基础上，对话语伦理学的基本原则，尤其是 U 原则进行
了重构。维尔默将 U 原则不是视为合法性原则而是视为道德原则，
并认为 U 原则是对绝对命令的话语伦理学重述。他认为，如果将 U
原则理解为合法性原则，就会产生下述困难，即 U 原则没有解决
这个问题：我"能够非强制地承认"普遍遵守一个规范，对每个
具体的人来说意味着什么？因而也没有解决这个问题，即在这个
意义上，所有人能够承认一个规范意味着什么？为了解决这个问
题，维尔默对 U 原则进行了重新解读：（U1）一个规范，如果为所
有利益相同的参与者普遍遵守，那这个规范就是有效的；（U2）一
个规范，如果能够为所有利益相同的参与者非强制地承认，那这
个规范就存在于所有参与者的共同利益中；（U3）在 S h 情境中被
做的（事情），（在道德上）是被正确地（禁止的），如果相应的
行为方式被理解为普遍的，并考虑到每个具体的、利益相同的参
与者能够非强制地承认其预期后果的话；（U4）在 S h 情境中被做
的（事情），（在道德上）是被正确地（禁止的），如果所有利益
相同的参与者能够（非强制地）期待，相应的行为方式（考虑
到它对每个具体的、利益相同的参与者来说的预期后果）成为
普遍的。由此可见，在这个问题上，维尔默的阐释与哈贝马斯的

① Albrecht Wellmer, *Ethik und Dialog*, Frankfurt/M. : Suhrkamp, 1986, S. 48.

阐释是相似的：通过有效性标准，道德规范有效性的意义被理解为以语言为中介的主体间性的普遍结构。因而，U 原则作为对绝对命令的话语伦理学重述，现在似乎可以被说成是，如果一个行为被理解成普遍的，对所有参与者来说是可承认的，那么它就是正确的。

（5）民主伦理学构想：政治伦理学的理论核心。这主要体现在三个方面：

其一，在讨论政治哲学与道德哲学关系时，维尔默做出了三个区分：首先，"是"与"应当"的区分。他指出，尽管"是"与"应当"的区分以规则与规范存在为前提，但对规则与规范的承认内含着"是"与"应当"的区分。这个区分是伦理学的前提，"欧洲道德哲学，就是从个体伦理学和政治哲学两个维度对这两个问题的加工处理"[①]。黑格尔哲学则是为重新统一这两个相互分离领域所进行的最后的伟大尝试。然而，即使不是在马克思那里，但也许是在马克思主义传统中仍然重复着"将是还原为应当、将应当还原为是"的错误。其次，法律规范与道德规范的区分表明，法律规范与道德规范对立将成为有效的或失效的；法律规范与道德规范对立是结构性的；法律规范通常与外部认可的法律威胁联系在一起。不过，维尔默对法律规范与道德规范的区分，并没有注意到传统社会的具体伦理。在向后传统道德过渡中，道德的去习俗化意味着法律的习俗化，即在某种程度上，法律规范被自由支配，即使屈从于道德规范限制。最后，在谈到道德原则与民主合法性原则区分时，维尔默指出，道德成为凌驾于法律之上的审判机关；道德论证逻辑是通过普遍主义道德原则确定的；若道德话语不同维度能够获得共识，那么道德冲突一般都可以得到解决；道德规范论证问题具有应用问题的特征。

其二，在谈到法哲学与伦理学关系时，维尔默说，"为了阐明

---

① Albrecht Wellmer, *Endspiele. Die unversöhnliche Moderne*, S. 96.

道德原则与法律原则如何相关联，我想直接引用它们之间的一致与差异"①。他指出，在将它们表述为规范的普遍化原则时，法权学说与伦理学说是一致的。其结构性一致就在于，它们固有的共识原则或对话原则最终都被压抑了。在这个意义上，康德的形式法概念就直接反映了绝对命令范畴的形式主义特征。他说，在最坏的意义上，法权学说与伦理学说之所以是"形式主义的"，是因为康德使实践理性概念中固有的"程序形式主义"，在关键点上停留在逻辑语义学的形式主义。"通过对康德、黑格尔、马克思关于自然法的接受与批判的概述表明，关于自然法的合理内核问题，他们当中没有一个人能够找到令人满意的答案。"②

其三，民主伦理是如何可能的？这是政治伦理学的核心问题。维尔默指出，后期黑格尔曾经试图为现代社会构建普遍的"民主伦理"（demokratische Sittlichkeit），并将它作为伦理的立足点；但他并没有说明，民主伦理形式如何对待传统的、前现代社会的伦理实质？就是说，黑格尔（包括马克思在内）并没有真正解决作为私人自主与公共自主之中介的民主伦理问题；相反，托克维尔试图解决如何构建民主伦理的问题。维尔默认为，民主伦理是如何可能的？这是政治伦理学的核心问题。"民主伦理概念并不规定美好生活的某些内容，而是规定相互修正的善的概念之平等的、交往的、多样的共生形式。"③ 然而，民主伦理概念的悖谬性似乎在于，它不是被"实体性地"，而是被"形式性地"，（"程序性地"）规定的。因而，根本不存在民主话语的伦理实体，因为民主话语条件规定着民主伦理内核。这样，在公民共和主义意义上，民主伦理与公民德性再次聚合为实体的整体是不可能的。

在维尔默看来，民主伦理构想的目标是建立世界公民社会。所

---

① Albrecht Wellmer, *Endspiele. Die unversöhnliche Moderne*, S. 107.

② Albrecht Wellmer, *Endspiele. Die unversöhnliche Moderne*, S. 152.

③ Albrecht Wellmer, *Endspiele. Die unversöhnliche Moderne*, S. 69.

谓"世界公民社会"（Weltzivilgesellschaft）标志着人权与公民权之间差异的扬弃，标志着现代世界和平的文化多元主义条件，标志着从人权的幻想概念向纯粹道德的或纯粹经济学的状态过渡，但是并不意味着民主政治终结，而是作为新的情况下现代民主需要进一步发展的生存条件。由此可见，维尔默的民主伦理概念试图将托克维尔与黑格尔融合在一起、将个体主义与共同体主义整合在一起。

（6）艺术崇高与审美救赎：政治伦理学的理论向往。这体现在四个方面：

其一，在继承与超越康德美学、阿多诺美学的基础上，围绕着"真实、表象、和解之间内在关联"这个核心问题，阐发了自然美与艺术美、艺术真实与审美体验、艺术与崇高之间的关系，提出美是"和解"的乌托邦、美是神圣功能与世俗功能的统一、只有审美综合（"真实Ⅰ"）才是对现实（"真实Ⅱ"）的艺术认知、审美体验是某种精神可能性，并论述了审美表象辩证法，主张将崇高嫁接到艺术中，因而认为崇高是艺术的基本结构，断言艺术崇高是对"和解"的彻底否定、崇高意味着审美的强化等。

其二，从现代艺术的二律背反出发，对现代—后现代艺术进行了批判性反思。维尔默认为，现代艺术的二律背反结构，一开始就存在于图像与符号、非概念综合与概念综合的分离中，即使在发达的工具理性条件下，它也与现代艺术一起成为自我意识。因而，尽管功能主义曾经起过一定的历史作用，但缺陷在于，它是一种与技术理性至上精神一致的、形式化的、简化了的机械主义，它没有对功能与目的关系进行恰当反思；只有从这个反思出发，人们才能有效地进行生产和建造，而且只有这样，粗俗的功能主义才能持续地服务于现代化进程。

其三，在更广阔的视野中对现代—后现代美学进行了批判性反思。维尔默指出，尽管利奥塔的崇高美学与阿多诺的否定的美学之间存在着某些不一致，但在他们那里，理性批判与语言批判的深层逻辑的共同性，表现为同一性思维批判与表现符号批判之间的结构同质性。此外，阿多诺关于"真实、表象、和解之间内在关联"的描述，即否定的美学概念又出现在 K. H. 伯勒尔①的突发性美学、H. R. 姚斯②的接受美学中。在维尔默看来，技术可以被区分为两类：一是以人的需要、人的自主性、交往合理性为取向的技术；二是着眼于资本利用的行政管理技术或政治操纵技术。因而，与 20 世纪初不同，在这里出现了生产美学对实用美学的让位。实用美学关系到体现在日常生活世界中可理解的目的关系的审美质量。

其四，大众艺术批判与审美乌托邦向往。维尔默既肯定阿多诺对文化工业批判的合法性，也指出他忽视了大众艺术隐藏着民主潜能与审美想象力；既肯定 W. 本雅明关于机械复制艺术暗示着现代大众艺术潜能的分析，也指出他对大众艺术评价不同于阿多诺的根本动机在于审美政治化。总之，维尔默对审美乌托邦怀着深深的向往，但对通俗艺术也并非完全否定，而是适度地肯定。

作为法兰克福学派第三代主要代表人物之一，奥菲（Claus Offe）的政治社会学思想，尤其是福利国家危机理论也对推进批判理论的"政治伦理转向"作出了重要贡献。奥菲的福利国家危机理论，既受到了美国社会学家、经济学家J. R. 奥康纳尔（J. R. O'Conner）的国家财政危机论的影响，更受到了哈贝马斯的合法化危机论的影响；反过来，奥菲关于国家批判的系统分析，又影响了哈贝马斯的"系统—生活世界"理论。奥菲强调，福利国家必须在维持、促进资本积累的同时，保障民主合法性。只有这样才能保证整个资本主义系统，即经济系统、政治系统、社会文化系统的正常运转。然而，这样，福利国家的矛盾就使得经济危机倾向可能在财政危

---

① K. H. 伯勒尔（Karl Heinz Bohrer, 1935—　），德国文学评论家、美学家。

② H. R. 姚斯（Hans Robert Jauss, 1921—1997），德国美学家、接受美学理论创始人。

机中达到顶峰，或者说，资本主义的根本危机在于国家中。在他看来，福利国家的矛盾就在于："后期资本主义系统既不能够与福利国家共存，又不能够没有福利国家。"① 就是说，尽管福利国家对资本主义积累的影响很可能是破坏性的，但废除福利国家所带来的影响将是毁灭性的。

第三，霍耐特的承认理论、多元正义构想，以及民主伦理学，标志着批判理论的"政治伦理转向"最终完成。作为法兰克福学派第三代核心人物、批判理论第三期发展关键人物，霍耐特最终完成了批判理论的"政治伦理转向"，主要体现在四个方面：

（1）对传统批判理论进行批判性反思，阐明批判理论的"承认理论转向"② 必要性。为了避免早期批判理论社会规范的缺失，又防止 F. V. 弗里德堡经验情结的误区，霍耐特从梳理社会哲学的两条路径（即历史哲学路径与人类学路径）出发，对从霍克海默到哈贝马斯的传统批判理论进行了批判性反思：其一，早期批判理论试图把哲学的时代诊断与经验的社会分析融合在一起，但从一开始就陷入了困境：从霍克海默批判理论的社会性缺失，到《启蒙辩证法》的支配自然批判的历史哲学模型的局限性，直至后期阿多诺批判理论对社会性的最终排斥。其二，尽管自20世纪70年代以来，批判理论的两个最有影响的分支（福柯的权力理论与哈贝马斯的交往行为理论）可以被视为早期批判理论历史哲学模型所导致困境的两种不同的解决方式，但他们试图通过告别劳动范式来解决早期批判理论困境并不成功，即使交往行为理论也没有为批判理论奠定规范基础。其三，批判理论规范基础只能到人类学中去寻找。为此，必须走规范研究与经验研究相结合之路。即必须走出交往范式的狭义理解，从语言理论转向承认理论。"交

① Claus Offe, *Contradictions of the Welfare State*, Cambridge：MA：The MIT Press, 1984, p. 153.

② Nancy Fraser/Axel Honneth, *Umverteilung oder Anerkennung? Eine politisch-philosophische Kontroverse*, Frankfurt/M.：Suhrkamp, 2003, S. 148.

往范式不能理解为语言理论……而只能理解为承认理论。"①

（2）从社会冲突两种模式（"为自我保护而斗争"与"为承认而斗争"）出发，霍耐特借助于 G. H. 米德（George Herbert Mead）的社会心理学对青年黑格尔的承认学说进行重构，从而使黑格尔的承认观念实现了自然主义转化，以此阐明批判理论的"承认理论转向"可能性；并以承认与蔑视关系、蔑视与反抗关系为核心，建构了承认理论基本框架。在霍耐特视阈中：三种主体间性承认形式，即情感关怀或爱（Liebe）、法律承认或法权（Recht）、社会尊重或团结（Solidarität），分别对应自信（Selbstvertrauen）、自尊（Selbstachtung）、自豪（Selbstschätzung）三种实践自我关系；个体认同遭遇的三种蔑视形式，即强暴（Vergewaltigung）、剥夺权利（Entrechtung）、侮辱（Entwürdigung），摧毁了个体基本自信、伤害了个体道德自尊、剥夺了个体自豪感；蔑视体验（Erfahrung der Missachtung）是社会反抗的道德动机，因而必须在社会冲突中重建道德规范，并将人际关系道德重建视为承认理论目标。

（3）阐明承认与再分配、承认与正义、承认与道德的关系，提出一元道德为基础的多元正义构想，并试图建构以正义与关怀为核心的"政治伦理学"。其一，在进一步拓展承认理论的过程中，霍耐特首先将黑格尔法哲学重构为规范正义理论；通过分析再分配与承认关系，断定分配冲突是承认斗争的特殊形式，并考虑到文化承认作为第四种承认形式的可能性；针对弗雷泽的指责，霍耐特强调自己的承认理论并非"文化主义一元论"，而是"道德一元论"②。其二，在此基础上，试图建构一元道德为基础的多元正义构想。霍耐特多元正义构想的三个核心命题在于：从多元的

---

①　Axel Honneth, *Kritik der Macht. Reflexionsstufen einer kritischen Gesellschaftstheorie*, Frankfurt/M.: Suhrkamp, 1989, S. 230.

②　Nancy Fraser/ Axel Honneth, *Umverteilung oder Anerkennung? Eine politisch-philosophische Kontroverse*, Frankfurt/M.: Suhrkamp, 2003, S. 292.

社会正义构想出发是正确的；社会承认关系质量应该成为社会正义构想立足点；社会理论命题，而非道德心理学被描述为获得社会正义规定性的关键。其三，在与当代实践哲学对话的语境中，明确提出了"政治伦理学"（politischeEthik）概念，并围绕着承认与正义关系、承认与道德关系，阐发了自由、民主、人权、共同体、正义、关怀等问题，而且试图建构以正义（平等对待）与关怀（道德关怀）为核心的"政治伦理学"。作者认为，强调"后现代伦理学与话语伦理学基本一致"，是霍耐特的政治伦理学立足点；论证"平等对待与道德关怀存在相互包容关系"，是霍耐特的政治伦理学核心；断定"承认道德介于康德传统与亚里士多德传统之间"，是霍耐特的政治伦理学定位；断言"形式伦理是人格完整的主体间性条件"，是霍耐特的政治伦理学目标。

（4）建构以自由与正义为主线的民主伦理学。近年来，霍耐特又出版了一系列著作：不仅对批判理论做了进一步的批判性反思，如《阿多诺：否定的辩证法》（合著，2006）、《批判理论关键词》（合著，2006）、《理性的病理学：批判理论的历史与现状》（2007）、《批判的创新：与霍耐特谈话》（合著，2009）；而且进一步发展了承认理论及其多元正义构想，如《正义与交往自由：对黑格尔结论的思考》（合著，2007）、《厌恶、傲慢、仇恨：敌对情绪现象学》（合著，2007）、《从个人到个人：人际关系的道德性》（2008）、《我们中的自我：承认理论研究》（2010）；并试图构建民主伦理学，如《自由的权利：民主伦理大纲》（2011）。

《我们中的自我：承认理论研究》包括霍耐特近年来已经发表和未发表的14篇论文或讲演稿，主要有四部分内容：其一，进一步拓展和重构黑格尔的承认学说，强调《精神现象学》（1805—1807）、《法哲学原理》（1820）对承认理论的重要性，这与在《为承认而斗争：社会冲突的道德语法》（1992）中强调黑格尔的《伦理体系》（1802—1803）、《思辨哲学体系》（1803—1804）、《耶拿实在哲学》（1805—1806）等"前精神现象学"著作明显不同；其二，进一步阐发劳动与承认、承认与正义的关系，强调道德与权力的内在关联；其三，重新规定社会化与个体化、社会再生产与个体认同形成之间的关系，强调社会哲学规范问题的解决必须包容经验追求；其四，从心理分析视角进一步拓展承认理论，既涉及心理分析的承认理论修正，又分析了"我们中的自我：作为群体驱动力的承认"等问题。总之，该书是霍耐特对承认理论的进一步思考，不仅修正、深化了早年的某些观点，而且开辟了新的研究领域，并试图为正义理论提供一个新的文本。

在《自由的权利：民主伦理大纲》中，霍耐特试图以黑格尔的《法哲学原理》为范本，在社会分析形式中阐发社会正义原则，并致力于阐发民主伦理学。

从基本结构看，该书包括三个部分：其一，"自由的权利"历史回顾。在这里，霍耐特主要阐发"消极自由及其契约结构""反思自由及其正义构想""社会自由及其伦理学说"。其二，"自由的可能性"，从"此在基础""局限性""病理学"三个层面阐发"法律自由"与"道德自由"。其三，"自由的现实性"，讨论"个人关系中的'我们'"（友谊、私密关系、家庭）；"市场经济行为中的'我们'"（市场与道德、消费领域、劳动市场）；"民主意志形成中的'我们'"（民主公共领域、民主法权国家、政治文化展望）。①

霍耐特认为，在当西方政治哲学中，占支配地位的康德、洛克自由主义传统的正义理论，属于"制度遗忘的正义理论"（institutionenvergessene Gerechtigkeitstheorie），尽管它具有道德理性但却缺乏社会现实性。新黑格尔主义试图按照黑格尔意图来建构正义理论，以及社群主义者 M. 沃尔泽、A. 麦金泰尔等人试图超越纯粹的规范正义理论、并重新接近社会分析的努力，离与黑格尔的《法哲学原理》的意图尚有很大距离：黑格尔的思路是将道德理性

---

① Axel Honneth, *Das Recht der Freiheit. Grundriß einer demokratischen Sittlichkeit*, Frankfurt/M.：Suhrkamp, 2011, S. 5 – 6.

与社会现实结合起来。诚然，在今天简单复活黑格尔意图和思路是不可能的。尽管如此，再次运用黑格尔的《法哲学原理》的意图，重构一种从当代社会结构前提出发的正义理论，即作为社会分析的正义理论，还是有意义的。①

应该说，《自由的权利》在霍耐特思想发展过程中占有非常重要的地位，其学术地位足以和《为承认而斗争》相媲美。如果说，《为承认而斗争》标志着霍耐特的承认理论框架基本形成；《正义的他者：实践哲学文集》（2000）、《再分配或承认？哲学—政治论争》（2003）等标志着霍耐特的承认理论进一步完善与多元正义构想和政治伦理学初步建构；那么，《自由的权利》则意味着霍耐特的民主伦理学基本形成。到此为止，霍耐特的思想体系已日臻完善，足以和哈贝马斯相比肩——在哈贝马斯那里，有交往行为理论、话语伦理学、协商政治理论；在霍耐特这里，则有承认理论、多元正义构想、民主伦理学。正是借助于此，霍耐特最终完成了批判理论的"政治伦理转向"，对批判理论第三期发展作出了决定性贡献；标志着批判理论最新发展阶段，即从批判理论转向后批判理论；体现着批判理论最新发展趋向，即从语言交往哲学转向政治道德哲学（"政治伦理学"）；并已经进入与当代实践哲学主流话语对话语境之中，成为当代最重要的实践哲学家之一。然而，尽管霍耐特徘徊于批判理论与后批判理论、现实主义与理想主义、一元主义与多元主义之间，但最终从前者走向了后者。因此，与其将霍耐特称为批判理论家，倒不如称为后批判理论家。

王凤才
于复旦光华楼
2020 年 4 月修订

---

① Vgl, Axel Honneth, *Das Recht der Freiheit. Grundriß einer demokratischen Sittlichkeit*, S. 14 – 17.

摘　　要

法的规范有效性问题，作为哈贝马斯法哲学的核心问题，与其法哲学立场具有内在关联。

与汉语学界已有的研究聚焦于《在事实与规范之间》这本晚期著作不同，本书试图立足于哈贝马斯法哲学思想的内在进程阐发这个核心问题的定位、变化和发展；与碎片化地关注哈贝马斯法哲学的某一主题不同，本书试图以"交往行动"为基础，按照其主题的演进逻辑来把握哈贝马斯法哲学与批判理论、法律社会学、法实证主义等思想的相互批判和吸纳，以期完整而系统地揭示其法哲学的主旨和意义。

本书是按照哈贝马斯阐述的"对话差异的建筑术"（Architektonik der Diskursdifferenzierung）这一内在逻辑来阐发其法哲学，因而把他重建法的规范性基础的整体思路重构为三个方面：第一，哈贝马斯对法的有效性问题的讨论首先是从他对批判理论的反思和对法律社会学的批判开始的，他指认批判理论低估了民主传统，批判了法律社会学尤其是社会学系统论消解了法的规范性基础。第二，在完成一系列基础性的清理工作之后，哈贝马斯就将目光转向交往行动理论建构，以此来重构行动之规范性条件，这对于哈贝马斯法哲学有基础作用，我们可将其界定为"对话差异建筑术"之基础。第三，通过构架一个可以容纳道德、法律与政治之规范性差异与互补关系的对话原则，进一步尝试在这一新的基础上重新理解法的规范有效性问题。

关键词：哈贝马斯；交往行动；法的有效性

Abstract

The validity of legal norms, as the core of Habermas' philosophy of law, is intrinsically related to its standpoint of legal philosophy. Instead of focusing on the existing research "fact and validity" in the Chinese scholar field, this paper tries to interpret the orientation, change and development of the core issue based on the internal process of Habermas' philosophy of law. Instead of paying attention to a certain subject of Habermas' philosophy of law in a piecemeal way, based on "social communicative action", this paper attempts to grasp the mutual criticism and absorption of Habermas' philosophy of law and critical theory, sociology of law and positivism of law with the logic of theme evolution, in order to reveal the purport and significance of his philosophy of law in a comprehensive and systematic way.

The main method used in this paper is to elucidate his legal philosophy according to Habermas' "Architektonik der Diskursdifferenzierung", and thus generalize his overall thinking of reconstructing the normative basis of the law into three aspects: first, Habermas' discussion on the validity of law begins with his reflection on critical theory and criticism of sociology of law. He points out that the critical theory underestimates the democratic tradition, and he criticizes the sociology of law, especially the system theory of sociology, which dispels the normative basis of law. Second, after completing a series of basic clean – up work, Habermas turned his attention to the construction of communicative action theory, so as to reconstruct the normative conditions of action. Third, by constructing a dialogue principle which can accommodate the normative differences and complementarities of morality, law and politics, we try to re – understand the normative validity of law on this new basis.

Key Words：Habermas；Communicative action；Validity of law

目　　录

Contents

导　　论

人类要享有秩序，必须接受法律的约束；然而，法律何以对人具有约束力，这是一个古老的话题。法何以具有规范有效性？这一问题也可以从反面发问：什么样的法不具有规范有效性，它因而不是法？本书致力于围绕哈贝马斯的法哲学思想来阐发法的有效性（Geltung）问题。

哈贝马斯被誉为当代最有影响力的思想家之一，学界公认"他的思想不仅在哲学，而且在政治—法律思想、社会学、传播学、论证理论和修辞学、发展心理学和神学方面都产生了显著的影响"[1]。也正是由于哈贝马斯思想本身所具有的这种多元性、综合性、跨学科的特征，为我们从哲学、法学、政治学、社会学等"多向度"解读他的理论提供了可能，因而他的书出版后就备受学界的关注。哈贝马斯的著作不仅被译成多种文字出版，且一版再版。学界对于他思想的解读也是层出不穷。对哈贝马斯的研究事实上已成为国内外学术界的"一种时尚"。

近年来，这样的"时尚"又再次兴起。我们又重新燃起了对哈

---

[1]　James Bohman & William Rehg：*Jürgen Habermas*，*The Stanford Encyclopedia of Philosophy*（Fall 2011 Edition）.

贝马斯法哲学的研究热情。这首先要归功于《在事实与规范之间》①
（1992）一书的出版。有学者指出，《在事实与规范之间》是"自黑
格尔去世大约150年后继罗尔斯的《正义论》（1971）、赫费的《政
治正义论》（1987）之后，又一部重要的法哲学著作"②。在这本中，
哈贝马斯全面且系统地阐发了他对民主法治国的思考，这有力地反
驳了许多学者所指责的其思想过于理想化的看法。另外，也是由于
当今世界规范秩序日渐瓦解的危机，似乎从事实上验证了后现代理
论对启蒙理性的论断——"启蒙的道德事业失败了"。在此背景下，
哈贝马斯对法的规范性基础的强调与阐发，为恢复规范性问题与实
践理性真理之间的关系提供了一次新的理论契机。因此，人们纷纷
从哈贝马斯的著作中获得思想资源，去思考如何重建现代社会规范
秩序的问题。

　　尽管如此，人们却很难说对哈贝马斯的法哲学思想已经有全面
且精准的把握。这一方面是由于前文所讲的，哈贝马斯的理论本身
所具有的复杂性的思想特征，另外也与一直以来人们把哈贝马斯简
单地归结为一个康德主义者有关系。在很大程度上，上述论断直接
影响了人们对他法哲学整体立场的理解。具体来讲，学者一般认为，
哈贝马斯的法哲学继承了康德实践哲学的传统，进而把哈贝马斯的
法哲学理解为一种试图以至高的道德原则为法的正当性奠基的"新
自然法"③。对此，有学者提出质疑，如果从哈贝马斯反复强调的
"合法性的唯一的后形而上学时代来源，显然是由民主程序提供

---

① 童世骏教授在中文本《在事实与规范之间》前言中对书名的译法作出了充分
的说明，参见［德］哈贝马斯《在事实与规范之间》，童世骏译，生活·读书·新知
三联书店2003年版，第2页。

② Ralf Dreier, "Rechtsphilosophie und Diskurstheorie. Bemerkungen zu Habermas'
Faktizitätund Geltung", *Zeitschrift fürphilosophische Forschung*, Bd. 48, （Jan. － Mar.,
1994）, S. 90 － 103.

③ Otfried Höffe, "Eine Konversion der kritischen Theorie? Zu Habermas Rechts-und
Staatstheorie", *Rechtshistorisches Journal* 12, S. 70 － 88.

的"① 观点来看，显然，哈贝马斯的思想更倾向于法实证主义的观点。为此有学者指责那些把哈贝马斯法哲学理解为自然法理论的研究者，认为他们始终没有发现"他的法哲学要与现实的实证法建立联系的决心——法的规范有效性只有通过变成实证法才能获得"②。那么，哈贝马斯究竟是持自然法立场还是实证主义的立场。截至目前，学界对哈贝马斯法哲学这一基本问题仍未达成共识。似乎不管认为哈贝马斯是持自然法的还是法实证主义的立场，研究者都可以从他的文本中找到具体的论述来支撑其观点。除了上述这种简单的论断方式之外，还有一种对哈贝马斯法哲学的解释，认为哈贝马斯法哲学思想既具有自然法传统之"关于正义学说"（Die Lehre von der Gerechtigkeit）的精神，又有实证主义对"道德的观点"所特有的"怀疑性""防御性"的立场。

粗略地看，相较于认为哈贝马斯是持法实证主义还是自然法立场的简单论断，这种"既……又……"的说法似乎更具有说服力，也符合哈贝马斯理论中一贯以来所具有的"第三条道路"③（Dritter Weg）的思想形态，因此对于这种宏观关照，研究者一般并无多少异议。但是，当我们在对哈贝马斯思想中的具体问题进行分别研究与定性研究时就会发现，这种对哈贝马斯的法哲学思想所进行的笼统的、欠缺精确性的论断，实际上并不能推进我们对哈贝马斯思想之关键内涵的理解。

本书要指出的是，目前对哈贝马斯法哲学整体立场的论断基本上受两个因素的影响：一是目前主流的讨论法哲学问题的方式，即

---

① ［德］哈贝马斯：《在事实与规范之间》，第 682 页。

② Heiner F. Klemme：The Concept of Law：Kant and the Alternatives（Stammler-Kelsen-Habermas），Lectures on Kant's Practical Philosophy，Shanghai，2017，p. 4.

③ 本书在此借用德国法哲学家考夫曼（Arthur Kaufmann）用语，用以表示不能简单地把哈贝马斯的法哲学直接置入当代实证主义与自然法之争的语境中去讨论，参见 Kaufmann/Hassemer/Neumann（Hrsg.），*Einführung in Rechtsphilosophie und Rechtstheorie der Gegenwart*，7. Aufl.，Heidelberg，2004，S. 90.

从判断一个法哲学家是持"实证主义"还是"自然法"立场去理解其理论；二是哈贝马斯对法与道德之间的关系的论述。在此，我们且不去讨论"实证主义"与"自然法"这一简单论断方式存在的弊端。单就哈贝马斯对法与道德关系来讲，其实他的论述并非是始终一致的。简单来说，哈贝马斯在《法律与道德》（1986）一文以及这篇文章之前的文本中，他对法与道德关系的界定是"从属性互补性关系"，从而显示出更多倾向于康德的观点，他说："法律类型的形式属性只有根据充满道德内容的原则才提供赋予合法性的理由。"① 在《法律与道德》之后的文本中，哈贝马斯反复强调法律与道德是处于"同源互补关系"，进而批判将道德作为法的规范有效性的观点，他强调："实证法仍然保留着同道德的关联，但这种同道德的关联不应该误导我们得出这样的结论，即在规范等级的意义上把道德置于法之上。"② 哈贝马斯曾在《在事实与规范之间》的前言中明确提醒我们注意这一重要转变③，并在《话语伦理学之阐释》（1991）中注明他其实在《道德意识与交往行动》（1984）第二版（第一版是 1983 年版）中就修正了他的语用学立场，并表明他对语用学立场的修正与上述这一重要的理论转变之间具有的内在关系。④

然而，一直以来国内外学者忽视了，或者至少说不够重视这一重要理论转变。这一方面导致了，国内学界尽管已对哈贝马斯进行了大量探讨，但对哈贝马斯法哲学的立场、方法、与近代理性法之间的关系一些基本问题仍然莫衷一是；另一方面也使得对哈贝马斯法哲学思想中这一重要转变背后所具有的思想内涵，没有得到决定性的澄清。为此，本书试图从哈贝马斯法哲学思想形成的整个历程出发，尤其注重从《道德意识与交往行动》（1983）至《在事实与

---

① ［德］哈贝马斯，《在事实与规范之间》，第 566 页。
② ［德］哈贝马斯，《在事实与规范之间》，第 130 页。
③ ［德］哈贝马斯，《在事实与规范之间》，第 7 页。
④ Habermas, *Erläuterungen zur Diskursethik*, Frankfurt/ M. : Suhrkamp Verlag, 1991, S. 134.

规范之间》（1992）之间他对法与道德关系之论述的转变，从法的规范有效性问题入手，去研究哈贝马斯的法哲学。

本书的考察结论是，哈贝马斯对法的有效性概念最完整的表述是在《在事实与规范之间》中，他认为法的规范有效性具有一种双重视角（Doppelaspket der Rechtsgeltung）。这一关键说法直接标明了哈贝马斯法哲学的基本立场。可以明确的是，哈贝马斯并不持实证主义的立场，因为实证主义在思考法的有效性问题时不主张考虑道德的因素，而他认为实证法要保留与道德的关联。哈贝马斯的法哲学也不是自然法理论，因为他认为民主程序是法的合法性（Legitimität）的唯一来源。哈贝马斯在此的看法，其实是相当正确的，他的这一观点构成了人们去理解法的有效性问题的经典表述，正如阿列克西（Robert Alexy）指出的："法要具有规范有效性，并不是如实证主义法学观所主张那样，要切断从是（Sein）推出应当（Sollen）的关联，也不像纯粹自然法的所坚持的，用实质正确性的要求将法的实证要素排除出去，问题的关键是在于在法的现实化的过程中，法的实质正确性要求是如何起作用的。"① 阿列克西的分析充分解释了哈贝马斯法哲学的洞见。

然而，要把握这一重要洞见，我们必须从哈贝马斯的哲学出发。"法哲学的问题是要由哲学来回答的，而不是法学自身所能解答的。"② 毫无疑问，哈贝马斯的哲学基础是他的"交往行动理论"③，

① ［德］罗伯特·阿列克西：《法：作为理性的制度化》，雷磊编译，中国法制出版社2012年版，第1页。

② 舒国滢：《走出概念的泥淖——"法理学"与"法哲学"之辨》，《学术界》2001年第1期。

③ 童世骏教授在中文本《在事实与规范之间》前言中对Handelns为什么要翻译成"行动"而不是"行为"做出了充分的说明，本书在此从童教授的译法。文章在讨论哈贝马斯对法社会学系统论的批判时，还会着重区分"行动"和"行为"的含义。另外，本书在此亦修正之前发表的文章中的部分内容参见《交往行动与现代社会规范秩序的基础》，《学习与探索》2017年第4期。

他在交往行动①概念之上，展开对近代主体哲学的批判。在这种批判中，哈贝马斯着力构建的"法律对话理论"（Diskurstheorie des Rechts）②对近代"理性法"作出了整体论断："一切试图以自然法理论来为法奠基的努力都失败了。"③如何避免一种自然法的"道德的观点"并克服哲学正义论"应当的软弱"（ohnmacht des blossen Sollens）是哈贝马斯法哲学首先要反思的问题。在这个意义上，我们因而追溯到，话语伦理学在处理从规范证成（Begründungsproblem）到规范应用问题（Anwendungsproblem）所产生的"落差"之时，构成了哈贝马斯法哲学的问题起源。因此，根植于哈贝马斯的交往行动理论，通过阐明他对法的有效性问题的思考，从而厘清哈贝马斯本己的思想之复杂性立场，进而把握在哈贝马斯法哲学所蕴含的精神传统以及他在此精神脉络中的确切位置，最终赢得对其法哲学思想的一种更为深邃的理解，正是本书尝试进行的工作。

　　然而，在进入本书的主题之前，本书先对以往解读哈贝马斯法哲学的诸条进路做一个简要的回顾，以便通过总结前人研究的得失来澄清本书写作的路径、方法与不足。

一

　　研究哈贝马斯法哲学思想的著作可谓浩如烟海。为了对目前哈

---

① 哈贝马斯区分"对话"和"行动"概念。具体来讲，交往行动可以进一步区分为"行动"（Handeln）（或共识言谈行动：konsensuelle Sprechhandlung）和"对话"（Diskurs）。因此，在《普遍语用学》中重构的对象，是交往行动的规范要求，确切地讲，是行动的规范有效性要求，而非对话的前提条件。后文我们还会看到，这一细微的区分对［德］哈贝马斯的对话伦理学有重大影响。哈贝马斯对二者的详细区分以及思路历程，参见罗亚玲《阿佩尔对话理性概念之内涵和根基》，《复旦学报》2015年第5期。

② Klaus Günther, "Diskurstheorie des Rechts oder liberales Naturrecht in diskurstheoretischem Gewände?", *Kritische Justiz* Vol. 27, No. 4, 1994, S. 470 – 487.

③ Heiner F. Klemme: The Concept of Law: Kant and the Alternatives (Stammler-Kelsen-Habermas), Lectures on Kant's Practical Philosophy, Shanghai, 2017, p. 1.

贝马斯法哲学研究的现状有一个整体的把握，本书基于研究者关注的问题、学科的相似性等因素试图区分出诠释哈贝马斯法哲学的不同路径，并在此基础上分析各种路径对哈贝马斯法哲学研究的得失，最后对与本书主题的重要文献进行概要性的论述。

鉴于哈贝马斯法哲学与批判理论之间的思想关联，第一种路径倾向于将哈贝马斯的法哲学与批判理论紧紧联系起来。基于这种解读方式，研究者认为哈贝马斯对法律问题的考察，是为了揭示和分析后期资本主义的合法性危机。这种研究进路的重点和难点，主要在于把握哈贝马斯是如何解释资本主义的民主理论，通过对这个问题的分析去探求哈贝马斯思想中的革命或保守因素。

具体来讲，有学者从哈贝马斯的《理论与实践》《重建历史唯物主义》《合法性危机》等著作中较为激进的内容出发，把他对资本主义合法性危机的揭示理解为一种意识形态批判，并在此基础上，进一步指责哈贝马斯违背了霍克海默、阿多诺等批判理论前辈对国家资本主义批判所得出的结论。如詹姆斯·L. 马什（James L. Marsh）的《非正义的合法性：对哈贝马斯法哲学的一种批判》①一书就是持这样的观点。在这本书中，马什基于激进左派的立场，指认《在事实与规范之间》中存在一个根本性的理论矛盾，即哈贝马斯把民主法治国与资本主义之间的关系看作"可调和"的，认为这完全背离了批判理论的思想传统。

托马斯·麦肯锡（Thomas McCarthy）同样是从批判理论的角度来解读哈贝马斯的法学思想。只是与马什不同，他并不急于去分析哈贝马斯的政治立场，而是基于批判理论的发展谱系，将批判理论的主题界定为理性批判。在这个意义上，他并不认为哈贝马斯背离了批判理论的思想传统，相反，他认为哈贝马斯使得批判理论再次获得了批判的力量。因为他明确地把批判的矛头对准了决定近代社

① James L. Marsh, *Unjust Legality*: *A Critique of Habermas's Philosophy of Law*, New York: Rowman & Littlefield Publishers, Inc, 2001.

会规范秩序的关键环节：法律。

在麦肯锡看来，要获得对哈贝马斯法哲学的精准把握，首当其冲的是理解他的交往行动理论对批判理论所做的推进工作，因此他注意到了哈贝马斯对批判理论的历史谱系和未来发展方向所作出的论断："回想起来，对我而言批判理论的缺憾似乎可以按照以下类别予以归类：'规范性基础'、'真理的概念及其与社会科学学科之间的关系'、'对民主和宪政国家传统的低估'。"① 麦肯锡认为哈贝马斯所说的这三点环环相扣却又一脉相承，哈贝马斯对交往行动理论的构建正是沿着这三个方面展开的。

基于以上的解读工作，本书同意赫费（Otfried Höffe）提出的观点，即在哈贝马斯这里包含了"批判理论的转向"（Eine Konversion der kritischen Theorie）②。因为在《在事实与规范之间》之前③，批判理论更多地受马克思唯物史观的影响，认为民主理论不值一提④，更多的是从社会学、经济学、文化哲学等方面去指认和分析现代社会的病理学特征。在哈贝马斯之后批判理论确实有了某种"视角转换"，但这并不意味着对批判理论传统的背离，而是批判理论本身的进一步发展。按照赫费对哈贝马斯《在事实与规范之间》一书的解读，"实际上不能完全说是放弃了批判理论否定性社会批判的意图，只是减轻了否定性批判的位置，对民主法治国的重构，其目的是尽

---

① 转引自孙国东《合法律性与合道德性之间：哈贝马斯商谈合法化理论研究》，复旦大学出版社 2012 年版，第 11 页。

② Otfried Höffe, "Eine Konversion der kritischen Theorie? Zu Habermas Rechts-und Staatstheorie", *Rechtshistorisches* Journal 12, pp. 70 – 88.

③ 虽然批判理论家诺伊曼（Franz Neumann）在 1967 年写过《法律的统治》（*Die Herrschaft des Gesetzes：eine Untersuchung zum Verhältnis von politischer Theorie und Rechtssystem in der Konkurrenzgesellschaf*）一书从而开启了批判理论对法哲学的关注，但实际上，这本书在主流的批判理论圈内并没有引起很大反响，哈贝马斯在《在事实与规范之间》里也没有提及。

④ ［瑞士］埃米尔·瓦尔特－布什：《法兰克福学派史》，郭力译，社会科学文献出版社 2014 年版，第 314 页。

力探求可以改善的地方，但是这在西方确实是已经失败了的"①。对此，哈贝马斯已在1990年《公共领域的结构转型》再版前言中明确指出，民主法治国的实质"目的不再是消解资本主义经济制度和官僚统治体制，而是以民主的方式阻挡系统对生活世界的殖民式干预"②。

对此，正如克里斯蒂安·马克森（Christian Marxsen）的《有效性和权力——哈贝马斯的法、国家和民主理论》③指出的，哈贝马斯凭借这一论断不仅指认了现代社会危机的根源——"系统对生活世界的彻底殖民化"，而且也同时为回应这种危机指引了方向：基于生活世界重建现代社会的规范基础。

第二种对哈贝马斯法学理论的研究是法律社会学的路径。众所周知，哈贝马斯的思想根植于对涂尔干的民主社会理论、韦伯的合理化理论等社会学理论的吸收与转化。应该说，法律社会学的研究路径准确地把握到了哈贝马斯法学思想的这一背景。

目前法律社会学对哈贝马斯的研究，很大程度上仍然受20世纪70年代哈贝马斯与卢曼之争的影响，或者说，那场争论的一些结论至今依然主导了当下社会学领域对哈贝马斯的解读。关于那场争论的核心问题，宏观上可以归结为对社会科学方法论的问题的争论。哈贝马斯认为社会科学的研究需要确立一种规范性的尺度，它需要标明一个良序社会应该是什么样子。对此，卢曼认为哈贝马斯是从哲学上一个良序社会的理念出发来分析社会问题，并指责哈贝马斯思想中仍持有一种"古代欧洲"的视角，从而导致其低估了现代社会的复杂性程度。例如《系统理论，对话理论和先验哲学之法权》

---

① Otfried Höffe, "Eine Konversion der kritischen Theorie? Zu Habermas Rechts-und Staatstheorie", *Rechtshistorisches Journal* 12, S. 70 – 88.

② ［德］哈贝马斯：《公共领域的结构转型》，曹卫东等译，学林出版社1999年版，第21页。

③ Christian Marxsen, *Geltung und Macht Jürgen Habermas' Theorie von Recht, Staat und Demokratie.* München: Wilhelm Fink, 2011.

（*Systemtheorie，Diskurstheorie und das Recht der Transzendentalphilosophie*）① 一书就基本上接受了卢曼对哈贝马斯的论断。他们认为哈贝马斯是作为哲学家，而不是社会学家在分析、研究社会问题。

所以，目前哈贝马斯法哲学的法律社会学研究路径，倾向于从研究方法、理念上比较哈贝马斯与法律社会学的异同，或者更为进一步，试图从这种对比中吸收、反思双方关于规范问题研究的合理东西。在后续章节讨论哈贝马斯对法律社会学的批判中，本书还会继续阐明，这二者都要基于对交往行动理论有准确的理解才可能，否则就某一主题不同观点的直接比较，归根结底可能只是片面的。

持第三种研究路径的学者不再急于挖掘哈贝马斯思想中的革命成分或保守成分，也不再纠结于哈贝马斯到底是作为一个社会学家还是哲学家在思考问题，而是仅仅抓住《事实性与有规范性》一书，认为哈贝马斯法哲学的思想主旨是对理性法的重构，更准确地说，是用对话理论来重构自然法理论。

目前大多数研究者是从这个路径切入的哈贝马斯法哲学思想主题的，这可以从卡多佐法学院（Cardozo Law）举行的专门讨论哈贝马斯法学思想的专题论文集《哈贝马斯论法律和民主：批判性交流》② 一书可以看出。考虑到自然法学派对现代欧洲政治、社会思想的深远影响，以及哈贝马斯与这种思想传统之间的紧密的理论关联，这种路径也似乎成了目前最容易被人所接受的一种解读哈贝马斯法哲学的视角。如托马斯·库珀卡斯（Thomas Kupkas）认为，哈贝马斯法哲学的核心主旨，是要确证我们生而具有的主体权利，即"公民们在利用实证法调节他们的共同生活时必须相互承认的那些权利"③，这就使得哈贝马斯的法哲学表现为对近代理性法，尤其是倾

---

① Miguel Torres Morales，*Systemtheorie，Diskurstheorie und das Recht der Transzendentalphilosophie*，Würzburg：Verlag Konigshausen & Neumann，2002.

② Michel Rosenfeld，*Habermas on Law and Democracy：Critical Exchanges*，Berkeley：University of California Press，1998.

③ ［德］哈贝马斯：《在事实与规范之间》，第103页。

向于对自由主义自然法的批判继承。

目前，这种研究的主要问题争论点在于本书所关涉的法的规范有效性问题。具体而言，库珀卡斯认为，哈贝马斯的法哲学是一种自由主义自然法理论，他的法律原则本身包含了近代自然法的自我理解：人权的规范内涵。① 但是，也有学者质疑，上述观点与哈贝马斯所说的对话原则是一种在规范意义上的"中立性原则"的看法是相矛盾的，因为按照所谓的中立性原则，法律并没有或者只是较少地承当了"规范的重担"②，但如果对话原则本身为中立性的原则，试问法的规范基础是什么？ 对此，托马斯·布兰克（Thomas Blanke）认为，哈贝马斯在对话理论的前提和法律之间的演绎关系的说明中充满了矛盾——"主体自由同时作为一种政治自主的法制的结果和前提出现"③。

对此，克劳斯·君特（Klaus Günther）指出，这一解读径路之所以会有争议，是因为他们都没有从对话原则和法律形式的关系中去把握哈贝马斯的法哲学。君特提醒我们注意的是，在把哈贝马斯的法哲学解读为一种对理性法传统批判继承的同时，也要注意到哈贝马斯法哲学与自由主义自然法理论之间具有根本的区别，这两个方面共同包含在哈贝马斯对对话原则和法律形式之关系的说明中。关于后一点，君特认为，按照哈贝马斯的理论构建，对话与法律之间的关系呈现出一幅"循环过程的图像"（mit dem Bild des *Kreisprozesses*）④，也就是说，对话原则与法律原则，具有一种交叉关系。哈贝马斯正是用这一种交叉关系来阐明人权与人民主

---

①　Thomas Kupkas，"Jurgen Habermas' diskurstheoretische-Reformulierung des klassis-chen Vernunfrecht"，*Kritische Justiz* Vol. 27，No. 4，1994，S. 462.

②　Thomas Blanke/Sanfte Notigung，"Kontroverse zu Habermas' *Faktizität und Gel-tung*"，*Kritische Justiz* Vol. 27，No. 4，1994，S. 439.

③　Thomas Kupkas，"Jurgen Habermas' diskurstheoretische-Reformulierung des klassis-chen Vernunfrecht"，*Kritische Justiz* Vol. 27，No. 4，1994，S. 463.

④　Klaus Günther，"Diskurstheorie des Rechts oder liberales Naturrecht in diskurstheo-retischem Gewände?"，*Kritische Justiz* Vol. 27，No. 4，1994，S. 485.

权之间的同源性，进而避免人权或者是人民主权单一原则的优先性。

然而，上述研究者都忽视了哈贝马斯关于对话原则与法律原则之间具有交叉关系的主张。之所以认为哈贝马斯的法哲学是一种自由主义的自然法理论，是因为研究者往往只从法律形式考察哈贝马斯的思想，忽视对哈贝马斯对话理论的探求。这一点，前引的不管是库珀卡斯还是布兰克的观点，都忽视了哈贝马斯的交往行动理论的之于法哲学的基础地位。布兰克所批判的，在哈贝马斯法哲学中主体自由同时作为一种民主法治国的前提和结构出现，在君特看来，这样不仅仅不是矛盾的，而且正是哈贝马斯法哲学的核心要点，因此，君特强调哈贝马斯的法哲学是"法权对话理论"（Diskurstheorie des Rechts）和"在对话理论框架下的自由主义的自然法"（liberales Naturrecht in diskurstheoretischem Gewande）。君特的这个论断为本书理解哈贝马斯法哲学提供了关键性线索。

二

至此，我们可以称，不论是将哈贝马斯的法学思想与批判理论直接联系起来，还是从法律社会学或者是近代自然法的角度理解哈贝马斯的法哲学，它们都面临一个内在的问题：都是在自己的理论传统中解读哈贝马斯的法哲学。上述研究路径给人造成一个印象，仿佛哈贝马斯的法哲学真是一部"多元"的著作。但实际上，哈贝马斯法哲学的展开有其内在的逻辑理路，即他的哲学基础：交往行动理论，这种逻辑理路提供了一种内在标准（immanente Kriterien），关切着哈贝马斯法哲学背后所要阐明的主旨，本书从法的规范有效性问题研究哈贝马斯法哲学正是试图遵守这一逻辑理路。正是在这种方法论和意义的关照下，本书注意到以下研究者对哈贝马斯法哲学的解读。①

　　本书首先关注的是在《在事实与规范之间》出版前德国法学家对哈贝马斯的研究。如本书开篇所引的阿列克西、诺伊曼（Ulfrid Neumann）、君特他们都是作为专门的法学院的教授来研究哈贝马斯的理论。这其中，阿列克西作为当代德语世界最具盛名的法哲学家，早就出版的《法律论证理论——作为法律证立理论的理性理论》②就真正系统运用论证理论分析法哲学的基本问题。之后，阿列克西也直接借用哈贝马斯的对话理论重构法的有效性、法的基本概念等法哲学基本问题。

　　本书尤其注意到：维尔默在《伦理与对话》③一书中对规范的证成（Begruendung）与运用（Anwendung）的区分构成了哈贝马斯法哲学直接的思想来源。本书的相关章节会详细阐明这一点。君特对哈贝马斯的出色研究见于《合适感：论在道德和法律的应用讨论》④等著作，与阿列克西一样，君特同样致力于用哈贝马斯的对话理论去分析法学的问题，但与阿列克西相比较，君特的研究是立足对话理论内部展开讨论的。君特提出了"合适性"（Angemessenheit）原则，这直接成为哈贝马斯在《在事实与规范之间》一书的理论资源。莱纳·弗斯特（Raier Forst）的研究更为内在的受到了哈贝马斯的影响。其中，《正义的语境》⑤是在哈贝马斯指导下完成的

---

　　①　哈贝马斯的传记作者斯蒂芬·穆勒-杜姆（Stefan Müller-Doohm）在最新版传记（*Jürgen Habermas：Eine Biografie*，Suhrkamp Verlag，Berlin，2014.）的附录中已为我们提供了非常详尽的文献目录；马修·德夫林（Mathieu Deflem）在《哈贝马斯、现代性、法》（*Habermas，Monernity and Law*，London：Sage publications，1996.）一书的附录中已经详细列出解读哈贝马斯法学理论的研究文献。

　　②　Robert Alexy，*Theorie der juristischen Argumentation*，Frankfurt/M.：Suhrkamp Verlag，1978.

　　③　Albrecht Wellmer，*Ethik und Dialog*，Frankfurt/M.：Suhrkamp Verlag 1986.

　　④　Klaus Günther，*Der Sinn für Angemessenheit*，Frankfurt/M.：Suhrkamp Verlag，1988.

　　⑤　Rainer Forst，*Kontexte der Gerechtigkeit. Politische Philosophie jenseits von Liberalismus und Kommunitarismus*，Frankfurt/M.：Suhrkamp Verlag，1994.

博士论文的基础上扩充而成的，下文还会指出，这本著作虽然不是一部专门对哈贝马斯的政治哲学解读的著作，但却最内在地体现了哈贝马斯对话理论的理念。近年来，《冲突中的宽容》《权利的辩护》《辩护的关系》《规范性和权力》等著作，笼统地讲都可以归结为对哈贝马斯理论的推进。

卡尔－奥托·阿佩尔（Karl-Otto Apel）与哈贝马斯之间关于不同语用学路径的争论，对理解本书所关涉的法的规范有效性有重要的理论意义。简单来说，《在事实与规范之间》出版后，阿佩尔在《讨论——先验语用学路径的尝试》① 一书中专辟一章反思哈贝马斯的理论，他认为所持的"中立性原则"的对话差异的建筑术最终瓦解了对话理论在语用学基础论证部分阐明的规范性基础。对此，哈贝马斯专门撰文《对话差异的建筑术：对一场大争论的小答复》② 回应阿佩尔指责，并在此强调"中立性原则"之于法哲学的理论构建意义。

延斯·皮特·布鲁恩（Jens Peter Brune）的《道德和法：哈贝马斯的法和民主的对话理论》③ 的主旨从对话理论来思考法的正当性基础，也是本书重点参考的文献之一。除了以上这些专著之外，君特和克劳斯·鲁茨·温格特（Klaus Lutz Wingert）主编的《理性的公共性和公开的理性：纪念哈贝马斯》④ 收录了当今学界中最重要的几位哈贝马斯研究者的文章，皮特·科勒和克里斯汀·黑鲍（Peter Koller/Christian Hiebaum）主编的解读《在事实与规范之间》

① Karl-Otto Apel, *Auseinandersetzungen in Erprobung des transzendentalpragmatischen Ansatze*. Frankfurt/M.：Suhrkamp Verlag, 1997.

② Jürgen Habermas, *Zur Architektonik der Diskursdifferenzierung—Kleine Replik auf eine große Auseinandersetzung*, in Ders., Philosophische Texte, Bd. 3. Frankfurt/M.：Suhrkamp Verlag, 2009.

③ Jens Peter Brune, *Moral und Recht：Zur Diskurstheorie des Rechts und der Demokratie von Jürgen Habermas*, Freiburg：Verlag Kar Alber, 2010.

④ Klaus Günther/Klaus Lutz Wingert, *Die Öffentlichkeit der Vernunft und die Vernunft der Öffentlichkeit：Festschrift für Jürgen Habermas*, Frankfurt/M.：Suhrkamp Verlag, 2001.

的注疏①等都有助于我们理解哈贝马斯法哲学。

另外，除了上述德文文献，英语世界对哈贝马斯的法学理论同样值得关注。除了在思想上具体批判理论背景的麦肯锡（Thomas McCarthy）②、理查德·J.伯恩斯坦③（Richard J. Bernstein）等从批判理论的进路理解哈贝马斯著作，另外威廉·雷格（Willam Rehg）和詹姆斯·博曼（James Bohman）《公共商议：多元主义、复杂性与民主》④ 详细讨论了哈贝马斯商议民主理论。在休·巴克斯特（Hugh Baxter）的《哈贝马斯：法的对话理论和民主》⑤ 一书中，指责英语世界对哈贝马斯的解读明显忽视了哈贝马斯理论中法哲学的思想传统，他认为，这是因为研究者在对哈贝马斯的晚期法学理论解读容易脱离他的交往行动理论，进而导致忽视了哈贝马斯法哲学背景中的近代自然法传统这一重要因素。

与德语世界一样，《在事实与规范之间》出版之后，勒内·冯·朔姆贝格（Rene von Schomberg）和肯尼斯·贝恩斯（Kenneth Baynes）主编的《对话与民主：关于哈贝马斯〈在事实与规范之间〉的论文集》⑥、本杰明·卡多佐法学院评论（Cardozo Law Review）结集出版的论文集——《哈贝马斯关于法和民主：批判的改变》⑦ 等著作专门探讨了哈贝马斯的法政治学。另外，本书还参考了国内学

---

① Peter Koller/Christian Hiebaum, *Jürgen Habermas*: *Faktizität und Geltung*, Klassiker Auslegen, Band 62, Berlin: De Gruyter, 2016.

② Thomas McCarthy, *The Critical Theory of Jürgen Habermas*, Cambridge: The MIT Press, 1978.

③ Richard J. Bernstein, *Habermas and Modernity*, Cambridge: Polity Press, 1995.

④ ［美］詹姆斯·博曼：《公共协商：多元主义、复杂性与民主》，黄相怀译，中央编译出版社 2006 年版。

⑤ Hugh Baxter, *Habermas*: *the discourse theory of law and democracy*, Stanford: Stanford Law Books, 2011.

⑥ Rene von & Kenneth Baynes (eds.), *Discourse and Democracy*: *Essays on Habermas's "Between Facts and Norms"*, State University of New York Press, 2002.

⑦ Michel Rosenfeld, *Habermas on Law and Democracy*: *Critical Exchanges*, London: University of California Press, 1998.

者对哈贝马斯法学思想的研究，如汪行福《通向话语民主之路：与哈贝马斯对话》①、童世骏《批判与实践：论哈贝马斯的批判理论》②以及孙国东《合法律性与合道德性之间：哈贝马斯商谈合法化理论研究》③ 等研究专著。

三

本书通过吸收上述学者对哈贝马斯法哲学的研究，进一步试图在近代理性法传统的问题脉络中考查哈贝马斯对"法何以具有规范有效性"的回答，这其中尤其注重哈贝马斯的法哲学与"交往范式转变"之间的内在关联。本书的主旨是通过考察哈贝马斯对法的规范有效性问题的思考，进而探究其法哲学思想。因而本书虽然表面上是以人物为中心的个体思想研究，但实际上并不试图全面地把握哈贝马斯数十年之法学思想之全貌，而只是立足于其法哲学的基础理论：交往行动理论，着重解读从 1982 年至 1992 年这十年间对规范性问题的讨论。另外，本书以"法何以具有规范有效性"问题为核心，在揭示上述十年间哈贝马斯在这一论题上的思想变化之外，着重揭示哈贝马斯在近代理性法的问题域中的思想史地位，这涉及交往行动理论的理论宏图：以交往理性取代实践理性。所以，本书赋予了交往行动理论以重要意义，如果我们领悟到了它的原初旨趣，就能看到，重建法的规范性基础与其说绝不可能绕开交往理性，毋宁说绝不能绕开社会的互动行动更为直接。因为交往理性在其能够引导社会行动之前必须首先基于社会行动。当我们说哈

①　汪行福：《通向话语民主之路：与哈贝马斯对话》，四川人民出版社 2002 年版。

②　童世骏：《批判与实践：论哈贝马斯的批判理论》，生活·读书·新知三联书店 2007 年版。

③　孙国东：《合法律性与合道德性之间：哈贝马斯商谈合法化理论研究》，复旦大学出版社 2012 年版。

贝马斯的交往行动的理论宏图是以交往理性取代实践理性时，我们尤其要指出的是，不能绕开他的社会互动行动理论对近代主体哲学性哲学的批判和超越。

因此，本书研究的路径不同于上述所说的第一条路径、即把哈贝马斯放在批判理论内部来解读的路径。本书认为，正是哈贝马斯对实践理性立法所表现出来的内在矛盾的洞察、反思、批判，才使得他从交往行动出发去重新思考行动之规范基础的问题。仅仅在批判理论内部显然不能阐述清楚上述要点。按照交往行动理论的构建，法的规范性来源无论如何再也不能追溯到单个行动主体的"意志立法"上来阐释。因为个体主体的意志立法只是"内在地"考虑个体与每一个有理性存在着的道德准则是否可能一致，而其作为外部的法律立法，必须在逻辑上"先于"使得"互动行动得以可能"的形式条件。我们正是在这个意义上理解哈贝马斯所讲的"我应该把批判理论的规范性基础修建得更深一点"[①] 的含义。正是在这个"更深一点"的地方"修建"法的规范有效性基础，才凸显出了他对康德、费希特、黑格尔等过去近代理性法传统的超越，同时彰显出他对近代理性法传统对这个根本问题之解决的理论范式的内在矛盾的洞见。

基于这一路径，本书的目的就不放在对哈贝马斯法哲学的各个方面进行教科书式的阐释上，而是加强对哈贝马斯法哲学思想的一种"深度探源"。所以本书可以借用法学家马克·范·赫克（Mark van Hoecke）的这段话来表明这种探索所蕴含的深刻意义："法律理论和法律实践中的许多问题都与其自身潜隐的、哲学上的合理性概念密不可分。在欧陆法律理论和法律实践中大行其道达两个世纪之久的笛卡尔式的逻辑—演绎方式已经越来越招致多方面的抨击；作为一种替代，论证理论和对话理论在法律理论中发

---

① ［德］哈贝马斯：《公共领域的结构转型》，第20页。

展起来。"①

　　本书也不同于上述所说的第二条路径，即仅仅突出哈贝马斯法律社会学思想与其他社会学家的对比研究，我们更加注重的是社会学研究的规范性尺度的确立。因为哈贝马斯认为社会科学的研究需要确立一种规范性尺度，以标明一个良好的社会应该是什么样子。有了这个尺度，我们才能明白社会学家对现代社会的批判及其理论建构。至于卢曼批判哈贝马斯的这种规范性尺度优先的哲学立场，忽视了真实的现代社会的复杂性，我们将在方法上采取反思的方法论加以考察。实际上，规范性尺度、规范性来源和规范的有效性是法哲学所要处理的几个不同的问题，这些问题依赖于对现代社会复杂性的观察和分析，没有这一点，既不可能对现代性危机做出合理的诊断，也根本无法重建出真实有效的现代社会的法哲学。因此，本书的研究路径不是一般地比较哈贝马斯法哲学与法律社会学及现代社会学家之间的批判继承关系，而是抓住现代社会的法的规范有效性这一核心问题，思考现代社会规范秩序的问题。众所周知，哈贝马斯极富思想创造力，马克思、韦伯、涂尔干、米德、康德、费希特、黑格尔、威廉洪堡等人的思想，都构成了他对现代社会规范秩序问题思考的重要思想资源，但本书同时要指出，只有当这些思想资源汇入对"法如何具有规范有效性"这个基本问题上来思考时，我们才能对哈贝马斯法哲学作为一种重建现代社会规范秩序的理论有一个整体的把握，这种问题关联凸显了他与批判理论、社会学、近代理性法传统的关系。所以，本书不是简单地将哈贝马斯法哲学思想的形成理解为与上述思想家不断对话（Diskurs）的过程，而且力求立足于哈贝马斯的文本，呈现出上述整个对话的逻辑，并在此基础上反思哈贝马斯的漏洞和局限。

_____

　　①　转引自孙国东《合法律性与合道德性之间：哈贝马斯商谈合法化理论研究》，第6页。

与上述第三种路径相对应，本书尝试按照哈贝马斯晚期文本的线索，立足于文本解读来准确把握哈贝马斯的思想内涵，并试图从哈贝马斯文本的发展线索中重构出他对法的规范有效性问题的论述。具体而言，本书试图揭示出，从哈贝马斯早年对公共领域转型的关注，到后来重构我们语言交谈的规范有效性要求，再到后期对资本主义合法危机的"病理"诊断，以话语伦理学对康德实践哲学的重构，其整个思想脉络中本身所具有的内在逻辑，而这一内在逻辑与"规范有效性基础"问题的思考有着密不可分的关系。所以，本书作为对哈贝马斯法哲学最核心问题的研究，不仅要把哈贝马斯置入近代理性法的传统中，而且也要把他的法哲学放于他对现代社会学的发展脉络中，尤其要放在他自己对现代社会规定基础的复杂的理性重建过程中，规范有效性问题才能得到决定性的澄清。

综上，本书将从以下五个部分展开：

"第一章　批判与重建"。为了获得对哈贝马斯法哲学之框架的全景式理解，本书首先梳理哈贝马斯法哲学思想的形成与演变。本书的基本方法是，以哈贝马斯的重要著作以及重要理论的提出与修正为切入口，解读哈贝马斯各个时期对法学问题的哲学分析，以此考察哈贝马斯对批判理论的反思以及对法律社会学理论的批判。通过这种分析和考察，我们将要重构哈贝马斯关于法之规范性基础的基本思路，在这方面涉及的核心问题是：哈贝马斯对法与道德关系的界定，为何经历了"从属性互补"到"同源性互补"的转变；在此基础上，我们将最终揭示出，哈贝马斯是如何构建能容纳道德、伦理、法律之规范差异的对话差异之建筑术。本书的基本看法是，哈贝马斯对法哲学的构建正是基于对话差异之建筑术展开，而对话差异之建筑术的展开，也将成为本书重构哈贝马斯法哲学的内在逻辑的进路。

"第二章　行动的谱系和规范性的来源"。本章将具体讨论哈贝马斯对话差异之建筑术的基础，即交往行动理论，它如何能够成为法的规范性之来源。我将从交往行动理论的目标来讨论这一点。为了准确把握交往行动的概念和主旨，我将通过考察行动概念的谱系来展开哈贝马斯交往行动的特征、特点和目标，这样我就可以方便地将交往行动概念的三个思想渊源：古典哲学、社会心理学和行动理论对行动与规范问题的思考纳入进来，一次阐明哈贝马斯交往行动所要表达的核心观念：对规范性的寻求不能局限在一个孤立的原子论行为模式上，而应该转向人与人之间的互动行动关系中。

"第三章 对话伦理与法的正当性基础"。哈贝马斯的交往行动理论在实践哲学上的直接成果，就是构建了对话伦理（也译作"商谈伦理""话语伦理"），这一理论或道德哲学是所谓的"在后形而上学时代"背景下确立一种普遍性道德原则的尝试。本章试图阐明哈贝马斯对法的规范有效性问题的讨论，已不再满足于采取近代以来的自然法形式，因为自然法本身就是现代的一种形而上学，在哈贝马斯看来已经"失效了"。但法的规范性问题及其规范有效性问题，又不能不依赖于某种"形而上学"，否则就将只能走法实证主义之迷途。因此，哈贝马斯的对话伦理是作为为后形而上学正义原则（nachmetaphisische Gerechtigkeit）辩护而构建的，它的两个基本原则，即对话原则和普遍化原则都将作为法的正当性基础来阐释。因此，本章将要追溯哈贝马斯这一思路及其内涵，进一步讨论哈贝马斯对 M. 韦伯式法实证主义的批判，以此阐明，法的正当性基础不能是毫无价值关涉的"纯形式"，只有以"道德"（"总德"意义上的道德即"正义"）作为正当性基础才具有规范的有效性。

"第四章 民主程序与法的合法性来源"。对形而上学的否定，直接导致了哈贝马斯对"实质正义"的不信任，它将以"程序正义"来保证"实质正义"。于是，这就导致了法的正当性来源的一种转变：程序正义处在法的正义之核心位置。因此，本章将通过回答哈贝马斯所提出的"黑格尔对康德的批判是否适用于对话伦理"的问题，探讨哈贝马斯关于"民主程序是法的合法性的唯一来源"的思想内涵及其意义。本书在这一考察中进一步探究哈贝马斯对康德自然法理论的批判。通过这一批判，哈贝马斯的法哲学的独特性显示了出来：既要与实证主义法哲学划清界限，又"势必要有与实证法建立联系的决心"。

"第五章　哈贝马斯法哲学的意义"。本书最后将哈贝马斯重新放入法兰克福学派的社会—实践哲学研究的脉络中，考察其法哲学在以"批判理论"著称的哲学社会学学派中的持久效应，尤其是法兰克福学派新兴力量中的创造性发展。这种发展表明，法兰克福学派新兴力量是在批判哈贝马斯对话理论的基础上构建本己的理论，但保持了他的主体间性主体哲学的基本框架、即以社会互动行为理论为基础超越哈贝马斯，从而我们可以把这看成一种哈贝马斯法哲学的可替代性选择。实际上哈贝马斯的法哲学不仅在法兰克福学派内部获得了这种持久性的发展，而且是目前国际上坚持继续推进现代性的理性法的一支最重要力量的中坚。

这样，本书在深入发掘哈贝马斯法哲学之总体问题意识的形成和展开过程中，揭示其法哲学的重要意义，从而从根本上避免了在开篇就指出的仅仅把《在事实与规范之间》一书作为对话理论在法学和政治学领域的一种扩展和应用的固有研究模式，而是将哈贝马斯的法哲学置于批判理论、法律社会学以及近代到当代政治哲学的语境中去考察，因而可以明显地看出，哈贝马斯关于法的规范有效性问题作为其法哲学的核心问题，是经历了"后现代"之激烈批判和转型的"现代社会"之"规范问题"做的哲学表达，它不仅仅对以往和目前我们正在经历的"社会病理"进行诊断，而且试图设计出未来"良序"图景。所以我们可以说，哈贝马斯的方案是一种根本性的现代性继续推进方案，他的设计是基于对现代理性法传统所凭借的理论范式进行彻底的清扫，在这种彻底清扫的地基上的"重新奠基"，当然对于我们所具有非常重要的现实意义。因为他的理论所面对和解决的问题，依然是我们目前亟须解决和棘手的问题。研究哈贝马斯法哲学本身，就会对我们自身的时代处境进行反思，在这个意义上，本书赞成弗斯特对哈贝马斯理论的评价——承担的是"对启蒙的启蒙"的事业。

第 一 章

批判与重建：哈贝马斯法
哲学思想的演变

    哈贝马斯法哲学，庞杂而深刻。它是在对现代问题或危机的诊断与批判中，在与时下各种思潮的碰撞中，在对历史上各种思想资源的接纳与批判中形成和发展的。本书所探讨的法的规范有效性问题尤其更是如此。具体来讲，一方面，这个论题本身最为内在地涉及哈贝马斯的哲学思想与批判理论、法律社会学、近代理性法理论等之间的关系；另一方面，哈贝马斯本人对与这个论题密切相关的一些论述，如法律与道德之间的关系问题，又并非总是始终如一。加之，哈贝马斯本己的思想又是在与其对手对话和相互批判中形成和表述的东西，因此，哈贝马斯的相关论述又往往不自觉地受制于对手的理论与表达的形式。这种纵横两个向度的思想变量，无疑都增加了研究者把握哈贝马斯法哲学的难度。如斯蒂芬·穆勒－杜姆（Stefan Müller-Doohm）就说过："它不是一种线性的发展，不能以一个社会理论家、以短浅的眼界来阐明他的思想。"①

    尽管如此，《在事实与规范之间》开篇的那段话，还是为我们解读哈贝马斯法哲学的思想主旨提供了方向：

---

① Stefan Müller-Doohm, *Jürgen Habermas-Eine Biographie*, Frankfurt/ M. : Suhrkamp Verlag, 2014, S. 124.

三十年前，在批判马克思设法把黑格尔法哲学置入唯物主义历史哲学之中时，我说过这样一段话：马克思对资产阶级法治国的意识形态批判，马克思对自然权利之基础的社会学消解，分别使得法理性观念和自然法意向本身对于马克思主义来说长时期地信誉扫地。结果是，自然法和革命之间的纽带从此就断裂了。一场国际性内战的交战各方瓜分了这份遗产。这种瓜分泾渭分明但灾难重重：一方占有了革命的遗产；另一方则接过了自然法的意识形态。①

对于我们目前的问题处境而言，哈贝马斯首次在《自然法与革命》一文中写下的这段话，有两点值得关注。第一，哈贝马斯指认了马克思唯物史观这一思想传统消解了法的规范性内涵，即他所说的"社会科学对法的祛魅"。第二，哈贝马斯强调了对法的规范有效性问题的探讨要与近代理性法建立联系的必要性。如果我们接着考察这段引文之后的内容，还可以得出第三个要点，即哈贝马斯提醒我们切记不能以直接恢复理性法的方式重建法的规范性基础。这三点环环相扣，却又一脉相承，它们共同构成了哈贝马斯法哲学的思想主题：批判与重建。

如此一来，如何把握和阐明这一鲜明的主旨和复杂的立场，就成为理解哈贝马斯法哲学的关键。但是，如果按照目前国内学界对哈贝马斯法哲学研究的惯常理解，就很容易消解上述思想的问题性。

从目前国内的研究来看，研究者一般习惯于以《交往行动理论》为标志，将其学术思想分为早期、中期、晚期三个阶段来把握。这样做看起来十分清楚明了，但实质上陷入了一种误区，认为《在事实与规范之间》这本书仅仅是他的对话理论在法学和政治学领域的一种扩展和应用，进而将哈贝马斯的法学理论直接置入自然法与实证法的争论以及当代政治哲学的语境中，从而将问题探讨的主题定位于哈贝马斯究竟是持自然法立场还是实证主义立场。实际上，通

---

① 转引自［德］哈贝马斯《在事实与规范之间》，第5页。

过回溯哈贝马斯的思想历程,我们就会发现,尽管《在事实与规范之间》是哈贝马斯法哲学思想最为系统的表达,但却并不是哈贝马斯法哲学思想在时间上和问题上的开端。

从时间上看,他对法哲学的兴趣,几乎是与他的学术事业一起开始的,且始终如一。从问题上看,话语伦理学处理从规范奠基到规范应用问题所产生的落差问题才是哈贝马斯法哲学的真正问题,这二者都需要立足于交往行动理论来把握。

我们可以清楚地看到,哈贝马斯最初构建交往行动理论之时就把问题指向了对以实证主义为思想底色的法律社会学的批判,并试图在批判的基础上重建法的规范性基础。因此,当我们以此法的规范性基础为主题来探究其法哲学时,就必须立足于交往行动理论而非仅仅《在事实与规范之间》一书。至于他究竟从何时开始了一种法哲学的转向,如果说有此转向的话,我们只能这样说:当交往行动理论把构建行动的规范基础指向道德原则,由此遭遇到了所谓"应当的无能"的批评[1],正式转向就发生了。在一定意义上,我们也可以说,法哲学是他交往行动理论的推进与完成。对此,台湾学者林远泽的观点是相当正确的,因为当他说:"因而当哈贝马斯决心要写一部法哲学著作的时候,这绝非因为他的研究兴趣突然转向法政哲学的领域,而是受迫于他多年辛苦营造的沟通行动理论,在80年代因为面临严格的自我批判与严格的外在挑战,而显得岌岌可危的思想危机。"[2] 他显然是准确把握到了哈贝马斯法哲学思想历程中的统一性和流变性的思想形态。因此,我们不能忽视哈贝马斯思想中的统一性和问题的缘起流变,否则就会因各自为营地解读而让《在事实与规范之间》一书落入法学、社会学和政治学的具体科学之争,而且还会误解、甚至矮化哈贝马斯法哲学的根本旨趣。为了获

---

[1] Habermas, *Erläuterungen zur Diskursethik*, Frankfurt/ M. : Suhrkamp Verlag, 1991, S. 10.

[2] 林远泽:《论哈贝马斯沟通理性建筑术的法权定位》,载黄瑞棋主编《沟通、批判和实践——哈贝马斯八十论集》,台北:允晨文化出版公司 2010 年版,第 100 页。

得对哈贝马斯法哲学的本真性理解，我们首先就有必要清楚地梳理出哈贝马斯思想发展的过程。

回溯哈贝马斯的思想历程，斯蒂芬·穆勒－杜姆强调："哈贝马斯的学术生涯从一开始，就有着强烈的政治兴趣。"① 这句话是有定向性的。拉德布鲁赫所说的"政治是法哲学的零钱，反过来说，法哲学是实际标准中的政治"② 正适合用来表达哈贝马斯理论中抱有的强烈现实兴趣的思想样态。具体而言，哈贝马斯早在他的教授资格论文《公共领域的结构转型》中，就表达和展开了他对政治公共领域的关切。哈贝马斯自己也在回顾其思想主题时这样说，"我对政治倒退的担忧，一直到 20 世纪 80 年代都还是我写作的动因，这集中体现在我 20 世纪 50 年代末开始动笔的《公共领域的结构转型》一书当中"③。"只要把握住政治公共领域的脉搏，我们就可以诊断出民主政体的实际状况"④，斯蒂芬·穆勒－杜姆这一论断在一定意义上构成了哈贝马斯全部思想的指南针。

所以，尽管在后来的《理论与实践》（1963）、《论社会科学的逻辑》（1967）、《认识与兴趣》（1968）等著作中，看似哈贝马斯只是初步分析了现代国家如何通过行政、经济系统以达到更精细的社会控制；在《合法化危机》（1973）、《重建历史唯物主义》（1976）、《交往行动理论》（1981）等著作中，哈贝马斯也是凭借批判理论的理念指认和分析了后期资本主义社会所具有的合法性危机以及这种危机背后的"病理"结构，并没有直接、系统地讨论法哲学的问题，但是，如果从"'统治必须具有正当性基础'这一基本信念和思想主题来看，我们可以看到，哈贝马斯对法政哲学的关切，始终贯彻如一"⑤。

---

① Stefan Müller-Doohm, *Jürgen Habermas-Eine Biographie*, S. 1.

② Gustav Radbruch, *Rechtsphilosophie*, 6. Aufl., Stuttgart：Koehler, 1963, S. 6.

③ ［德］哈贝马斯：《在自然主义与宗教之间》，郁喆隽译，上海世纪出版集团 2013 年版，第 11 页。

④ Stefan Müller-Doohm, *Jürgen Habermas-Eine Biographie*, S. 12.

⑤ 林远泽：《论哈贝马斯沟通理性建筑术的法权定位》，第 100 页。

在这一定位中，我们可以发现，哈贝马斯在著名的"泰纳人类价值讲座"（1986）中，直接从"法律与道德的关系"问题出发讨论法哲学，而最终完成《在事实与规范之间》，绝不是如有些学者所理解的那样，这本书是哈贝马斯将研究兴趣转向法哲学领域的理论尝试，或者哈贝马斯只是后来才有了交往行动理论在法哲学领域的拓展。应该说，这本书是他以长期的思想探索为基础的积淀结果。我们甚至可以进一步说，哪怕后来出版的《包容他者》（1998）和《后民族结构》（1998）等著作，也不能仅仅理解为是对《在事实与规范之间》一书所作的补充，而更应该是其法和政治哲学一贯思考的主题："法如何才具有规范有效性"的全方位的拓展。

总之，我们主张哈贝马斯法政哲学的漫长思想历程是以如何重建法的规范性基础这一断言有充分依据，他的问题意识源自他所处时代的现实以及他最初对批判理论的反思。为了进一步阐明这一主旨，这一章的内容将试图通过梳理、分析哈贝马斯思想中的重要理论观点的提出、著作之间的相互传承以及他本人对自身理论表达所做的改变和修正，从而将哈贝马斯法政哲学思想划分为以下三个阶段，进而从整体上勾勒出哈贝马斯重建法的规范性基础的思路历程。

第一节　哈贝马斯法哲学思想主题的形成

哈贝马斯是作为一个哲学家而非法学家来思考法的规范有效性问题。他的法学思想、更准确地说他的法哲学思想根植于他的交往行动理论对现代社会规范问题的思考。可以说，只要当哈贝马斯的哲学涉及行动的规范性问题时，他的法学思想就萌生了。本节着重从哈贝马斯的理论与其时代问题及其思想资源入手来把握上述这种思想开端。

一

为了理解哈贝马斯法哲学的独特之处，我们首先必须了解哈贝马斯所处的时代对他们那一代人的思想提出了怎样棘手的问题。我们知道，哈贝马斯出生于 1929 年的德国，那时出生的人在青年时期刚好经历了"二战"并接受了战争所带来的"历史遗产"。对于这种现实性带给他们这一代人的精神矛盾和冲突，哈贝马斯曾写道，"直到 1945 年这个具有划时代意义的时刻，我们这一代人的阅历才有很大的拓展，要不然肯定不会走向哲学和社会理论。我们日常生活于其中的社会和帝国本来是很正常的，忽然一夜之间被揭发为是病态的，而且还犯下了滔天罪行。这样，如何对待纳粹帝国的历史遗产，就成了我长大后政治生活的基本主题。这种面对未来的兴趣实际上来源于对过去的考察，针对的是在'共同体'和'社会'之间做出错误选择的生活条件上"①。毫无疑问，哈贝马斯这一代人的思考也都不可避免地带有了这种"历史气候"（historisches Klima），他们必须面对时代提出的严肃问题，试图为人类重新获得民主精神找到一个新起点。在哈贝马斯看来，要获得这个起点的关键的第一步，就是要重新审视我们过去的全部历史和文化，要彻底反思奥斯维辛的问题，他说："奥斯维辛集中营被揭发之后，一切都有了两面性。"②

然而，根据哈贝马斯回忆，那时的德国，不管是报纸或者是政府，还是很少有杂志公开谈论奥斯维辛的问题。犹太大屠杀，这似乎是一个人们不敢正视而需保持沉默的话题。哈贝马斯注意到，当时人们的思想被一种保守的精神所笼罩着。哈贝马斯分析指出，在当时由精英主义、民族主义与资产阶级权贵阶层的反犹主义结合形成的一种精神氛围依旧笼罩着德国的文化世界。这阻碍并影响着民主精神的回归。哈贝马斯称，那时民主简直成了一种咒语。为了理

---

① Stefan Müller-Doohm, *Jürgen Habermas-Eine Biographie*, S. 8.

② Stefan Müller-Doohm, *Jürgen Habermas-Eine Biographie*, S. 35.

解民主的意义，哈贝马斯的青年时代就从日常读物中去了解现代理性法传统，并在其中把握到了与现代性联系在一起的解放精神。但是，如上述所言，当时的社会精英却力图继续保持其威权的连续性。所以，在战后那种依然具有权威色彩的环境里，青年哈贝马斯身上表现出的精神品格显得格格不入，他说："这是阿登纳为了赢得广泛支持而不得不付出的政治代价，但这种连续性具有麻痹作用。根本就没有什么断裂，根本就没有什么个人的重新开始，也根本就没有什么心性结构的转型——既没有道德更新，也没有政治信念的回归。"①

对于渴望变革的青年而言，这种思想局面是非常令人沮丧的。与此同时，作为时代精神体现的"大人物们"的精神状态也同样是令人沮丧的，哈贝马斯指出："我越来越清楚地发现，把海德格尔、卡尔·施密特、恩斯特·容格或阿诺德·盖伦这样的人物联系在一起的是一种激情。在他们看来，对大众和庸常的蔑视与对领袖个人的崇拜、对上帝选民的崇拜以及对超常东西的崇拜是联系在一起的，与对闲言碎语、公共领域以及本真性的拒绝也是联系在一起的。他们强调沉默，反对对话；强调命令和服从的秩序，反对平等和自决。就这样，青年保守主义思想与民主潮流势不两立，而民主思潮在1945年以后恰恰却是我们前进的动力。"②

在青年人的民主革新欲望和保守主义之间形成了精神堡垒，并由此导致了二者之间内在不和与冲突。这种不和与冲突是两种不同的激情之间的冲突，但恰恰是这种冲突的激情赋予了哈贝马斯思想开端以浓厚的"政治兴趣"："我一直都为战后德国社会的政治经历而深感不安，战后德国社会的发展可谓步履蹒跚，慢慢才实现了自由化。"③

---

① Stefan Müller-Doohm, *Jürgen Habermas-Eine Biographie*, S. 35.
② ［德］哈贝马斯：《在自然主义与宗教之间》，第11页。
③ ［德］哈贝马斯：《在自然主义与宗教之间》，第11页。

事实上，这种政治兴趣在他后来的学术研究中一直保留下来，甚至占据了主导地位，构成其哲学思想发生的"问题意识"。对社会民主新起点的渴求和对战后保守精神突破的愿望和意志，成为哈贝马斯重审现代理性法传统的一种催生剂。据此，我们明确注意到，与哈贝马斯的政治兴趣联系在一起的"问题意识"不可避免地内生着一种法哲学的思想维度。

思想一旦与"历史气候"联系在一起，就不可避免地在其有所创新之前，首先被历史所烙印。尤其对于德意志这样一个以思想著称并具有深厚历史意识的国度。这种烙印的明显标志，就是每个力图务新的思想家，总是只能解答其时代所给定的问题且为时代问题所塑造。就这个时代的法和政治问题而言，克里斯、桑希尔（John Thornhill）说的这段话是画龙点睛的，他说："德国政治理论在历史上总是以不断更新的形态力图重新解释与重新统一关于有效法律之来源的描述，并力图将法律与国家重新置于新的基础上。"① 正是有关有效法律之来源问题和民主法治国的重新塑造问题，构成了哈贝马斯法哲学的不变主题。哈贝马斯的法哲学最真实地具有德国政治哲学之"历史气候"的特征。

更为重要的是，从其思想的起源和转变来看，哈贝马斯的法哲学思想，总的说来是延续了德国正统法哲学（Rechtsphiloshpie）的精神架构：作为正义的学说（Die Lehre von der Gerechtigkeit），它所思考的是 Jus（正义之法）而非 lex（法律之法），因此，它注重的是哲学，追问的是法律的合法性根据以及具有正义性的法如何具有规范的有效性。所以，"法的理念是什么""法应当是什么""法的规范有效性何在"是这种法哲学的提问方式。在哈贝马斯看来，法哲学是一套关于法的有效性的理论，而不是一种倚重语言分析和逻辑论证的法理学（Jurisprudence）。对此，我们可以援引哈贝马斯在 1964 年在为汉斯·

---

① ［德］克里斯·桑希尔：《德国政治哲学：法的形而上学》，陈进江译，人民出版社 2009 年版，第 3 页。

马格努斯·恩岑斯贝格尔（Hans Magnys Enzensberger, 1929— ）的
一个书评来印证他的法哲学主旨的这种时代背景：

> 民主宪法在实施的过程中，政治已经滑向了没有法律自由
> 的空间。毫无疑问，法律是对统治的反思，而统治的这种极端
> 形式：奥斯维辛的出场，却迫使人们重新认识道德与政治之间
> 的深刻联系。①

至此，无论是从哈贝马斯思想的"历史气候"还是精神传统出
发反思法的合法性基础，他对法的规范性问题的考虑总是不能脱离
法的道德性维度。这种"道德性"（Moralität）不是单个行动的道德
性，而是整个法的制度规范的道德性。所以，是某种"总德"（正
义）意义上的道德性。之后我们还将看到，正是对这种道德性与政
治（法律）之间关系的重新认识，促使哈贝马斯的法哲学深入后期
资本主义的规范结构中去考察，在对后期资本主义社会规范结构和
人的精神面貌的考察中，哈贝马斯的思考触及了阿伦特提出的问题：
"平庸之恶是如何可能的。"

哈贝马斯的法哲学，甚至他的全部思想的起源都可以归结到他
所讲的时代面临的棘手课题：对不断受到破坏的民主化进程的彻底
失望。当然，哈贝马斯后来加入其中的法兰克福社会研究所工作，
也是与此密切相关，这对于哈贝马斯的法哲学思想主题的形成起到
了决定性的推动作用。接下来，我们就将考察哈贝马斯法哲学主题
化过程与法兰克福批判理论之间的关联。

二

无论人们如何定位和评价哈贝马斯哲学的意义，但有一个谁也
不能否定的前提，那就是哈贝马斯的哲学、包括其法哲学的关键理

① Stefan Müller-Doohm, *Jürgen Habermas-Eine Biographie*, S. 165.

论环节是法兰克福学派的批判理论。斯蒂芬·穆勒－杜姆作为哈贝马斯学术生活的传记作者，就明确指出了这一点。不仅如此，他还进一步以哈贝马斯"三进法兰克福"来勾勒他的全部的思想历程，并称他为"法兰克福激进分子"，认为哈贝马斯在早期就形成了以批判理论为取向的思想格局。

"三进法兰克福"只是描述了哈贝马斯与批判理论之间的外在互动关系，这其中无疑还具有内在的相互影响和相互塑造的关系。可以说，没有批判理论就没有哈贝马斯，同时也可以说，没有哈贝马斯，批判理论就不会有其后来的发展。我们现在的任务，就是从内在关系上来考察哈贝马斯的法哲学主题化与批判理论之间内在的张力和内在的相互塑造，进而在这种塑造中，明确把握哈贝马斯重建理性法的法哲学进路。

法兰克福学派是以"批判理论"见长的，而"批判理论"之精神的确立就是法兰克福学派的创始人霍克海默和阿多诺流亡美国期间写成《启蒙辩证法》一书的出版。这本书自从问世以来就是一部奇特的书，似乎人人都能明白其所表达的是什么意思，但事实上它又几乎是部无人能真正读懂的"天书"。其直白的意思当然很清楚，无非是要表达启蒙和神话之间的辩证关系：人类理性之光从"神话"中萌发了启蒙，而启蒙又借助于科学理性的力量，强化了人类摆脱蒙昧、确立自主的信念，但是，理性自身的内在矛盾和局限在其战胜神话的进程中让其遗忘了自身的有限性，不断迈向自身的绝对化，于是不可避免地走向自我摧毁之路：重新陷入了新的神话。以这种"启蒙的辩证法"，两位哲人展开了对现代社会的内在批判。哈贝马斯当然也很受这种批判精神的鼓舞而接受了启蒙辩证法的观念，因为它不仅体现了法兰克福学派的批判精神，更重要的它是一种真正的哲学精神，即不回避时代的问题，以哲学的洞见深入时代的脉搏和内在的危机之中，真正从启蒙所确立的理性原则本身来揭示和回答这个时代对他们提出的问题。具体来说，经过了启蒙之后，"人类为什么不仅没有进入一种真正人性的状态、反而却陷入一种新的野蛮主义"① 呢？启蒙的这种辩证法究竟揭示出来现代性何种危机呢？
在这种自我否定和自我摧毁的启蒙辩证法面前，人类究竟还要不要
继续启蒙的大业？解放的课题在启蒙之后究竟该如何完成？这都是
哈贝马斯从中领悟到的急需从哲学上加以回答而不可回避的现实问
题。这些问题如果没有批判理论的揭示它固然也存在着，但是，只
有批判理论才能在包含了否定性、规范性与解放性的学术理念下，
更深刻地洞察出"启蒙思想的概念本身"包含现实中随处可见的
"倒退的萌芽"，而且是向野蛮倒退的萌芽！这种向自身意愿相反方
向倒退的步伐，是深陷启蒙之中的人难以觉察和意识到的，所以，
它特别能吸引德国"战后哲学"（Nachkriegsphilosopie）的注意力。
所以，在此背景下，哈贝马斯坦言，正是《启蒙辩证法》使得霍克
海默、阿多诺在战后德国二十年中发挥着思想引路人的作用。② 当
然，他们也是哈贝马斯个人思想的引路人！

　　批判理论主张一种具有批判向度的社会学研究，这自然在哈贝
马斯的思想中烙印最深。他本身也是从社会学的进路进入的。涂尔
干、马克斯·韦伯，卡尔·马克思，甚至帕森斯、卢曼这些现代社
会学的经典作家都是其对话者。这些社会学的理论足以让他清楚地
看出，批判理论的关注点已"不是那种对革命预期的失望，而是对
文明进程的灾难性关头的震惊"③。甚至，他也意识到，一种真正的
哲学在其由最初的"震惊"觉醒之后，就不可能止于这种震惊。批
判理论把自身定位于社会病理的诊断师。它与强调从实证性出发的
经验社会学决然不同。诊断师所能做的工作，就是揭示和诊断社会
现实所呈现的以及其背后所隐藏的"病症"和"病理"，这是批判
理论的正面的工作，但此正面工作的实质依然是对现实的社会采取

---

　　① ［德］霍克海默、阿多诺：《启蒙辩证法》，渠敬东、曹卫东译，上海人民出版
社 2006 年版，第 1 页。

　　② ［德］哈贝马斯：《现代性的哲学话语》，第 122—123 页。

　　③ ［德］霍耐特：《权利的批判》，童建挺译，上海人民出版社 2012 年版，第
34 页。

一种否定性的立场。然而，在哈贝马斯看来，这是一种真正的辩证法内含的自我否定性，永远无法完成。

但是，恰恰是在"病理学诊断"问题上，哈贝马斯指认出了这种"否定性批判"也预示着某种肯定性的开端。按照哈贝马斯的观点，"社会病理诊断"也就同时意味着，它要能对于人类社会或个人存在如何才算是"健康的"这样一个根本性问题作出说明。正是这样一种关于健康的先有理念构成一种病理诊断的规范性前提。于是，哈贝马斯在此发现了否定性的批判理论本身同时必然包含着肯定性的规范性基础。也正是在这个意义上，哈贝马斯越来越清楚地认为，批判理论不仅仅是一种对"资本主义困难窘迫生活方式的诠释学"①。

这样一来，社会批判理论给哈贝马斯提供了一个分析战后德国社会的特有视角，即在整个现代文明之现代化的广阔背景上去思考民主为何在德国是一个不断失败的过程。哈贝马斯强调，对上述问题的思考可以与更早现代化的英国、法国甚至后来居上的美国的民主进程对此，在这种对比互参中可以看清德国现代民主文化没有根本成型的原因是在于：在某种意义上民主制度在德国不是在德国文化中内生的，而是从外部移植进来的，在根深蒂固的落后民众的头脑里远远没有扎根下来必须经历漫长的启蒙才有可能完成这样一种心性结构的转型。

这种转型需要启蒙的引导，但更需要制度性规范的相应跟进。所以，哈贝马斯对"启蒙辩证法"有其自己独特的理解。"启蒙问题"只有在进一步"启蒙"中才能获得解决，"启蒙的辩证法"绝不是"终止启蒙"而是需要继续启蒙。如何继续"启蒙"需要重审启蒙以来的理性法传统。而恰恰在这一问题上，他与当时的社会研究所的精神传统对于"理性法"有不同的立场和理解。根据哈贝马斯后来对批判理论的反思以及霍克海默给阿多诺的信可以看出，哈

---

① ［瑞士］埃米尔·瓦尔特-布什：《法兰克福学派史》，第313页。

贝马斯认为社会研究所当时发展出来的批判理论是一种单纯"否定主义的社会批判"（negativistische Sozialkritik），而他自己则试图用一种以规范的、辩证"肯定"的方式来延续批判理论的"否定性"主张。对于这样的转变，霍克海默早就发现了，他在给阿多诺的信中，还曾不无深意地以辩证的"H"先生来称呼哈贝马斯。

所谓"否定主义的社会批判"，是指在批判理论的谱系中，无论是早期对现代社会的外部批判还是《启蒙辩证法》对理性原则的内在批判，从根本上来讲，都是受马克思主义"经济决定论"的影响，进而把法仅仅理解为一种统治的工具，认为资产阶级的民主理论根本"不值一提"。哈贝马斯指认马克思主义的这一思想传统与法兰克福学派社会研究的批判理论对启蒙所作的内在批判具有直接的思想关联，二者都对启蒙精神作出了"悲观"论断，以为"人们已不再可能把希望寄予启蒙的解放力量"①。但如果真如否定性批判所揭示的那样，启蒙精神已经走向了其反面，甚至真的走向了毁灭，启蒙理性原则中也完全没有自我规范的东西，人们就不再能够相信有一种促动人类历史向健全的社会制度发展的规范性要求，那么这个本身充满"病态"特征的现代社会又能从哪里获得一种解放的希望？这正是哈贝马斯质疑这种否定主义的社会批判的根本问题。

哈贝马斯清楚地看到，阿多诺是最公正地看到了上述问题的，他在《最低限度的道德》（*Minima Moralia*）（1947）中，试图通过描述个体对时代的直观经验来解释后期资本主义社会的普遍境况，对否定性的理解表达出了一种"黑格尔式的理解"，即否定中的某种肯定性东西。这本看似文学笔记的小册子，大家公认为充满了黑格尔式的哲学思考，对此，斯蒂芬·穆勒－杜姆直接引用黑格尔的话语来表达这种思想关联："只有当精神在一种相当绝对的支离破碎状态下重新找到自己，它才赢得其真理。精神作为这样一种肯定的事物，并没有逃避否定的事物……同样，当虚假成为真理的一个环节，

---

① ［德］哈贝马斯：《现代性的哲学话语》，第122页。

它也不再是一个虚假的东西。"①

　　目前学界对《最低限度的道德》的理解，依然只记住了其中否定性的东西："错误的生活无法过得正确。"但是，殊不知这句看似充满否定性批判的格言，背后却蕴含着存在某种"正确"的肯定性维度。哈贝马斯在研究所期间处理学生关于政治意识的经验性研究时，就已经注意到了这一点，这是他与众不同的地方。哈贝马斯正是从阿多诺这里继承了要为社会学提供一种规范性基础的科学之理念。只是与阿多诺的路径不同，哈贝马斯关注的是真正影响并奠基了现代社会规范秩序的民主法治国的传统。他强调，如果没有对这一传统作出正确的理解和精确的分析，批判理论对社会的批判就会陷入大家所指责的，只是出于"对不公正的强烈愤慨"，其实并没有找到现代社会病症的"痛点"。因此，哈贝马斯早在《自然法与革命》（1963）中，就已经明确指出，批判理论低估了民主和宪政国家传统。

　　为了清楚厘定自己的理论与批判理论思想传统之间的内在关联和区别，在《社会主义在今天意味着什么?》一文中，哈贝马斯再次明确指出："对立宪民主的狭隘的和功能主义的分析，其实践后果之严重，远远超过迄今为止所讨论的那些缺点。对马克思来说，这种政府形式由他轻蔑地斥为庸俗的民主的第三共和国予以体现。因为他不把民主共和国理解成资产阶级社会中最后的国家形式——在此基础上，将进行阶级斗争的最后的决定性战斗——所以他对它的建制持一种纯粹工具性的态度。《哥达纲领批判》明确告诉我们，马克思把共产主义社会理解成民主的唯一可能的实现。在这里，就像他以前在对马克思国家学说批判的那样，自由仅仅在于'把国家从一个凌驾于社会之上的机构变成一个完全从属于社会的机构'，但他对自由可能被建制化的方式则没有说更多；除了他预计在'过渡时期'

---

① Stefan Müller-Doohm, *Jürgen Habermas-Eine Biographie*, S. 106.

必然出现的无产阶级专政以外，他想象不带任何别的建制形式。"①

哈贝马斯对批判理论低估了民主和宪政国家之正面影响力的分析，尤其值得我们重视。因为正是从这里开始，他在进行一种批判理论的转型工作，把它从沦为一种单纯的批判性姿态转变为对批判理论的肯定的规范性要求上来。具体而言，就是要把曾经在马克思那里退居后台的法的规范性范畴重新放置到我们讨论的核心中来。② 哈贝马斯认识到，法律无疑有沦为统治工具的可能，但是法也可以承担整合社会的规范功能："法律是对人类实践理性的最高表达，事实上，人类的主体性集中于形成法的力量，当这种力量被取消的时候，人类主体也就变得空无一物了。"③ 在阐明这一思想之前，我们先回顾一下哈贝马斯对后期资本主义社会的分析，以便对这一肯定性转型的意义加深理解。

三

哈贝马斯加入马克斯普朗克学会（Max-Planck-Gesellschaft zur Förderung der Wissenschaften e. V.，MPG）促使了《合法化危机》（1973）一书的形成。当时 MPG 有两个研究团队，一个是为卡尔·弗里德里希·魏茨泽克（Carl Friedrich von Weizsäcker，1919—2007）负责的研究经济和科学史问题；另一个则是由哈贝马斯主持研究社会现实问题。在此期间哈贝马斯吸收政治学家魏海姆·亨尼斯（Wilhelm Hennis，1923—2012）的"后期资本主义作为一种合法性危机"的概念，从分析国家与法的关系问题来反思晚期资本主义社会的危机。在哈贝马斯看来，现代社会的规范秩序可以把握为生活世界与系统的二元结构；而后期资本主义国家破坏了民主法律的内

---

① 转引自孙国东《合法律性与合道德性之间：哈贝马斯商谈合法化理论研究》，第 21 页。

② ［德］汉娜·阿伦特：《马克思与西方政治思想传统》，孙传钊译，江苏人民出版社 2007 年版，第 54 页。

③ ［德］克里斯·桑希尔：《德国政治哲学：法的形而上学》，第 529 页。

容，"它试图通过一种'安抚手段'（系统）而不是'普遍且具有坚实基础的同意'（生活世界）来使自己合法化"①。

《合法化危机》一书的理论要点是以经济学的"投入—产出"结构为基点指认并分析了后期资本主义的各种危机形态。哈贝马斯认为，后期资本主义在经济系统、政治系统和社会文化系统出现了全面的危机。具体表现为，经济系统不能生产出必要数量的可消费的价值；政治系统不能生产出必要数量的合理决策；合法化系统不能生产出必要数量的普遍化动机；社会文化系统不能生产出为行动提供动机的意义。②

哈贝马斯通过比较"行政系统和经济系统"出现的危机来说明合法性危机的实质内涵。他主张，合法性危机不同于行政系统的合理性危机和经济系统，因为它在根本上不是由于"系统整合"受到威胁而产生的一种"系统危机"，而是一种与社会文化系统危机相联系的认同危机或动机危机，用他自己的话说就是"政治系统中投入大众忠诚的合法化系统不能生产出必要数量的普遍化动机而产生的危机"③。

合法性危机的系统分析为批判理论回归到生活世界的肯定性的结构中提供了条件。按照哈贝马斯的观点，既然政治危机主要体现为合法性危机，如果人们的生活依然要继续，就必须思考，在合法性危机中的社会生活如何才能规范有序地展开。规范有效性的问题自然就从正面提了出来。在哈贝马斯看来，合法性危机本身对社会整合起着消极作用，但哲学恰恰必须思考，如果社会生活世界必须整合起来，那么其可能性条件何在？这就必须要与现存的可辩护和得到承认的规范性联系起来。合法性危机与整个社会文化系统的危机相关，不仅能够初步诊断出现代社会合法化危机的病理，同时也

---

① ［德］克里斯·桑希尔：《德国政治哲学：法的形而上学》，第529页。

② ［德］哈贝马斯：《合法化危机》，刘北成、曹卫东译，上海人民出版社2000年版，第67页。

③ ［德］哈贝马斯：《合法化危机》，第68页。

为后来基于生活世界视角而非系统来回应这种危机指引了方向。这种方向必然会导致哈贝马斯对法律社会学系统的根本批判，从而进一步导致他对规范有效性问题的正面探求。

对此，哈贝马斯在其后期著作《在事实与规范之间》的后记中，再次明确指出法和交往行动之间的结构相似性是他重建法的规范性基础的内在逻辑，即二者都作为连接"系统"与"生活世界"的媒介，他指出："从社会理论的角度来看，法所履行的是社会性整合的功能；同法治国政治体系一起，法承担了其他方面社会性整合无法达成时的安全网的职能。它的作用类似于传送带，以抽象而有约束力的方式，把由于具体的交往行动关联而为人所知的邻里熟人之间的相互承认结构传向匿名的、以系统为中介的陌生人之间的互动关系。团结——货币和行政权能之外的第二个社会整合源泉——当然是间接地产生于法的：通过对行为期待的稳定，法同时确保了主观权利的抽象承担者之间的相互承认的对称关系。法和交往行动之间的这种结构相似性表明，对话、这种具有反思性的交往行动形式，对法的规范的产生（以及运用）具有构成性的作用。"[①]

有了这一背景，我们再回头去看哈贝马斯早期《公共领域的结构转型》中的相关论述，他称民主法治国"目的不再是消解资本主义经济制度和官僚统治体制，而是以民主的方式阻挡系统对生活世界的殖民式干预"[②]，也就能明白哈贝马斯自己在1990年该书再版前言中[③]再次阐明的思想主旨，即通过分析资本主义发展与政治公共领域之间的内在关系，进而考察一种公共的伦理—政治共体的可能性。至此，我们可以这样说，《公共领域的结构转型》已经基本上确立了哈贝马斯未来思考的方向：在公共领域内探求现代社会的规范性基础。

---

① ［德］哈贝马斯：《在事实与规范之间》，第682—683页。
② ［德］哈贝马斯：《公共领域的结构转型》，第21页。
③ ［德］哈贝马斯：《公共领域的结构转型》，第20页。

就上述考虑来看，哈贝马斯法的规范有效性的主题化确实是通过对批判理论传统的否定性转型而实现的。在我将要正面地阐明为何交往行动理论构成了哈贝马斯法的规范有效性基础之前，还有一个主题必须处理，即哈贝马斯交往行动理论的创建与其同一时期的另外一个重要的社会理论的关系，这就会涉及哈贝马斯对法律社会学的批判。本书的初步结论是，哈贝马斯也正是通过对法律社会学的批判中，坚持在后现代的否定性大潮中重建现代社会规范秩序的基础。

第二节　哈贝马斯对法律社会学的批判

系统与生活世界的区分是哈贝马斯对法律社会学的批判的理论基础。哈贝马斯的总体观点是，以权力为媒介的行政系统和以货币为媒介的经济系统所形成的"系统"在整合现代复杂社会起着不可替代的作用，法律充当着沟通"系统"与"生活世界"之媒介的规范作用。但是，在法律社会学的研究中，尤其是法律社会学的"系统论"中，明显地只在单向度（系统）上把握法的规范结构，这就使得法丧失了与"生活世界"的联系。

需要点明的是，本书着重考察哈贝马斯对马克思、卢曼理论的批判，这并不意味着他对其他法律社会学理论的讨论乏善可陈，也不是说其他社会学理论对于法的规范性问题之思考没有引起哈贝马斯的关注。恰恰相反，哈贝马斯的理论除了受马克思、卢曼的影响之外，更多的其实还吸收了韦伯、帕森斯、涂尔干、米德等人关于社会规范问题的思考。之所以略过这些而直接聚焦于以上两位，这是因为在哈贝马斯看来，他们直接体现了他所要批判的法实证主义的观点。对此，霍耐特提醒我们注意，如果不从哈贝马斯对实证主义的批判，我们是无法准确为他的思想定位的。①

---

① ［德］霍耐特：《权利的批判》，第202页。

那么接下来，我们分三部分进行具体讨论：简要讨论哈贝马斯所讲的法律社会学的知识图景（一），进而分析和考察哈贝马斯对法律社会学的批判（二），阐明这种批判背后所持的真正立场是什么（三）。

一

每一个时代都有自己的法学。哈贝马斯时代的法哲学是与其时代占主导地位的实证主义研究紧密结合着的。所以，哈贝马斯所批判的法律社会学，总体上说，与所有社会科学一样，具有实证性特点。法学的实证性是指，法学讨论受作为科学主义之余绪的近代实证主义思潮的影响而把"实证性"作为讨论法学问题的根本方法，它主张"法哲学不仅应当完全以外在的经验为基础，而且也应当完全局限于此"①。这样，法律社会学的研究也就带有"实证性"要求。

众所周知，实证主义是在18世纪在自然科学中"取得巨大的胜利"之后，"侵入"人文科学并成为人文科学研究的"正确方法"②。对此，哈贝马斯把法律社会学的实证主义的精神源头追溯到霍布斯的理论③，他认为，从霍布斯的社会哲学开始，就引入了这种实证社会"新方法"，于是，人们也接受了一种新的认识理念："我们只能认识我们自己创立的对象。"④ 对此，施塔姆勒（Rudlolf Stammler）这样说："在讨论物理世界时我们极其倚重自然科学方法，采取某些影响深远的类比，这些类比即便在最无关宏旨的最具个别性的问题上，也会引导现代法学。"⑤

---

① ［德］海因里希·罗门：《自然法的观念史和哲学》，姚中秋译，上海三联书店2007年版，第113页，注释1。

② ［德］海因里希·罗门：《自然法的观念史和哲学》，第113页，注释1。

③ ［德］哈贝马斯：《理论与实践》，第45页。

④ ［德］海因里希·罗门：《自然法的观念史和哲学》，第113页。

⑤ ［德］施塔姆勒：《现代法学之根本趋势》，张季忻译，何勤华编，中国政法大学出版社2003年版，第47页。

哈贝马斯自始就表现出对法学实证主义立场的不满，所谓自始是指，哈贝马斯最早在《认识与兴趣》（1963）一书中就对实证主义进行了批判，而这奠定他一生主要著作的方法论基础。[1] 哈贝马斯认为，在实证主义研究范式的主导下，我们关于规范性和正当性问题的讨论没有必要再像以前那样诉诸一个更高的形而上根据，而是把法律当作一个物质实体，从而按照物理学的方式对它来加以分析和研究。但是由此，作为一种正义之学问的法哲学慢慢消逝，取而代之的是一种"法学的一般理论"。哈贝马斯在探究法律社会学之兴起背景时指出，以萨维尼（Friedrich Carl von Savigny）为代表的德国历史法学派属于这种研究方式中最有影响的力量。

按照哈贝马斯的分析，法律社会学的产生与对理性法的"反抗"有直接的思想关联。理性法在主体理性中确定法之规范基础时也意味着：除了人类的意志之外，法的规范有效性基础并无其他可靠的依据，然而"这种发现必定引起了一种五味杂陈的眩晕感"[2]。怀疑主义、历史法学派就是对理性法则的一种反应。哈贝马斯认为，二者虽出自不同的理由，但都明确反对理性法的规范性论证。在他们看来，法既不是那些从不证自明的理性原则中推导出来的形式体系；也无法根据这种形式法的概念来对由习惯、习俗和建制所构成的伦理世界进行重构。所以哈贝马斯分析指出，"苏格兰道德哲学家的自然社会论就已经针对理性法概念提出了疑问"，他们会认为"那些习以为常的社会关系、既成的各种建制、具有深厚根基的利益状况和阶级结构所织成的关系等，最后都会被构建成一种形式结构，而历史的特殊性和社会文化的实际情况都被撇在了一旁"[3]。在哈贝马斯看来，上述主张无非是想说明，近代理性主义所形成的理性法传统本质上不过就是经过抽象的逻辑推理而得出的、"披上实证法外衣"

---

① ［美］莱斯利·A. 豪：《哈贝马斯》，陈志刚译，中华书局 2002 年版，第5 页。

② Albrecht Wellmer, *Ethik und Dialog*. S. 4.

③ ［德］哈贝马斯：《在事实与规范之间》，第 55 页。

的国家意志的形式罢了。在这一断言基础上，法律社会学更倾向于从一个价值"中立性"的概念反思现代社会的规范结构。

哈贝马斯对这种"法律就是法律"实证主义法学观的信条是给予否定的，并将批判矛头指向了马克思和卢曼的核心观点：将法赤裸裸地与强权等同起来。

二

在哈贝马斯对社会学的考察中马克思占据了一个特殊的位置。本书把哈贝马斯对马克思的论述作为考察的起始线索。这是因为，在哈贝马斯眼中，尽管马克思未像卢曼那样提出一套系统的法律社会学说，但不可否认的是，马克思对法之本质的论断，在某种程度上已经为之后的法律社会学对法之规范内涵的界定搭建了基本框架且影响巨大，如罗门所指认的，"不管是形而上学的唯物主义、还是历史经济唯物主义，这种形态的实证主义发挥了更为重要的作用"①。

按照哈贝马斯的分析，马克思对现代社会分析是以"转换了视角"进行展开的。具体来讲，在理性法传统中，对"社会秩序何以可能"的讨论中，法这个范畴处于绝对的核心地位，人们只要按照法的理念就可以设想一个良好的社会秩序的图景。然而，哈贝马斯认为，按照马克思的唯物史观，交换价值的生产和再生产的循环不仅完全代替了现代法律的社会整合职能，与此同时，也从根本上把法律贬为一种"附生现象"②，即法律被界定为属于一个社会经济基础之上的政治上层建筑。对此，哈贝马斯反复表达马克思唯物史观对社会学的理论影响，他说："马克思对自然权利之基础的社会学消解，分别使得法理性观念本身和自然法意向本身对于马克思主义来

---

① ［德］海因里希·罗门：《自然法的观念史和哲学》，第114页。
② ［德］哈贝马斯：《在事实与规范之间》，第57页。

说长时期信誉扫地。"① 罗门的观点也与哈贝马斯的这一论断是一致的，他指出："这种非意向的、在行动者背后起作用的、匿名的社会化过程的现实主义模式，必须被归结为纯粹的实证主义。它从根本上排斥了一个人格化的上帝，代之以非人格的永恒力量，或者说按照自然规律之盲目必然性不断重复的物质变化。因此，不存在自由意志，也就不存在柏拉图或亚里士多德意义上的道德，也不存在罗马法学家所说的道德或者整个基督教传统意义上的道德，只存在实证性法律，也即强制性法律，因为，只有那些确实可以强制执行的东西才是法律，它完全是国家创造的。而且，国家也被认为是一种道德性集体人格，不被看作一种道德现象。它毋宁是各种力量发展变化的一个产物，是生产条件变化的产物。法律是、实际上仅仅是事实上占据优势的那个阶级、即统治阶级的东西，它与作为理念的正当和正义秩序的来源，如上帝、自由意志等没有关系。"②

如果说在马克思的唯物史观那里仍旧保留着从亚里士多德到黑格尔那作为一个总体性的社会概念，那么，在哈贝马斯看来，卢曼主张的系统功能主义理论，则是持一种非中心化的、彼此分离的、功能上分化的社会概念。系统论试图以一种客观的眼光，去把握高度复杂社会中的可变性、偶然性和多样性。按照哈贝马斯对系统论的解读，系统论立足于功能主义，将社会理解成一个非中心化的、许多系统彼此分离、功能分化的概念。相反，卢曼却认为，现代复杂社会只能通过系统控制完成整合，并在此基础上认为哈贝马斯是一种以"古代欧洲"的视角"顶着理性名义"去分析现代社会，并进一步指责哈贝马斯这种古老的视角掩盖了系统整合的真正问题，必然会导致对现代社会复杂性的低估。

面对卢曼的质疑，哈贝马斯首先援引帕森斯的社会行动理论来说明系统论整合模式。所谓系统论的社会行动理论，顾名思义，要

---

① ［德］哈贝马斯：《在事实与规范之间》第 5 页。
② ［德］海因里希·罗门：《自然法的观念史和哲学》，第 115 页。

对社会行动的规范价值作一种系统论的解释，其核心是要回答社会
如何才能是一个"安排"好的系统。① 这样的观念集中体现在帕森
斯对行动概念的界说上。如果我们说在理性法传统中是以单个人的
行动为主体，行动者的自律是其规范的本质规定，那么在系统论的
社会行动概念中，因为行动是参照系（社会系统）设定的基本单元，
其考察的对象不能再是单一的行动单元。对此，帕森斯以物理学的
时空参照系类比②，来界定行动的规范性：

> 一个物理学体系中的那些单位即粒子，只能根据其特性如
> 质量速度、空间位置、运动方向等加以说明那样，行动体系中
> 的那些单位也有某些基本的特性，如果没有这些特性就不可能
> 设想单位是"存在的"。这样，接着类推下去，如果认为一个物
> 质单位虽然具有质量但不能在空间确定其位置，那么这种概念
> 在传统力学看来，就是没有意义的。③

法律社会学系统论狭隘地把法客观化为一个自我导控的系统。
这是哈贝马斯的总体论断。具体来讲，按照哈贝马斯对系统论解读，
系统论主张在一个非中心化的社会中法律系统是诸系统中的一个系
统，它发挥着平衡、稳定社会关系的功能。在整个复杂系统中，法
律系统如"单子"，与其他系统是一种既封闭又开放的关系。封闭是
指"自主化的法律系统无法同它的社会内环境保持直接的关系"④；
开放是指"它对整个中心起着调节性的作用，但是法律系统为了保

---

① 帕森斯的社会行动理论，一直以来就有行动理论优先或系统理论优先的争论，
但对社会行动的规范问题的思考，坚持的是一种系统论的构思，这体现在帕森斯对现
代社会中发挥整合和协调作用的规范系统的说明上。

② ［美］T. 帕森斯：《社会行动的结构》，张明德、夏遇南、彭刚译，译林出版
社 2003 年版，第 49 页。

③ 参见杨丽《交往行动与现代社会规范秩序的基础》，《学习与探索》2017 年第
4 期。

④ ［德］哈贝马斯：《在事实与规范之间》，第 61 页。

持自己的自主性，只能通过'改变自己'的方式进而以间接的方式影响其他系统的运行"①。对于卢曼的这种观念，哈贝马斯把它归于施密特所创立的法律决定论。即只要是被规定为法律的所有内容，都具体了规范有效性，具体表述就是："法律的实在化意味着，任何既定的内容都可以获得正当的法律有效性，而这一点是通过一项决定实现的，这项决定赋予法律以有效性，也可以剥夺其有效性。实在法是通过决定而生效的。"②

三

如果法仅仅通过一项权威决定就具有了它的规范有效性，那么也就把法律的整合功能放到一种非意向性的模式上去把握了。所谓非意向主义是指，在考察规范秩序何以达成时完全不考察行动者之目的、意愿。然而，这是与整个现代社会以自由为法的基础的观念背道而驰的。

哈贝马斯曾在 1970/1971 年的《关于社会学的语言理论基础的讲座》（*Vorlesungen zur einer sprachtheoretischen Grundlegung der Soziologie*）之开篇强调行动（Handeln）与行为（Verhalten）的概念区分中，就明确指出，只有把意图考虑进来，我们才能谈论起规范是否合理。因为只有对行动的意图或动机做出说明，我们才能内在地探求规范性的来源问题。③ 所以，从行动概念还是从行为概念出发，是完全不同的道路。哈贝马斯还进一步区分了"符合规则的行为"（regelmäβiges Verhalten）和"规则导向的行为"（regelgeleite Verhalten），使得行为和行动的区分更加清楚。

哈贝马斯认为，从行动概念出发，可以内在性地探求到行动者"规范意识"的来源，而"行为"概念的本质是与在因果性范畴下

---

① ［德］哈贝马斯：《在事实与规范之间》，第 61—62 页。
② ［德］哈贝马斯：《合法化危机》，第 129 页。
③ 参见杨丽《交往行动与现代社会规范秩序的基础》，《学习与探索》2017 年第 4 期。

的目的性或合目的性相关。如果我们从纯粹"行为"概念出发，只能得出对"符合规则行为"的经验性描述，这与内在性的规则导向的行为之间有根本的区别。

考察行动者背后的行动理由是研究规范问题的起点，哈贝马斯立足于行动概念，就构成了他的内在参与者的视角；反之，立足于一种非意向主义的功能主义分析，就只能是一种"外在观察者的视角"。这种区分非常重要，在一定意义上，可以把它作为哈贝马斯重建现代社会规范秩序的方法论。①

哈贝马斯指出，"理由作为复杂的法律判决的担保是难以取代的，所以对律师来说，是理由决定了判决的正当，而不是判决决定了理由的正当"②；反之，在卢曼这里，"法律论证的作用仅仅在于降低判决的变数，提高人们对判决的接受度。"③ 正是出于上述原因，哈贝马斯以卢曼为代表的系统功能主义论证，称之为一种"冷静"的客观主义。换言之，法之有效性基础只能按照实证主义的理解立足于现实存在的法，哈贝马斯分析指出："法律放弃了所有宏观范围的合法性主张。既不存在法律系统能够以规定的形式释放出去的输出：法律对环境的干预是被禁止的。也不存在法律以合法化的形式可以获得的输入：连政治过程、公共领域和政治文化，也仅构成法律系统之无法理解的语言环境。"④ 对此，哈贝马斯认为，在法律社会学系统论这里"胡塞尔的单子化意识主体的先验能力，过渡到了这样的系统，它们虽然剥去了先验意识的外衣，却重新裹上了单子般的皮囊"⑤。由此哈贝马斯得出结论："古典社会理论中对法

---

① ［德］艾纳·佛斯特、克劳斯·君特：《规范秩序的形成——跨学科研究纲领之理念》，邓安庆、杨丽译，载邓安庆主编《伦理学术》1：《现代政治伦理与规范秩序的重建》，上海教育出版社 2016 年版，第 3—6 页。

② ［德］哈贝马斯：《在事实与规范之间》，第 63 页。

③ ［德］哈贝马斯：《在事实与规范之间》，第 63 页。

④ ［德］哈贝马斯：《在事实与规范之间》，第 64 页。

⑤ ［德］哈贝马斯：《在事实与规范之间》，第 59 页。

律系统的规范性自我理解留下来的痕迹都荡然无存了。"① 在法律社会学的系统论这里，法律系统同道德和政治之间的所有内在联系都消除了。

第三节　哈贝马斯重建法的规范性 基础的基本思路

通过对批判理论的接纳与批判，哈贝马斯完成了从否定性的社会批判到建构性的社会批判的转型；通过对法律社会的批判，哈贝马斯突出了现代理性法传统中的积极的建构性力量：规范有效性问题。在此基础上，哈贝马斯更进一步地以法的规范有效性问题为核心来探究如何推进现代性的规划。

一

在哈贝马斯对法律社会的批判中，他详尽地考察了法律社会学，尤其是法社会系统论的目标及其局限，并有力地向我们证明了，对法的规范有效性问题的思考，如果只是以一种客观的中立性的眼光，回避是什么使得法之所以成为法的根本性问题，那么，这样的研究就始终未能触及法的规范有效性这个根本问题。他指出，"只要法律社会学坚持一种客观化的外在眼光，对那种只有从内部才可能进入的符号向度的意义麻木不仁，社会学观察就会陷入这样的危险：始终是盲的"②。鉴于哈贝马斯的理论与法律社会学之间的思想关联，如果我们不能够看到他对法律社会学理论之缺陷的揭示，那么，哈贝马斯法学理论就很容易被理解成他本身所要批判的经验社会学理论，甚至被矮化为一种法律政策学说。所以，哈贝马斯对法律社会

---

① ［德］哈贝马斯：《在事实与规范之间》，第63页。
② ［德］哈贝马斯：《在事实与规范之间》，第80页。

学的批判显著地表明了他的法哲学的整体问题指向：重建法的规范性基础。这是我们在这里首先必须明确和强调的一个基点。

至此，我们按照阿列克西对法哲学流派的区分①，把哈贝马斯法哲学的立场明确为非实证主义的法哲学。哈贝马斯主张，就法的规范有效性问题而言，这是一个不得不涉及应然（Sollen）的问题。此问题本身"它要求理解法的终极与最高原则，它要求理解法的本质、它的强制性来源，它要求回答国家的法律与道德秩序之强制性权力的伦理根基究竟何在"②。所以，按照罗门的观点，对于所有这些问题，只是想"一劳永逸"地明确国家秩序和社会秩序之条件的法实证主义无从教导我们，"它只是告诉我们，如此这般的法律是由合宪的机构颁布的，这样那样的规则曾经被视为法律。不存在作为外在理念的正当，只存在实证的权利，它们只能被知晓，而不需要承认"③。同时，哈贝马斯也反对韦伯把法的价值基础只局限在一个纯粹形式概念中，与实质性的价值不发生任何联系，如罗门指出的"这种腐朽的不可知论，使得战后德国在面对国家社会主义时毫无准备"④。

在此需要说明的是，哈贝马斯并不全然拒斥法实证主义，某种程度上他是认可方法论的实证主义的。在一定意义上，哈贝马斯会承认，所谓法律家或专业法学家的法学"在处理法律问题上可能是精细的、细致的；态度可能是内在的，他们必须接受实在法的规定和有效性，不能完全用道德的评价代替法律的评价"⑤。对于这一立场，德国法学家拉伦茨（Karl Larenz, 1903—1993）做了这种阐释：

---

① Robert Alexy, *Begriff und Geltung des Rechts*, Freiburg/München: Verlag Karl Alber, 1992, S. 15.

② ［德］海因里希·罗门：《自然法的观念史和哲学》，第113页。

③ ［德］海因里希·罗门：《自然法的观念史和哲学》，第113页。

④ ［德］海因里希·罗门：《自然法的观念史和哲学》，第121页。

⑤ 舒国滢：《从方法论看抽象法学理论的发展》，《浙江社会科学》2004年第5期。

"假使法学不想转变成一种或者以自然法，或者以历史哲学，或者以社会哲学为根据的社会理论，而想维持其法学的角色，它就必须假定现行法秩序大体看来是合理的。……它所关心的不仅是明确性及法的安定性，同时也致意于：在具体的细节上，以逐步进行的工作来实现更多的正义。谁如果认为可以忽略这部分的工作，事实上他就不该与法学打交道。"① 如果按照拉伦茨在此的严格说法，哈贝马斯是不符合一种法律家的精神。因此，当我们说哈贝马斯对法实证主义持绝对批判态度时，指的是他批判的那种认为"任何问题都有技术性的解决方案，而不必诉诸启蒙的理性行动来解决问题"② 的法实证主义的观点。如拉德布鲁赫所言，一种以绝对科学主义的专业信念，最终导致了"法哲学的安乐死"。为了准确把握哈贝马斯的观点，我们还需要进一步探明，哈贝马斯所致力于重建的法的规范性基础，其可能性究竟何在，重建的具体方案是什么？

二

从霍克海默和阿多诺的启蒙辩证法批判一直到整个后现代性的批判大潮，全都是以否定性为特征，那么，当哈贝马斯致力于重建法的规范有效性基础以继续推进现代性时，他自己必然面临这个严峻的问题：现代性进程中依然具有重建现代社会规范基础的可能性吗？哈贝马斯追问道："在对黑格尔和马克思所彻底揭示的理性和革命的辩证法之信任历史地消耗殆尽之后，与混沌的现实处于抽象对立之中的正义社会的理性方案，还怎么能实现"③？哈贝马斯通过对现代理性主义理性法的重新考察明确指出：曾经在理性法时代发挥着规范整合核心作用的法，也不可能长期处于一种边缘地带；曾经在功能主义的解释被削平了的作为一种理想的、价值的规范内涵的

---

① 舒国滢：《从方法论看抽象法学理论的发展》，《浙江社会科学》2004 年第5 期。

② ［德］海因里希·罗门：《自然法的观念史和哲学》，第 18 页。

③ ［德］哈贝马斯：《在事实与规范之间》，第 70—71 页。

问题，随时都会重新冒头。① 给予哈贝马斯希望的，不仅有他本人对
于现代理性的信心，战后德国自然法获得了再度复兴，也给予他以
力量。即便是在"自命不凡的实证主义那里，都发现了自然法的思
考方式"②。哈贝马斯坚定地认为，对法之规范有效性问题的思考，
必定要回到人作为理性存在者具有自我立法之能力这样一个启蒙的
关键概念上，势必要恢复法的理想要素和正当性的规范向度。在此
基础上，哈贝马斯提出了一个的关键论断：坚持实际有效的价值和
规范与真理之间的本真性关系。

　　正是重新启动了法的规范有效性根据与真理的内在联系，哈贝
马斯明显地把自己与持形式主义法学观的韦伯区别开来：法必须要
与道德发生关系。哈贝马斯由此标识出他与近代理性法传统之间的
内在关联性。对此，我们可以援引前文所述的他在"马普所"的合
作伙伴魏茨泽克对他这一思想主题的评注，"必须回到康德的定言命
令来谈。合法性必须是一个道德规范的理性，为了获得一种理想，
必须所有人都是的。这才是一个对启蒙的平均主义的有效辩护"③。
因此，针对罗蒂对基础主义的质疑——"哲学是否能够实际充当由
思想大师康德指派给它的排位管官和法官的角色?"④，哈贝马斯发
表了《持有立场的哲学和解释的哲学》一文，强调指出，"哲学是
自我反思的理性的事业，这是社会及其成员的同一性迄今仍然能够
赖以形成的唯一媒介物"⑤。另外，针对麦金太尔提出的"启蒙事业
全盘失败"的论断，哈贝马斯在《话语伦理学——论证工作纪要》⑥
开篇，也再次明确了话语伦理学要诉诸实践理性与真理之间具有内
在联系的思想主旨。

---

① ［德］哈贝马斯：《在事实与规范之间》，第70页。
② ［德］海因里希·罗门：《自然法的观念史和哲学》，第122页。
③ Stefan Müller-Doohm, *Jürgen Habermas-Eine Biographie*, S. 238.
④ Jürgen Habermas, *Moralbewusstsein and kommunikatives Handeln*, S. 15.
⑤ Jürgen Habermas, *Moralbewusstsein and kommunikatives Handeln*. S. 19.
⑥ Jürgen Habermas, *Moralbewusstsein and kommunikatives Handeln*. S. 19.

总之，哈贝马斯的结论是，面对启蒙遭遇到的困境，我们不仅不应该"垂头丧气"，而且要捍卫自近代以来确立起的理性自主精神。要看清这一点，则需要立足于把握哈贝马斯这一时期的两个思想要素：一是前文所述的，他对以实证主义为思想底色的法律社会学的批判；二是他所极力构建的交往行动理论。在对法律社会学的批判中，哈贝马斯强调指出，法的规范有效性，绝非法律社会学所认为的："除了生产和运用的程序之外，法无须其他实质性的支持。"① 法的规范性基础亦非温克尔曼（J. J. Winckelmann）抑或者是舍勒（Max Scheler）等"实质的价值哲学"所主张的：法的正当性是基于一种实质性价值。② 对于这种主张，哈贝马斯同样进行了批判，他指出，"我们在每一种话语中（包括实践话语），都预先设定了理性言语的基本规范。只要依赖这些规范就足够了"③，从而把理论构建的方向指向了一种以言语、对话为核心的社会交往行动理论。

三

在考虑重建的可能性方案之时，哈贝马斯明确指出"我应该把批判理论的规范性基础修建得更深一点，交往行动理论应该挖掘出日常交往实践本身所蕴藏的理性潜能"④。对于这种理性潜能，哈贝马斯有过形象的描述，"我们的生活世界在内部共同拥有的一种公共性，它既是内在的，也是外在的"⑤，"我脑子里浮现的是这样一种主体性图景：我们必须把它想象成一只手套，只有向外翻过来，才能看清楚主体间编织而成的网络结构"⑥。正是日常生活实践的"公共性"把他明确导向了强调人类交往的主体间性结构。哈贝马斯把

---

① ［德］哈贝马斯：《合法化危机》，第 129 页。
② ［德］哈贝马斯：《合法化危机》，第 129—130 页。
③ ［德］哈贝马斯：《合法化危机》，第 130 页。
④ ［德］哈贝马斯：《公共领域的结构转型》，第 20 页。
⑤ Stefan Müller-Doohm, *Jürgen Habermas-Eine Biographie*, S. 238.
⑥ Stefan Müller-Doohm, *Jürgen Habermas-Eine Biographie*, S. 238.

这种公共性追溯到黑格尔那里尚未被破坏的伦理观念。一旦追溯到社会伦理层面，同属于一个交往共同体的语言互动的规范性条件就呈现了出来。

上述思路的形成，最早可以追溯到《社会科学的逻辑》中。哈贝马斯在那里就认识到，"语言作为纱织物尚无法洞悉，主体就悬挂在它的纱线上，由此才形成主体与主体的关系"①。简而言之，在语言中发现我们日常认识与科学认识的规范性前提。交往离不开语言，而任何语言的互动离开了规范性，就是不可能的。在《社会科学的逻辑》第一版出版之后，德国《时代周报》（*Die Zeit*）就发表了一篇名为"德国哲学的革命"的评论对本书予以肯定。

1968 年以马尔库塞 70 年诞辰为契机，哈贝马斯出版了《作为意识形态的科学与技术》、同年还出版了《认识与兴趣》，1970—1971 年出版了《关于社会学的语言理论基础的讲座》、1976 年出版了《什么是普遍语用学》都是这一思想的继续。他自己曾明确地说，上述著作的核心主旨是追随阿佩尔在《哲学的改造》一书所做的工作，其基本内容就是想通过"言语行动"的分析，阐明所有以理解为取向的行动的规范性。当然，对这一核心思想或主题最终作出准确地表达，还是在 1998 年出版的《真理与辩护》中。在这本书中，哈贝马斯再次强调，以语言为媒介的理解行动的规范性，依然没有脱离上文所说的规范性与真理性之间的关系，他说："形式语用学是交往行动理论和交往行动合理性的引子，它确立了他们对社会批判学的基础与道德、法学、民主道路的对话理论的自由理解。"②

对于上述思想主题，我们可以采用一个标准的说法，称之为"批判理论的语言学转向"③。在这一重要转向上，哈贝马斯对语言

---

① Jürgen Habermas, *Zur Logik der Sozialwissenschaften*, Frankfurt/M.：Suhrkamp Verlag, 1970, S. 220.

② Jürgen Habermas, *Wahrheit und Rechtfertigung*, Frankfurt/M.：Suhrkamp Verlag, 2004, S. 7.

③ Stefan Müller-Doohm, *Jürgen Habermas-Eine Biographie*, S. 215.

的界定起到了关键的构成作用和指引作用。概括地说，哈贝马斯是从20世纪60年代末开始这一奠基工作的，通过对语言的有效性要求来为批判理论奠定规范性基础，这种理论努力最终在1981年出版的《交往行动理论》中得到了全面、系统地表达。

《交往行动理论》这本书虽然让哈贝马斯获得了"交往理论大师"的身份，但同时也让他受到很多指责。有些人直截了当地说，不能理解哈贝马斯究竟在这本书里要宣称的是什么；有些人则追问，在这厚厚的两卷书里哈贝马斯自身的思想究竟体现在什么地方；有些报纸则用了"妄想成真"来描述。① 可见，当我们汇聚于《交往行动理论》来阐明哈贝马斯关于法的规范性基础时，这并非是一个得到了广泛认同的看法，我们需要论证、阐明和辩护。而在这里，我们先引用《交往行动理论》前言中的一段话，来定位哈贝马斯此书所要表达的主旨："这个概念揭示了三个相关的主题：首先是交往理性概念，我在对它进行阐述时虽然充满重重疑虑，但交往理性概念还是顶住了认知工具理性的短视行为；接着是两个层次的社会概念，它用一种并非只是修辞学的方法，把生活世界和系统这两个范式联系了起来；最后是现代性理论，它对当今越来越清楚可见的社会病理类型进行解释，认为现代病就病在具有交往结构的生活领域听任具有形式结构的独立的系统的摆布。因此，交往行为理论要尽可能地勾画出现代发生悖论的社会生活关系。"②

就交往行动理论的上述三个思想主题而言，如果说"顶住了认知工具理性的短视行为"和"现代性理论"都是在批判性的意义上说明有重建现代社会规范基础的必要性，那么，"把生活世界和系统这两个范式联系了起来"则着重标明了哈贝马斯所采取的方案。并且，这个方案最后指向的是现代社会规范秩序的基础。对于这一方

---

① Stefan Müller-Doohm, *Jürgen Habermas-Eine Biographie*, S. 298.

② ［德］哈贝马斯：《交往行为理论》第1卷，曹卫东译，上海人民出版社2004年版，第4页。

案的答案，哈贝马斯除了在语用学的研究中通过从言语行动理论之"何以以言行事"的问题来探求，他还在对道德心理学的相关问题进一步考察。两项工作相互印证同一个结论：从言语互动中重构规范的有效性条件。

对于后者，我们注意到哈贝马斯在《交往行动理论》的结尾处指出：提出了一种"发展心理学中的发生学结构主义"的理论思路，其目的是把对生活世界中"意义"的发展心理学探究与"系统"的结构主义阐释结合起来，以此试图超越早期批判理论，建构社会批判理论之"规范性基础"的理论思路。[①] 这一思路正是他在科尔伯格的社会心理学中发现的"根据"，但这个根据并非突如其来，而是植根于科尔伯格对康德普遍主义伦理的继承与转化。[②] 从根本上讲，哈贝马斯是想借用一种道德意识在儿童心理中的发生学理论，把言语行动、意识发生和道德规范联系起来，他说："存在着可以决定意识可能内容之视域的意识结构，这些深层结构是人类的一种共同特性，并且这些意识结构是内在发展着的。"[③] 具体而言，如国内学者孙国东所分析的："道德—实践领域的意识结构，或者说是规范结构，它指的是主体间以语言为媒介形成的互动是其主要的结构方式，而由于法律与道德是协调互动之可能冲突的主要手段，因此，法律和道德标志着互动的主要领域。那么，如果在道德—实践领域中意语言为媒介的互动及其所凝聚而成的规范结构遵循着某种发展逻辑，我们在社会合理化语境中重新确认当下批判理论的规范性结构。"[④] 如此，"哈贝马斯以规范结构及其发展逻辑为主要基点，不仅找到了

① 转引自孙国东《合法律性与合道德性之间：哈贝马斯商谈合法化理论研究》，第 56 页。

② Jürgen Habermas, *Moralbewusstsein and kommunikatives Handeln*. S. 128.

③ 孙国东：《合法律性与合道德性之间：哈贝马斯商谈合法化理论研究》，第 56 页。

④ 孙国东：《合法律性与合道德性之间：哈贝马斯商谈合法化理论研究》，第 83 页。

以规范结构的社会进化重建历史唯物主义的路径，而且开辟了以交往范式重新确认批判理论之规范性基础的理论取向"①。

　　这种路向无疑是对法兰克福学派批判理论的重大推进。因为后者所依赖的马克思版的历史唯物主义最多只能为它提供一种否定性批判的武器，而不足以为提供推进现代性的规范性基础。但如今已经找到了从内在语言运用中的交往理性重新确认其规范性渊源，所以，社会批判理论也就不必再从资本主义文化、艺术和哲学思想中间接地，即以意识形态批判的方式，确证其规范性内容。有了内在于以理解为取向的语言运用的交往理性概念，社会理论再次有了一种新的期待：从哲学中能够获得担当系统性任务的重担。

　　对于哈贝马斯的这种理论努力，在1980年德国哲学家米歇尔·陶尼森（Michael Theunissen，1932—2015）给哈贝马斯颁发阿多诺奖的赞词中这样写道："在哈贝马斯的著作中，阿多诺必定是在场的——两者都是智者，也都从科学和哲学中发现全部的活力，但是哈贝马斯的规范主义很早就从辩证法家及其历史哲学的悲观主义中解救出自身。"② 这种赞词明确肯定了哈贝马斯为批判理论开辟出了一片新的天空。更为重要的是，哈贝马斯在规范性基础的探究中强调并恢复了"真理"在法学和社会规范性中的基础地位：规范不能丧失与实践理性真理的联系！这不仅是对理性法传统的推进，也大大推进了自然法传统的视野。这一判断在德国《时代周报》刊发的哈贝马斯获奖词——《现代性——一项未竟之业》（*Die Moderne ein unvollendetes Projekt*）中获得印证，并为此给学界竖起了一面新的旗帜：在后现代的否定性大潮中不仅重建了现代社会的规范基础，而且这一基础是以"真理"而非模糊的"价值"联系在一起。

　　在实证主义依旧持续占据国际法哲学研究前沿的今天，哈贝马

---

①　孙国东：《合法律性与合道德性之间：哈贝马斯商谈合法化理论研究》，第56页。

②　Stefan Müller-Doohm, *Jürgen Habermas-Eine Biographie*, S. 282.

斯的这种"规范性"立场，确实是树立了一面高高飘扬的新的实践理性的旗帜，它标志着法哲学具有从已经滞留了太久的实证主义的贫瘠荒漠走出，把其规范性基础牢牢地与理性主义传统联系起来，弥补了传统与现代断裂的鸿沟，而且牢牢地奠立在日常生活世界、即交往理性的基础上。只是在这面鲜明的旗帜背后，仍隐藏着一个根本性的问题需要哈贝马斯回答："在一个多元主义的社会中，全方位世界观和具有约束力的伦理规范都瓦解了"①　残留下来的后传统的良心道德也不再能够为曾经由宗教形而上学论证的自然法提供足够依据的后形而上学时代，法的规范性力量从以语言理解的交往理性中获得的基础是否真的牢靠？什么能保障实践中的交往理性不会被工具理性所玷污和腐败？

对此，哈贝马斯提醒我们注意，合法性的唯一的后形而上学来源，显然是由民主的立法程序提供的。因此，相较于约翰·罗尔斯《正义论》以一种"直接的方式"恢复理性法传统荣誉相比，交往行动理论并不能把法之有效性的规范性来源追溯到一个最高的道德原则。鉴于此，哈贝马斯自己也明确承认，在规范性的对话领域内，关于应当之无能的问题也紧迫地提了出来。如果说，在后形而上学时代，真的只能是"程序承担了提供合法性的全部负担"②，那么，我们也很难说，哈贝马斯的法哲学能避免实证主义法哲学的根本困境。只是，他确实比法律实证主义高明的地方，就在于清醒地承认了"法律一方面与政治有内在关系，另一方面与道德有内在关系，法律的合理性并不仅仅是法律的事情"③，这样就为道德和伦理在法的规范有效性基础问题上留下了更多可以发挥作用的空间。这就为他的最终重建方案基于一种"实践理性多态论"（Die Einheit der Vernunft in der Vielfalt ihrer Stimmen）提供了可能。在这种"多态

---

① ［德］哈贝马斯：《在事实与规范之间》，第682页。
② ［德］哈贝马斯：《在事实与规范之间》，第684页。
③ ［德］哈贝马斯：《在事实与规范之间》，第595页。

论"中，实践理性分化为伦理、道德、法之不同的规范领域。至此，哈贝马斯提出了"对话差异的建筑术"（Architektonik der Diskursdif-ferenzierung）这一重要概念。这一概念试图构架一个可以容纳道德、法律与政治之规范性差异与互补的关系的对话原则。立足于这一建筑术的重建方案展示出以一种新的多元主义来应对复杂现代性的图景。这种图景当然是比任何单一性的形而上学、单向度的法哲学和哲学理论具有更为可期的预案。

至此，可以明确的是，哈贝马斯认为无论是将法等同于政治立法者的命令的决定论，还是将法的合理性归结到与价值无涉的形式，都是试图在实证法的意义上把握法的规范有效性问题，但是"一旦法律有效性失去与正义之诸方面的联系——这种联系是超越立法者决定的道德联系——法律的认同也就必然会分散瓦解"①。如果说上一章的内容主要是为了勾勒法的规范有效性问题的争论语境，并最终引出哈贝马斯对这个问题的思考逻辑：以交往行动理论为基础的重构法之规范有效性基础，那么接下来则将专门就这一问题展开更加系统和深入的探讨。要想推进这一工作，首先得清楚界定哈贝马斯所说的"我应该把修建的基础挖到更深一点"②，那么这个"基础"的具体含义是什么以及它存在的地方是在哪里？

① ［德］哈贝马斯：《在事实与规范之间》，第602页。
② ［德］哈贝马斯：《公共领域的结构转型》，第20页。

第 二 章

行动的谱系与规范性的来源

　　哈贝马斯从一开始就试图在行动理论的框架内创建他的社会理论。[①] 这一论断最重要的依据是，交往行动理论在哈贝马斯的理论体系中始终处于关键位置。就交往行动概念而言，哈贝马斯在许多著作中有过详细的界说[②]，他对"交往行动"下的经典定义是：与近代意识哲学的"单一"主体的行动概念相区别，交往行动在本质上是一种主体间的（至少两个行动主体）互动行动。[③] 就交往行动理论的问题出发点而言，哈贝马斯曾坦言，这一理论追随是阿佩尔在《哲学的改造》一书所做的工作：阐明从主观理性向主体间性的交往理性的范式转换的问题。

　　如果按照范式转换（Paradigm shift）的定义，即它是指在原有的理论框架失效的情况下新的理论框架能有效地解决问题，那么交往行动理论至少包含着以下两个基本任务：一是批判反思意识哲学

---

　　① ［德］霍耐特：《权利的批判》，第 67 页。

　　② 最重要的三个文本：1970/1971 年版的《关于社会学的语言理论基础的讲座》（*Vorlesungen zur einer sprachtheoretischen Grundlegung der Soziologie*）、1981 年版的《交往行动理论》、1982 年版的《交往行动概念的阐释》（*Erläuterungen zum Begiff des kommunikativen Handelns*）。

　　③ Jürgen Habermas, "*Erläuterungen zum Begiff des kommunikativen Handelns*", in Ders., *Vorstudien und Ergänzungen zur Theorie des Kommunikativen Handelns*, Frankfurt/M.: Suhrkamp Verlag, 1984, S. 1.

的问题及其困境；二是阐明在主体间的交往范式下如何能有效性解决在主体哲学的范式下无法解决的问题。在这两个问题之间，"主体"与"主体间性"的关系问题成为关键，这一问题也成为目前德国学界中，呼唤主体精神回归的德国古典哲学如亨利希与主张主体间性哲学如坚持哈贝马斯、霍耐特等之间争论的焦点。①

　　使得上述争论得以可能的原因，除了这个论题本身的复杂性之外，还在于哈贝马斯他本人思想的多元性。当然，这种多元性深深地植根于他对其他思想的本己居有、自行转化之的能力，这也导致我们在解析其概念时也要具有抽丝剥茧的能力，才能阐明其概念的内涵。宏观地来看，我们要把握哈贝马斯的交往行动概念有三个关键问题：一、在古典实践哲学的框架内思考行动的规范性来源是什么以及这种行动概念是否具有哈贝马斯所说的从主体向主体间转向的可能性。二、阐明哈贝马斯是如何吸收社会学理论对互动行动的概念分析来阐述社会行动的规范基础的；三、还需要清楚哈贝马斯是如何借用语言行动理论"何以以言行事"的回答重构出交往的普遍的规范条件的。

第一节　行动与规范

　　在正式进入哈贝马斯交往行动的概念之前，我们首先遵从哈贝马斯的逻辑，尝试从行动概念为线索简要重构出近代形而上学奠基的几个关键历程，进而考察是否具有哈贝马斯所认为的从主体向主体间转换的可能性。如果能对这样的可能性做出说明，那么哈贝马斯的所谓的范式转换的合理性也就得到了说明。

---

　　①　［德］迪特·亨利希：《康德与黑格尔之间——德国观念论讲演录》，彭文本译，台北：商周出版社 2006 年版，第 12 页。

一

　　哈贝马斯《在事实与规范之间》的开篇这样写道："作为一种主体能力的实践理性的概念，是一种现代的特产。把亚里士多德的概念框架转变为主体哲学的前提，有其不利的方面，那就是使实践理性同它扎根于其中的文化的生活形式和政治的生活秩序脱离了联系。"① 哈贝马斯坦言，交往理性理论的全部任务就是要克服这种"被缩短"的主体理性的概念，追问交往理性如何与社会事实（sozialen Tatsachen）发生关联，进而恢复一种"大写"理性概念。因此，哈贝马斯回到了扎根于"事实"（Tatsache）的"行动"（Handeln）的概念去反思我们如何自主地行动。

　　从词源学来看，行动（Handeln/Tat）的概念源于古希腊语 πράξη，它是指一种意愿和目的被践行出来的活动。② 行动包含了两个基本内涵：一是行动与纯粹自然发生的事情不用，它是指有计划的、有目的的活动（Aktion），它以意识和意愿自由为前提。因此不难理解，在亚里士多德那里，动物是不具有行动的潜能的。二是行动会导致某种事态（Tatsache）的发生，也就是说，行动一旦发生就造成一定行动后果。因此，行动区别于意识，它强调是意愿的发生以及完成的整个过程。行动的发生和完成也就是目的之现实化的过程。对此，布伯纳（Ruediger Bubner）认为，这样的行动概念早已经在亚里士多德那里被界定清楚了，可称之为"哲学的行动概念"③。

　　具体而言，亚里士多德是在法律实践（Rechtspraxis）的问题上分析行动概念。行动的前提是意愿的自由，自由意愿是行动的起源。所以，亚里士多德认为，行动是建立在可自我筹划（Zurechen-

---

　　① ［德］哈贝马斯，《在事实与规范之间》，第 1 页。

　　② Joachim Ritter/Karlfried Gründer（Hg），*Historisches Wörterbuch der Philosophie Gesamtwerk*，Bd. 3，Schwabe & Co. Verlag，1974，S. 992.

　　③ Bubner，*Rüdiger*，*Handlung*，*Sprache und Vernunft*，Frankfurt/M.：Suhrkamp Verlag，1982.

barkeit）的普遍原则之上，具有可自我筹划的行动才具有伦理的价值。换言之，个体行动的能力体现在其自我筹划的能力。① 另外，亚里士多德还强调行动具有伦理经验性的特征，也就是说，每一种具体行动都是以每一个具体的"决定"为基础。行动与实践智慧相关，涉及行动的普遍有效性和具体行动情景两方面。

　　亚里士多德的行动概念直接影响到近代德国古典哲学对行动的理解。考虑到行动概念本身在实践哲学中的重要作用。哈贝马斯将行动概念作为切入点来反思近代意识内在困难的做法，无疑是把握到了主体哲学的实践品格。哈贝马斯在《后形而上学思想》一书中指出，像亨利希等德国哲学家那样从先验主体性出发克服二元论的仍属于主体性意识哲学的范畴。哈贝马斯进而言之，要走出意识哲学之困境，就不能继续束缚在主—客的两端之间"意识"概念，而是应当把"语言""行动"和"身体"这样一些"第三类"范畴提升到哲学的高度，在这些概念中寻找哲学的立足点。因此，接下来我们也将看到，行动概念之所以能获得这样的"地位"其实是源自德国古典哲学的实践本格。

　　二

　　我们通常把康德看作德国古典哲学的奠基人。其实，在康德的哲学中就确立理性的绝对自主性而言，不是理论理性而是实践理性部分构建的。按照纯粹实践理性的原则，为了确定行动之规范性应当具有的普遍必然性的依据，需要对内在性的行动和外在行动作出严格的区分。所谓内在性是指以行动者的内在动机和意愿作为行动的出发点。康德主张，行动的规范性必须建立在纯粹理性法则的基础上。换言之，行动的根据来自理性意志的内在的自身规定性。因而康德排除了在亚里士多德那里的行动作为一种事实性后果之概念

---

　　① Joachim Ritter/Karlfried Gründer（Hg），*Historisches Wörterbuch der Philosophie Gesamtwerk*，Bd. 3，Schwabe & Co. Verlag，1974，S. 992.

内涵，强调行动之作为对自我判定（Selbstzuschreibung）、自我筹划的含义，进而着重考察行动本身是否出于伦理法则（Sittengesetzen）。对此，我们也可以援引黑格尔对道德的界定来阐述康德所主张的行动概念与理性意志之间的内在关系。具体黑格尔在《法哲学原理》中指出："第二阶段，对它而言首要的对象是，我是自为地作为为我存在着的意志，从知道作为这种自为存在者是规定为主观的，有规定的，主观意志作为为我的唯一的区别于一般客观的东西。正是意志规定为无限的观念上自身内设立了自在存在者。"① 黑格尔分析认为，绝对精神的自主性是在道德法阶段完成并上升至顶端。据此，哈贝马斯也称康德的自律概念是近代规范性意识的"革命"。

　　康德的道德行动的概念遭到了费希特的批判。费希特认为，康德忽视了对作为后果意义的行动概念，进而称康德的行动概念是一种"分离"行动概念，即行动目的与行动后果的分析。因此，费希特试图通过"事实行动"（Tathandelung）来恢复行动的意愿与行动后果之间的概念关联。

　　具体而言，费希特认为，"自我"本质上是一种活动（行动）。按照亨利希的解读就是："自我绝然地设定自身（Ich setze sich selbst），人们也可以这样来表达，即人们说，自我不仅由（durch）自己，而且也为（für）自身。"② 因此，对自我的分析，关键在于如何通过动词"设定"（setzen）阐明自我概念中包含的由（durch）己和为（für）己两个内涵。即"自我"如何设定"自我"？"自我"是作为一种"事实"置入（setzen）到自身之中的。那么，"自我"如何能作为一种"事实"设定自身，"自我"与"事实"之间存在着逻辑上的先后关系？按照亨利希的解读，这两者之间并不存在逻辑的先后，二者是同时被给予的，他说："如果某个事实被'设

---

① ［德］黑格尔：《法哲学原理》，邓安庆译，人民出版社 2016 年版，第 194 页。
② ［德］迪特·亨利希：《费希特的"自我"》，郑辟瑞译，《广西大学学报》2016 年第 2 期。

定'，那么无物能够先行于属于它的本己实存的东西。设定行为和实事被设定这件事，构成了一个事实。在某种程度上，被设定之物的诸构造性要素原初地并且同时被给予。"① 概言之，"事实行动"使知识学的绝对起点"主客体的本原统一性"，自我——成为自明性的"原理"②。在这里，我们可以参考国内学者的研究进而将"事实行动"的含义完整解释为："自我设立自己自身，而且它在，是由于这个单纯的通过自己本身的设立；反过来说：这个自我在，并且它设立它的存在，是由于它的单纯的存在。它同时既是行动者，又是行动的产品；既是活动者（Tätige），又是通过活动产生的东西；行动（Handlung）和事实（Tat）是一个东西，而且完全是同一个东西，因此这就是：我在，乃是对一种事实行动（Tathandlung）的表达，但也是从整个知识学中必定产生的那唯一可能的事实行动的表达。"③

哈贝马斯认为，费希特已经清楚地指明主体性概念的实践品格，他说："在个体的重要意义完全转化成对第一人称代词的完成行动应用之前，费希特一眼就能看出的自我设定行为在反思与行动之间所建立起来的那种本质联系，必须从理论要求中摆脱出来。"④

哈贝马斯非常重视费希特的"事实行动"的概念。他认为费希

---

① 按照亨利希的解释，如果二者是同时被给出的，自我之间就不会出现主体压制客体的"所有我们的意识就我们自身识知或者我们是'自我'而言来自何处，那么我们只有这种可能性，即预设一个我们可能一无所知的基础。人们不能够从它的诸要素出发而构建自身意识。人们也不能够使其中的一个因素作为整体现象的基础。因为没有任何因素先行于其他因素。它们必须同时并且一下子出现，因而是这样，就像柏拉图已经说过的至高知识的涌现。如果费希特谈及自设定行为，那么他想到的是这一知识的直接性"。参见迪特·亨利希《费希特的"自我"》，郑辟瑞译，《广西大学学报》2016 年第 38 卷第 2 期。

② ［德］迪特·亨利希：《费希特的"自我"》，郑辟瑞译，《广西大学学报》2016 年第 2 期。

③ 转引自邓安庆《启蒙伦理与现代社会的公序良俗——德国古典哲学的道德事业之重审》，人民出版社 2014 年版，第 193 页。

④ ［德］哈贝马斯：《后形而上学思想》，曹卫东等译，译林出版社 2001 年版，第 183 页。

特"自我设定自身"概念在思想史具有关键性的枢纽之位置。它对于之后存在主义以及黑格尔哲学都有重要的意义。哈贝马斯指出，存在主义者克尔凯郭尔的自我选择的概念与"自我设定自我"之间有重要的概念关联。哈贝马斯认为克尔凯郭尔完全吸收了费希特这一独特的自我设定的思维方式，进而把自我关系阐释为一种对待自身的行动。在这种行动中，自我同时把自己当作这种关系所依赖的先验他者，并且把他者同时作为一个肯定意义上的"自我"。这样一来，自我与自我的关系就不能再是认知意义上的主体与对象的关系，而是主体与主体的关系。因此，不是从具有意识（反思）能力而是具有行动（言语）能力的主体来思考人的主体性精神。在哈贝马斯看来，费希特的"行动的概念实现了理论理性与实践理性的统一"。

　　如果说费希特的事实行动的概念是通过沟通作为行动之动机与行动之结果之间的关联，进而克服康德的形式主义。那么在这个意义上，黑格尔的实践哲学包含了同样的理论兴趣。黑格尔将行动理解为理性意志的自我活动（action）的外化。在这个意义上，菲威格（Klaus Vieweg）指出，必须在哲学的行动理论上理解黑格尔的实践哲学。同样，皮平（Robert Pippin）也有类似的判断，主张黑格尔的哲学本质上是"对自由的理性之践行的理论"[1]。

　　那么，黑格尔所认为的行动的本质是什么？黑格尔指出，关于行动，我们只需要考虑，"行动中的什么东西是来自决定的，或意识中曾有什么东西，因而也即，意志把什么东西算作它自己的东西"[2]。黑格尔对行动的定义是，"行动是对个体最清楚的揭示，是其思想观念，亦是其目的；通过行动，人就其最内在的根本而言所是的东西，才具有了现实性，而行为因其精神性的起源也在精神性

────────

① Robert B. Pippin, *Hegel's Practical Philosophy*, *Rational Agency as Ethical Life*, Cambridge：University Press 2008.

② 参见克劳斯·菲威格《黑格尔实践哲学和美学中的行为概念》，贾红雨译，李育书校，载于邓安庆主编《现代政治伦理与规范秩序的重建》，上海教育出版社 2016年版，第 62 页。

的表达中，在语言中，在言谈中，获得了其最大限度的清晰性和规定性；主体（人）通过行为积极地步入具体的现实性中"①。在这个意义上，我们说，黑格尔的行动概念是越过了康德回到亚里士多德的行动概念之本真性含义。

黑格尔与康德不同的是，他不是仅仅强调行动的目的，而是主张在"规定性（与此在的某种被创造的改变直接联系在一起）的整个范围"② 都属于行动。对此，我们可以参看黑格尔在《法哲学原理》中对行动的论述，具体而言，他从规定行动的不同的"法"来分析行动的要素及其类型：a. 人这一行为者在形式法意义上的行动（Tun）；b. 道德主体的行动；c. 伦理主体的行动。③ 具体而言：

在抽象法阶段，黑格尔通过分析不法（Un-recht）的行动，强调行动概念本身中蕴含的作为后果（Tat）意义与动机之间的关联。黑格尔指出，在抽象法阶段，"我的意志由于取得所有权而体现于外物中，这就意味着我的意志在物中得到反映，正因为此，它可以在物内被抓住而遭到强制"④。这种强制本身是"变成了自在的法和使法成为特殊的法的那种意志相对立的局面"⑤，也就是说，对犯罪而言不是"外在的东西，而是本质上由其行为设定的后果……是从行动的本性流出的东西，是行动的显现"⑥，因而对不法的、非法的强制"是一种阻碍或对自由而实施的反抗"，通过这个否定之否定（"对自由的阻碍之阻碍"⑦）的环节来阐明行动的规定性根据。由此可见，黑格尔与康德对单方面强调行动动机不同，黑格尔强调动机作

---

① ［德］克劳斯·菲威格：《黑格尔实践哲学和美学中的行为概念》，第65页。

② 参见［德］克劳斯·菲威格《黑格尔实践哲学和美学中的行为概念》，第66页。

③ Klaus Vieweg, *Das Denken der Freiheit. Hegels Grundlinien der Philosophie des Rechts*, München: Wilhelm Fink Verlag, 2012. S. 94.

④ ［德］克劳斯·菲威格：《黑格尔实践哲学和美学中的行为概念》，第95页。

⑤ ［德］克劳斯·菲威格：《黑格尔实践哲学和美学中的行为概念》，第90页。

⑥ ［德］克劳斯·菲威格：《黑格尔实践哲学和美学中的行为概念》，第62页。

⑦ ［德］克劳斯·菲威格：《黑格尔实践哲学和美学中的行为概念》，第65页。

为有意的内在性属于行动的完整性①，也就是说，动机的意义不仅仅是个体主观的行动意愿，还体现在这种意愿本身造成的事实，即行动后果。因此，菲威格指出在黑格尔这里隐含着责任伦理学的归责的概念。②

在道德法阶段，菲威格的解读是："经过从抽象的到具体的意图、到形成对善的认知基础主观意识，最后良知（Ge-Wissen），经历了从逻辑上的从特殊性到普遍性，良心最后成为道德的立法者，至此行动的内在性也就成为个体的信念（Gesinnung）。"③ 对此，伍德分析指出："黑格尔虽然强调道德行动的内在规定性，但是如果只按照个体的意念来行动，这种信念越是强烈、热烈、真诚反而有可能带来客观性的错误。"④ 换言之，在道德法解读，具有纯粹信念的恐怖主义（Terroismus der reinen Gesinnung）的可能性。黑格尔对道德法的批判，表明必须要采取一个更高点（伦理法）来限制作为一个整体的道德法。黑格尔强调只有在伦理性的理性制度中才能找到自由和理性行动的实现条件。因此，黑格尔与康德对道德共同体的强调不同，他把规范的基础理解为一种存在于任何现存的社会条件中，而不是作为调节性的目的王国中的理念。

三

以上是本书梳理德国古典哲学中行动概念之内在脉络。下文将结合哈贝马斯的解读来说明行动概念的主体间性。

哈贝马斯首先注意到的是自律概念。总的来说，自律是一种自我立法的能力。康德认为："意志规定自身的类型有两种，任意（willkuer）与自由意志（freier Wille）；自律是'意志的性质'，自律的本质是意志通过自身的行动准则而建构普遍法则（Gesetzen）的

---

① ［德］克劳斯·菲威格：《黑格尔实践哲学和美学中的行为概念》，第66页。
② ［德］克劳斯·菲威格：《黑格尔实践哲学和美学中的行为概念》，第66页。
③ ［德］克劳斯·菲威格：《黑格尔实践哲学和美学中的行为概念》，第66页。
④ ［德］克劳斯·菲威格：《黑格尔实践哲学和美学中的行为概念》，第66页。

能力。"① 对此，哈贝马斯指出，"康德的自律概念揭示了理性的绝对性和无条件性，规范只有当它是出自理性或者概念本身的规定而超出经验的、有条件的可能性时，才能成为具有普遍必然性的权威"②。也就是说，道德规范要求的一种实践理性的普遍性。换言之，"我"的自由意志是由与对其他人同样有效的实践理性所规定。如此一来，这样"我"就不能被解读成一个单一的"个体"而只能是"同一"道德共同体的"成员"。如此，哈贝马斯认为，康德的自律概念中已经隐含了一种只有交互主体的框架下的自主性概念，他说："自律不是一个分配的概念，而且无法个体地实现。用夸张的方式，我们可以肯定，只有属于这个团体的所有成员都同样自由，一个人才能够是自由的。"③

另外，哈贝马斯指出："费希特也已经迈向了主体间性理论的重要的一步了。"④ 在哈贝马斯看来，费希特的"事实行动"概念相较于康德的自律概念，更具有他所说的主体间性的内涵。他认为费希特用一种"悖论"的方式确定了自我的实在性。也就是说，通过"自我"设定自身为对象。"自我"首先面对"自我"，这里已经蕴含了单一主体的"关系"。因此，哈贝马斯解释说："如果不把自己假定为一个体，假定为众多理性存在中的一个，认为它们是外在的存在，那么，理性的存在就不可能把自己设定为一种有自我意识的存在。"⑤ 哈贝马斯还注重强调费希特这里的承认概念，他说："承认是决定合法关系的个体之间互动的结果：主体间彼此要求对方自由行动，同时又把自己的行动领域限定在对另一方有利的范围之内，这样就形成了一种在合法关系中获得客观有效性的共识。"⑥ 也就是

---

① ［德］哈贝马斯：《对话伦理学与真理的问题》，第9页。
② ［德］哈贝马斯：《对话伦理学与真理的问题》，第10页。
③ ［德］哈贝马斯：《对话伦理学与真理的问题》，第12页。
④ ［德］哈贝马斯：《后形而上学思想》，第180页。
⑤ ［德］哈贝马斯：《后形而上学思想》，第181页。
⑥ ［德］哈贝马斯：《后形而上学思想》，第181页。

说，通过自身的"独自行动"能获得他者承认，在互动行动的承认关系中包含了"主体与主体间"的关系：只有在独特的个体的基础上，一种承认的理论才是可能的，反之，只有将他者视为与自己同样的基础，才能确证自己的存在。

那么，如何才能相互承认，承认的基础是什么？哈贝马斯指出，"自我设定必须转移到被深深卷入历史中的个体身上"①。换言之，通过自我的"生活历史"可以把自我的实在的形态（Gestalt）确立起来。哈贝马斯说："只有当个体通过批判把握住了他自己的生活历史，自我才有可能在一种充满悖论的行动中必须选择我是谁和我想成为谁。"② 同样，只有"自我"和"他者"的生活历史的源始共联性是同一的，才能达成承认共识的可能，哈贝马斯的结论是，"个体要求其认同在主体之间得到承认，从一开始就作为一种道德紧张关系扎根在社会生活之中，并且超越了现有的一切社会进步制度标准，不断冲突和不断否定，渐渐地通向一种自由交往的境界"③。在后续章节中我们还会看到哈贝马斯将这种"生活历史"归结到语言。

至此，我们可以看到，如果从行动概念出发重构德国古典哲学，那么近代主体哲学是否可以简单地归结为如哈贝马斯所言的意识哲学？抑或是哈贝马斯所极力构建的主体间的哲学是否能如他所认为的跳出了主体哲学的范式？这些问题是哈贝马斯与亨利希等"海德堡学派"的争论的焦点。就目前双方争论来看，亨利希主张，"如果通过范式的转换，费希特的起点问题已经没有对象了"④；然而，哈贝马斯努力确证：个体只有在社会化的过程中才能成为个体化的人，进而言之，回到语言中重构言语活动中所蕴含的个体社会化的可能性条件。

从整体上看，不管我们对上述争议持什么态度，就哈贝马斯的

---

① ［德］哈贝马斯：《后形而上学思想》，第 185 页。
② ［德］哈贝马斯：《后形而上学思想》，第 185 页。
③ ［德］哈贝马斯：《后形而上学思想》，第 186 页。
④ 倪梁康：《从"海德堡学派"看"自身意识"的当代诠释与诘难》，广西师范大学出版社 2003 年版，第 56 页。

观点而言，可以确信的是，他主张的从主观理性到交往理性的范式
转变是基于对"原子化"个体的批判，并在此基础上进一步强调要
回到德国古典哲学中对个体的真实的"生活历史"意义。如此，哈
贝马斯认为不管是康德的自律概念还是费希特的"事实行动"的概
念都是主体哲学的范式，他以费希特的"自我概念"① 为例解读到，
主体在自我设定自我的过程中，主体不可避免地使自己成为对象，
因此也就无法使自己成为一种超越一切客观化过程的主观能动源泉。
因此，这也就难免再次陷入笛卡尔式的"主客二分"的真理观，自
由就只能被消极地理解为一种"自我约束"。然而，在哈贝马斯看
来，"自我约束"并没有表达出对自身本质力量的积极培育。由此可
见，交往理论强调旨在以"语言"为中介的社会化过程和自觉的生
活历史建构过程，进而重申"后形而上学"时代下的理性原则。为
此，在后续章节中，我们看到，哈贝马斯注意到了米德社会行动理
论来阐释"社会化个体"基本内涵。无论如何，我们已然可以确认
的是，正是哈贝马斯对意识哲学困境的反思构成了他对近代形而上
学的整体评判，从而深化了交往行动理论对规范性问题的思想道路，
换言之，也正是这条纵贯性的思想道路使得哈贝马斯从交往行动思
考法的规范有效的问题具有一种至为深远的意义，下文将继续推进
这一主题的考察工作。

第二节　社会行动的规范基础

在哈贝马斯看来，无论是康德的自律概念还是费希特的"事实
行动"概念，虽然已经蕴含了主体间性的内涵，但是，行动最终都
归结在主体哲学的框架下单个行动主体。如果说上一节的内容主要
是为了重构出近代主体哲学对行动与规范问题的思考，并最终引出

---

① ［德］哈贝马斯：《后形而上学思想》，第 179—187 页。

主体间行动的规范基础要立足于"共同生活历史"的问题，那么在这一节则将专门就哈贝马斯所强调"主体间互动行动的规范性基础"这一主张展开更加系统和深入的探讨。

在这一关键问题上，哈贝马斯实际上主要是以米德的社会心理学作为参照点和出发点的。本书考察指出，对于这一出发点学界历来是忽视的，或者说重视的不够。对此，我们可以结合目前学界对交往行动理论的研究来看。具体来说，虽然哈贝马斯本人在多个文本有过详细阐释，国内外学者已进行了大量研究，但就目前对交往行动的解读来看，研究者或者注重从目的的理性到交往理性的范式（Communication Paradigm）转换，进而强调交往行动理论与韦伯的合理化理论之间的关系，或者从"语言学转向"（linguistic turn）的视角下关注哈贝马斯对奥斯汀等语言行动理论的继承。这两条路径的解读虽然符合哈贝马斯本身理论的构建思路，也兼顾到当代哲学对"语言"的基本直觉。但事实上，就交往行动本身概念来讲，米德的"交互性行动"的概念是交往行动理论最直接的思想资源。

概括来讲，米德认为："语言是一种行动，并且如果每一个的另一个行动都有它的自然的历史，这种自然历史我们可以在它的自然和另一个行动的类比中探索弄清楚。"[1] 在哈贝马斯看来，米德所说的"一个以语言为中介的社会化过程和自觉的生活历史建构过程是同一的"[2]，最直接地表述出了他主张的观点，即社会化个体与个体的社会化是同一的。米德理论的问题意识也是他的交往行动理论考察的核心，即"人类如何能在语言中介的社会化与社会整合的互动中，使语言的交往结构内化成个人的理性能力与人际关系的制度性规范"[3]。

---

① Hans Joas, Die *Kreativität des Handeln*s, Frankfurt/M.: Suhrkamp Verlag, 1992, S. 96.

② Jürgen Habermas, *Theorie des kommunikativen Handelns*, Bd. 2, Frankfurt/M.: Suhrkamp Verlag, 1981, S. 15.

③ Jürgen Habermas, *Theorie des kommunikativen Handelns*, Bd. 2, S. 17.

本书将通过以下三个基本论证来支撑上述观点：一、按照哈贝马斯对米德的解读，在米德思想中他对德国观念批判具有一定的根基性，哈贝马斯一直重申这一主旨，并强调米德"社会化个体"这一主张对于理解规范问题的重要性。二、哈贝马斯是通过分析米德"交互性行动"的概念来解释"社会化个体"的含义，并进一步按照米德的思想逻辑把交互性行动的概念解读为以语言之不同阶段为中介的互动行动，进而通过对以语言为中介的互动行动的具体分析，阐明语言作为社会互动的媒介是如何可能的。三、哈贝马斯最后是通过对米德交互性行动概念的批判和反思，明确了只有基于语言理解与规范之间的内在关系才能把握语言作为社会互动的意义这一主张，从而把理论构建的方向指向普遍语用学。

一

哈贝马斯非常重视米德思想，尤其对米德的"社会化个体"的思想予以高度评价，他明确地说："我认为，用概念把握社会个体化的完整意义的唯一有希望的尝试肇始于米德的社会心理学。"[①] 哈贝马斯何以作出如此高的评价？其依据何在？为此我们可以从哈贝马斯视野中米德思想的形态与意义来看。

在哈贝马斯看来，米德是一位多元的思想创造者，他本人身兼心理学家、社会学家、哲学家等多重身份。就其哲学思想的渊源来讲，除了有大家所熟知的美国实用主义，其实德国古典哲学也是米德的社会心理学重要的思想来源。关于这一点，无论是在米德自己的文本还是目前学者们的研究中，都已较充分地揭示出来了，也不是本书在这里讨论的重点。本书在此只挑选米德哲学开端几个重要片段来凸显对其思想中对德国观念论批判的意义，进而把重心放在哈贝马斯对米德这一主旨思想的把握和分析上。

---

① ［德］哈贝马斯：《后形而上学思想》，第172页。

　　本书在回顾米德思想的形成之路时注意到了这样两封信①：

　　　　到今年年底我期望，我一直忙于一种抽象的思考，这是我
　　所学习和接受到的，自从我对哲学感兴趣之后，就给美国生活
　　带入一种综合方法的意义；我期望探求一种结合，这种结合是
　　逐步从抽象的哲学和日常生活之间产生的。
　　　　……我终于找到我之前在哈佛是一直梦想的位置了——一
　　种可能，将黑格尔运用到一种真正的生理心理学，我不能想象，
　　一片枯死的土地上还可以希望什么。

　　这两封信是写给杜威的，米德在信里直接表达了他要将社会心理
学与黑格尔的思想建立联系的愿望。阿波拉菲娅（Mitchell Aboulafia）
在解读这封信的内容时强调指出，当时米德深受杜威式的黑格尔主义
的影响。② 如果阿波拉菲娅的理解是准确的，那么，哈贝马斯无疑是
把握到了米德思想中黑格尔元素。因为他在对米德理论的解读诸多文
本中，如 1972 年的《角色资质的概念》、1974 年的《道德的发展和自
我同一性》、1981 年《交往行动理论》、1984 年的《社会化的个体
化——论米德的主体性理论》等书虽然是在不同内容方面展开的，但
他对米德的"整体发问"是："社会化个体"何以可能的问题。
　　我们可以从上一节行动概念思考中看到，这样的观念其实早在
费希特克服康德的形式主义的努力中就已经形成，黑格尔也是在同
样的意义上使用"个体的总体性"（individualen Totalitaet）的概念，
之后的马克思、韦伯、涂尔干都可以归属到"社会概念的复兴"的
浪潮中，即强调社会之于个体化的重要意义。在这个意义上，汉

---

　　① Gary A Cook, *George Herbert Mead：The Making of a Social Pragmatist*, Urbana：
University of Illinois Press 1993, p. 31.
　　② Hans Joas／Axel Honneth（Hg）, *Habermas und Mead ommunikatives Handeln：
Beiträge zu Jürgen Habermas' Theorie des kommunikativen Handelns*, Frankfurt／M.：Suhrka-
mp Verlag, 2002, S. 409.

斯·约纳斯（Hans Jonas）认为米德的"互动行动"的概念是韦伯"未尽"的事业。[1] 然而，在哈贝马斯看来，米德在社会学领域对社会化个体如何可能的问题的发问，其实最内在的符合德国古典哲学对"道德判断和伦理的自我实现"的问题的思考。社会化个体如何可能的问题绝非仅仅是其社会理论的问题，更是德国实践哲学本身的"基础问题"。另外，哈贝马斯认为米德的社会化个体的概念表达出了交往行动理论要批判和克服的近代主体哲学中"原子式"个体的内涵。因此可以说，米德的"互动行动"与哈贝马斯交往行动之间具有密切的概念关联。米彻尔·阿波拉菲娅就强调指出，哈贝马斯是在一个"类似的黑格尔"的[2]意义上反思米德的理论。换言之，我们对米德社会心理学的解读，也要在对德国观念论进行批判的总体上把握。这样的思路在哈贝马斯的《交往行动理论》中得到了整体上的勾勒。

从文本上来说，哈贝马斯在《交往行动理论》第二卷开篇曾专辟一章来阐释米德的社会心理学，并进一步从交往理论对米德的思想进行了重构，其目的是阐明本己的从目的理性向交往理性的范式转变的合理性。在哈贝马斯对米德的研究中这一章节的内容具有非常重要的指示意义，我们要深入理解米德的"互动行动"之于哈贝马斯的"交往行动"概念的实质影响，就必须对这一章进行足够细致的分析。

具体来讲，哈贝马斯对米德的分析见于《交往行动理论》第二卷第一章，名为"米德和涂尔干：从目的活动到交往行动"。他对米德的分析见于第一节"社会科学的交往理论基础"。在这一章的开篇，哈贝马斯强调指出，20 世纪哲学的开端肇始于对意识哲学批判，在发展的过程中形成了两种路径：语言分析和心理学的行为理

---

[1] Hans Joas, *Die Kreativität des Handelns*, S. 69.

[2] Hans Joas/ Axel Honneth（Hg）, *Habermas und Mead ommunikatives Handeln：Beiträge zu Jürgen Habermas' Theorie des kommunikativen Handelns*, S. 409.

论，这两种路径虽然都可以追溯到皮尔士的实用主义，但实际上已经分化为不同研究方法：一是试图从语言分析中重构规则的语言批判；二是从观察者的方式分析行为意义的行为心理学。在哈贝马斯看来，米德虽然称自己的理论为"社会行为主义"，他的相关论述都符合行为心理学的基本主张，例如他主张社会心理学是"以一种可考察的积极性开始的——动力学的社会过程，以及构思动力学的社会过程的社会行动开始的"①，另外米德也强调"社会实存"对于个体行动的意义，他说："在社会心理学中，我们并没有构思，在构成共同体的单个存在物的行动方面，这种社会共同体的行动。相反地，我们是以一种社会整体，一种复杂的共同体的创造为出发点，在这种复杂的共同体创造之中，我们（作为单个的因素）分析每个单个个人的行动的。"② 但是，在哈贝马斯看来，米德的理论就方法论上讲与强调经验分析的行为主义大相径庭。哈贝马斯分析指出，行为心理学侧重于从经验角度观察和分析"社会学的行为"，但米德强调的是一种"内在"行动，他认为："在行动本身之内，存在着一种非外部的领域，但是这种非外部的领域属于行动，并且这种内部有机的行动具有特征，这些特征在我们自己的行动中，特别是与语言联系在一起的行动中表现得很明显。"③

哈贝马斯特别注重米德的思想中具有的内在视角，如前文所述的，哈贝马斯早在1970—1971年的《关于社会学的语言理论基础的讲座》（*Vorlesungen zur einer sprachtheoretischen Grundlegung der Soziologie*）开篇就强调这种研究视角的重要性，并称前者为观察者的视角，后者为参与者的视角。因为，如果按照布吕迪格尔·布伯纳（Rüdiger Bubner）所说的社会学的行动概念与哲学的行动概念的划分④，米德实际上是一种哲学的行动概念。

---

① Jürgen Habermas, *Theorie des kommunikativen Handelns*, Bd. 2, S. 15.

② Jürgen Habermas, *Theorie des kommunikativen Handelns*, Bd. 2, S. 19.

③ Jürgen Habermas, *Theorie des kommunikativen Handelns*, Bd. 2, S. 19.

④ Bubner, *Rüdiger*, *Handlung*, *Sprache und Vernunft*, S. 2.

按照哈贝马斯的观点，米德的理论虽然既不能划归为德国观念论，显然也不是分析哲学，但是他对行动的分析和语言的强调已经道出了语言哲学的基本直觉。米德直接说："语言是行动，并且如果每一个的另一个行动都有它的自然的历史，这种自然历史我们可以在它的自然和另一个行动的类比中的探求中弄清楚。"① 另外，米德也把社会互动的形式理解是由一种符号性的结构的句子和行动构成的。他认为，当我们分析这种符号性的结构是等同于分析社会互动的形式，他说："在人们那里，通过语言创造了一种完全不同的组织原则进而实现了功能的区别，这种组织原则不仅产生出了一种不同的个人，而且产生了一种不同的社会。"②

以上内容构成了哈贝马斯对米德的基本理解。在《交往行动》第二卷的开篇哈贝马斯强调指出的，如果说韦伯把康德—黑格尔对理性的批判拉到了社会学领域，而批判理论的早期如卢卡奇与阿多诺更多的是借鉴和吸收了韦伯的理论。交往行动理论吸收了米德的思想资源，阐明从目的理性到交往理性的范式转换的问题，进而重申在意识哲学范式内的理性批判中穷尽了的理性潜能，进而超越否定性的批判。对此，哈贝马斯在《现代性的话语》中指出，交往行动实际上是回到了在理性批判中"尚未被破坏的"黑格尔的"伦理"的概念。哈贝马斯正是在这个意义上认为，米德的社会化个体的概念对黑格尔的"个体的总体性"概念的社会学改写。对此，就有学者指出，米德伦理学中的关键概念是自我实现，这个概念本身"直接是作为黑格尔层面的自我的能力"来理解的。③ 本书将试图指出，哈贝马斯在交往行动理论中完全接受了米德对社会化个体的理解，哈贝马斯就曾借用詹姆斯的文字来表明上述观点："没有个人的推动社会就会停滞不前，没有社会的支持个人的推动力便会消失殆

① Hans Joas, *Die Kreativität des Handelns*, S. 97.
② Jürgen Habermas, *Theorie des kommunikativen Handelns*, Bd. 2, S. 13.
③ Hans Joas, *Die Kreativität des Handelns*, S. 120.

尽。"① 因此，本书在下文中进一步分析米德是如何通过阐明语言作为社会互动的媒介来说明社会化个体的含义。

二

哈贝马斯主张米德的社会化个体的概念包含了"道德判断与伦理的自我实现"双重内涵。他认为在米德这里，自我是通过社会过程建构起来的，相反，自我也能反映行动的社会结构。个体化与社会化是相互交错的。对此，约纳斯在《实践的交互主体性理论》一书中将米德社会心理学的基本问题界定为："阐明反思性个体的社会条件和社会功能。"② 与此同时，约纳斯也详细梳理了这一核心问题的发生史。约纳斯强调上述基本问题本身包含了三个核心要素："我——自我认同的社会起源"，"语言意义的社会特征"和"社会本能的实存性"，并把三个要素归结到阐明"以符号为中介的交互互动"的概念。因此，如果按照汉斯·约纳斯的分析，米德其实是试图通过"以符号为中介的交互互动"的概念来回答以下问题——"以符号为中介的交互互动"何以可能？与之相关，哈贝马斯对米德的解读，也是从"以符号为中介的交互互动"何以可能这一基本问题入手阐明"意识现象是怎样借助语言上或符号中介的交互活动的结构而形成"③ 的问题。

顾名思义，"以符号为中介的交互互动"就是通过符号为中介来完成互动。米德在《心灵、自我和社会》中的观点是互动行动的早期阶段是通过"姿势"完成的。姿势会话是指还没有进入"以符号为中介的互动"的阶段。在姿势会话中，一个机体是依靠能对另一机体引起刺激的姿势来完成在彼此之间对话。米德把动物的姿势当作一种简单的、句法上未加划分的符号结构。米德与冯特（Wilhelm

---

① Jürgen Jürgen Habermas, *Erläuterungen zur Diskursethik*, S. 77.

② Hans Joas, *Die Kreativität des Handelns*, S. 92.

③ Jürgen Habermas, *Theorie des kommunikativen Handelns*, S. 15.

Wundt）的民族心理学不同，他并不认为姿势是心理的情感表达，相反，他认为情感是姿势行动的后果。哈贝马斯通过对米德的姿势会话深入研究指出：在姿势互动阶段存在着"姿态刺激—调整性反应—社会行动结果"的关系。哈贝马斯认为，姿态会话作为动物彼此调整行动反应的互动形式，整个会话的成功要求参与者（至少对于两个主体）能理解对对方姿态所表达的意义。据此，哈贝马斯直接指出，姿势会话是前语言阶段的状态，是语义学的开端。约纳斯也认为，在姿势互动已经有预备性的意义概念。① 哈贝马斯为了说明意义理解的对于姿势会话完成的重要性，他还详细分析姿势互动的过程。②

　　按照哈贝马斯的分析，因为在姿势互动阶段还没有形成一种"意义的意识"，所以姿态会话的阶段是一种"前语言沟通"的阶段。换言之，在姿势互动阶段，意义只是作为对社会行动协调具有功能性作用的客观存在，他说："觉察或者意识对于意义在这种社会经验过程中的存在来说并不是必要条件……在意识的突现或者说对意义的觉察发生之前，意义的机制就在这种社会活动中呈现出来了。"③ 因此，姿态会话的成功是依靠一种习惯性意义，例如身体姿态作为预告性的刺激能产生后续的行动。哈贝马斯举例说明，当我们用一个单个语词比如"吃饭"，或者"失火"，或者"进攻"时来

---

　　① Hans Joas，*Die Kreativität des Handelns*，S. 120.

　　② 第一个有机体对第二个有机体作出一种姿势（A），在姿势刺激下，如果第二个有机体能接受其刺激而对自己的行动作出调整性的反应（B），与此同时，第二个有机体反应的身体姿态，也可以反过来变成引发第一个有机体进一步调整其行为反应的刺激（C），这里就存在着"姿态刺激—调整性反应—社会行动结果"三联结构。哈贝马斯认为，从第一个阶段到第二个阶段（A），预设了它能对第一个有机体的身体姿态所代表的意图与其预告的后续行动实施进行意义理解的诠释与解读，这种姿态会话的沟通过程不断持续（B、C），直到双方都对对方的行动达成一致的理解，于是才完成一个完整的姿势会话过程。参见 Jürgen Habermas，*Theorie des kommunikativen Handelns*，Bd. 2，S. 17。

　　③ Jürgen Habermas，*Theorie des kommunikativen Handelns*，S. 18.

表示某种含义时只是按照通常习惯性的意义来理解信号发出者的意图。但问题是，在不同的互动语境中语词表达的意义也就不一样。于是这就阐述了要能把表达意义的"符号"意义固定下来的需要，从而才能确保意义的同一性。这就过渡到了以符号为中介的互动阶段。哈贝马斯分析指出，正是在"以符号为中介的互动"阶段，语言才建立了与人的自我意识以及与社会关系之间的内在联系。

以符号为中介的互动是指通过符号的表意功能来完成沟通行动。哈贝马斯首先指出，意义表达的基础在于"语言的共同性"，也就是互动的参与者都能理解这种"共同性"。哈贝马斯进一步称，当一个人能有意识地使用具有意义一致性的表意符号来协调双方的行动，那么他的行动即不再受限于本能的决定，而是能有意图地通过符号的中介，也具有一种"意义的意识"来控制我自己与他人的社会行动。哈贝马斯正是在这个意义上认为，行动者如果具有"意义的意识"这就表示他开始有了思考的能力。因为行动者在行动的过程中能通过与自己进行对话，而不是只依靠本能的冲动来决定自己的行为。除此之外，哈贝马斯还主张，人一旦具有"意义的意识"也就意味着他具有了"社会意识"，也就是具有要遵守一定规范进而完成社会互动的意识，如米德所说的："与无意识的或者非表意的姿态会话相比，有意识的或者表意的姿态会话是一种存在于社会内部的更加适当、更加有效的互相调整机制。"[①]

至此，哈贝马斯完整的分析了前文所述的：以符号为中介的互动行动何以可能，以及这种互动活动与人的自我意识之间的关系的问题。按照哈贝马斯的解释，对话参与者要获得意义的意识是建立在他自身的内在意识。自我意识以符号为中介的交互性互动的条件。另外，这种意义意识不是以一种局限于单个行动者自身内部的自我关系的形式展开的，而是势必要在与他人发生关系的前提下才能产生。哈贝马斯是通过解释一个完整的"以符号为中介的互动行动"

———————

① Jürgen Habermas, *Theorie des kommunikativen Handelns*, S. 35.

的过程来解释这种交互性关系。简而言之，哈贝马斯认为，在互动行动中产生了一种"高级主观性"，约纳斯称之为"主体间性"。

三

哈贝马斯非常重视米德的"主体间性"的概念，并认为"他继承了在洪堡和克尔凯郭尔那里确立的主题，即个体化不是一个独立的行为主体在孤独和自由中完成的自我实现，而是一个以语言为中介的社会化过程和自觉的生活历史建构过程"①。哈贝马斯曾指出，米德的理论又与注重语义分析的语义学不同，米德结合了社会行动理论的资源，从而试图超越语言分析。哈贝马斯解读说："他的理论并不局限于理解活动，它涉及的是交往行动。在交往行动中，语言超过理解的功能，是行使了如同这种行动主体本身社会化一种媒体的作用一样的，使不同行动主体的有目的的积极性合作化的作用。米德几乎完全是按照有行动能力的主体的社会化和有目的的行动主体的社会统一的这两个方面，来考察语言交往的。"②

简而言之，哈贝马斯认为，语言不仅仅是一种理解意义的媒介，它还具有社会互动的意义。哈贝马斯在此的观点是相当正确的，当他强调米德的"交互性行动"的概念时显然是注意到了这个概念本身还包含着的理论要素："我—自我认同的社会起源"，"语言意义的社会特征"和"社会本能的实存性"。以上三个理论要素才能完整地诠释语言如何能为个人的人格完整与社会整合提供合理化的基础。这正如哈贝马斯所说："我们可以将自我认同的教育型塑与制度的形成理解为：原来在语言脉络之外的行为倾向与行为图式，在某种程度上被语言贯彻了，也就是说，它们完全被符号结构化了。到目前为止，我们只是按约定而确立的意义，将理解的工具转换成标志或记号。但在规范管制的行动上，符号化的作用更是深入动机与

---

① ［德］哈贝马斯：《后形而上学思想》，第184页。
② Jürgen Habermas, *Theorie des kommunikativen Handelns*, Bd. 2, S. 31.

行为演出的剧目中。它们同时创造了主体的行为指引与超主体的行为指引系统，亦即创造了社会化的个人与社会制度。语言的功能因而不只是作为理解与文化知识传统的媒介，它同时也是社会化与社会整合的媒介。这些的确仍是经由理解的行动而贯彻实行的，但它们并不像理解的过程，最后只积淀在文化知识中，而是积淀在自我与社会的符号性结构，亦即在（个人的）能力与（人际）关系的型范中。"① 如此，哈贝马斯充分肯定了米德对语言作为社会互动的媒介的阐释。

然而，哈贝马斯同时也指出米德理论中的缺陷，他直接说："米德虽然区分出语言的两种功能：一是理解的；二是作为一种行动合作化和个体社会化。但他感兴趣的是主观世界和社会世界的构建，也就是说，米德强调自我和社会的联系，即两者都是按照一种语言性为联系中介和调节的。"② 也就是说，哈贝马斯认为，米德只是按照社会学的视角语言作为一种社会互动的媒介，并没有深入语言内部分析语言的规范性结构，他说："米德只是当语言象征和语言形式的象征中介了更多个人的内部活动，行动方式和行动时，才注意语言象征和语言形式的象征。"③ 总之，在哈贝马斯看来，米德忽略了分析语言的内部规范结构。

哈贝马斯针对米德的观点一一展开了论述。首先，是在姿势互动阶段，他认为米德只是分析了姿势会话的结构，并没有阐述清楚这一阶段中对同一种意义理解的确证的重要性，他说："但这绝不是表明，应该怎样由此得出语言形式的象征，带有同一意义的发声表情。"④ 对此，哈贝马斯赞同图根哈特对米德的解读："因此，这种就像另外的所刺激的一样做了同样的东西，但是没有得出，两种行

---

① Jürgen Habermas, *Theorie des kommunikativen Handelns*, Bd. 2, S. 37.
② Jürgen Habermas, *Theorie des kommunikativen Handelns*, Bd. 2, S. 10.
③ Jürgen Habermas, *Theorie des kommunikativen Handelns*, Bd. 2, S. 10.
④ Jürgen Habermas, *Theorie des kommunikativen Handelns*, Bd. 2, S. 72.

动得出同一的东西。"① 其次，在符号象征阶段，哈贝马斯称米德只是解释了怎样借助同一的意义才可以促进理解，"但是还没有解释，怎样才能用一种不同的语言体系代替比较老的、特殊产生的行动调节的语言体系，这尤其体现在从姿势互动向符号体系互动的过渡中"②。即米德没有把这种语义学的符号结构阐明出来。最后，在规范指导阶段，他也认为米德对"从对语言意义之使用规则的合理性遵守到对社会体制性规范的义务性遵守之间的论证，也存在着跳跃性论证"③。简而言之，哈贝马斯认为，米德缺乏一种"语言"为基础，从而"米德的互动行动的概念需要补充分析的，需要说明这种分析是怎样在语义学和语言活动理论之间进行贯彻的"④。

在后续章节中本书将试图指出，哈贝马斯是如何通过回答"何以以言行事"的问题重构出普遍语用规则，并进一步将从语用规则确证为具有调节性意义的规范，从而弥补米德对语言如何发挥一种社会互动意义的分析的不足，并最终说明人类如何能通过以语言为中介的社会互动，使得语言的交往结构成为一种规范达成的形式条件。

第三节　交往行动的规范有效性要求

社会化个体的概念针对的是原子化个体的概念。交往行动理论最终想要阐明的是人作为一种社会化个体的观点。行动的规范基础也只能从一种主体间性的维度来把握，对此，哈贝马斯指出，"因为我们天生就与他人紧密相连，所以我们才会个体化"⑤。当本书按照

---

① Jürgen Habermas, *Theorie des kommunikativen Handelns*, Bd. 2, S. 25.
② Jürgen Habermas, *Theorie des kommunikativen Handelns*, Bd. 2, S. 72.
③ Jürgen Habermas, *Theorie des kommunikativen Handelns*, Bd. 2, S. 25.
④ Jürgen Habermas, *Theorie des kommunikativen Handelns*, Bd. 2, S. 73.
⑤ ［德］哈贝马斯：《后形而上学思想》，第 173 页。

上述理论向度解析互动行动概念之后，我们获得了对交往行动概念更为深刻的理解。实际上，如前文指出的，哈贝马斯认为米德的社会心理学已经切中了洪堡等德国古典语言哲学的基本直觉，他说："个体化不是一个独立的行动主体在孤独和自由中完成的自我实现，而是一个以语言为中介的社会化过程和自觉的生活历史建构过程。"① 在这一点上，哈贝马斯认为米德的思路是正确的，米德的社会心理学准确地把握到了语言作为社会互动之媒介的这一关键意义，他分析道："个性结构表现为主体之间的相互承认和主体间性意义上的自我理解；反之，这种主体间的相互承认的理解也是规范性的基础。"② 在哈贝马斯看来，这一思路也与阿佩尔一直以来所主张的语用学相切合。但哈贝马斯也同时指认出米德的社会心理学未在"语言的结构中"呈现语言作为社会整合的源泉的思考。③ 因此，哈贝马斯主张，普遍语用学对主体间交往行动的可能性条件的重构工作将弥补这一不足。

普遍语用学的理论任务在于重构交往行动得以可能的有效性要求。④ 换言之，阐明交往行动要以哪些要求为前提，以及为什么要以这些要求为前提，是普遍语用学的基本问题，阿列克西曾将这个问题界定为对话理论的证立（Problem of Justification）问题。⑤ 本书认为，哈贝马斯对这一基础性问题的回答与他所极力构建的"对话差异建筑术"中有着密切的思想关联。对于这一点，前文在论述哈贝马斯在对法律社会学批判中已经明确指出，重建法的规范性所凭借的基础只能是理想言谈情境所预设的程序性规范，哈贝马斯明确说："我们在每一种话语中（包括实践话语），都预先设定了理性言语的

---

① ［德］哈贝马斯：《后形而上学思想》，第 173 页。

② ［德］哈贝马斯：《后形而上学思想》，第 174 页。

③ Jürgen Habermas, *Theorie des kommunikativen Handelns*, Bd. 2, S. 10.

④ Jürgen Habermas, *Theorie des kommunikativen Handelns*, Bd. 2, S. 7.

⑤ ［德］罗伯特·阿列克西：《法：作为理性的制度化——法学理论论文集》，第 45 页。

基本规范。只要依赖这些规范就足够了。"① 既然这一点是明确的，那么问题的关键在于重构这些形式条件。在后续章节还会进一步揭示，哈贝马斯对交往行动的可能性条件回答已经预示了他重建的基础思路，他对语用学的基本立场的确立和修正，最内在地关涉他对道德与法之间的关系问题的界定。因此，在我们把握他对法的有效性问题时势必需要不断地回溯到普遍语用学的基础论证部分，对此哈贝马斯本人指出的，"形式语用学是交往行动理论和交往行动合理性的引子，它确立了他们对社会批判学的基础与道德、法、民主道路的对话理论的自由理解"②。在阐明这一点之前，本书首先要做的是考察哈贝马斯对交往行动何以可能的有效性要求的重构工作。

哈贝马斯主张语言理解不能停留在语义学层面，更应立足于语义学的立场充分揭示语言的社会整合功能。这种思考标识出哈贝马斯对语言哲学的整体性论断。我们可以在《话语伦理学与真理》一文中看到这种论断的根据③：

> 从洪堡与施莱尔马赫到海德格尔与伽达默尔发展的诠释学传统，代表着语言学转向的另一面。导致我们从心理主义哲学到语言哲学的范式变化，已经以两种不同却互补的方式存在。从这些观点出发，语言是从两个对立的角度被研究的……
>
> 当我们将二者置于洪堡所提出的更完整的框架中的时候，它们的互补性的错误就更加明显。这个框架有三个同样重要的分析层次。第一个层次从语言的观点分析种种世界观；第二个层次使对话的实用结构研究得以可能；第三个层次面向事实表象所需要的语言条件的研究可能性。诊释学与分析哲学的研究，至少从一开始，就各自是从第一个及第三个层次展开的。不管怎么样，这

---

① ［德］哈贝马斯：《合法化危机》，第 130 页。

② Jürgen Habermas, *Wahrheit und Rechtfertigung*, S. 7.

③ ［德］哈贝马斯：《对话伦理学与真理的问题》，第 43—22 页。

两者都以一种或另一种方式确信语义学对语用学的优先。

如果从上述哈贝马斯对语言哲学的整体论断来看，可以明确的是：一方面，哈贝马斯再度确认了他所理解的语言哲学与社会心理学在对语言问题上的思想关联性；另一方面，他也对语言哲学思想传统之本性进行了定位，即语义学优先于语用学，并在此基础上强调了要从注重语义分析的语义学向关注语言交往功能的语用学转向的必要性，最后界定了他本己的普遍语用学任务。鉴于此，下文将直接围绕哈贝马斯是如何重构出交往行动的可能性条件的问题，试图阐明：第一，普遍语用学的问题起点是强调从语义学向语用学范式转换的必要性。哈贝马斯通过对语义学的批判，进而清理出一条通向阐发语言作为社会整合的媒介的道路。第二，哈贝马斯进一步尝试通过追问"何以以言行事"，从而澄清言谈的双重结构，并最终基于言谈的双重结构这一论断重构出交往行动的规范有效性要求。第三，哈贝马斯尝试通过一种理想言谈情境的预设将规范有效性来源追溯到参与者达成真理共识的程序，从而最终阐明了重建法的规范基础所能凭借的基础究竟是什么。

一

普遍语用学的问题起点是强调语用学优先性。这种优先性凸显了语言的社会整合的含义。在哈贝马斯看来，语言哲学究竟是如何理解语言的本质，或者语言的功能究竟是什么？对这个问题的回答必须回到语言哲学转向这一关键环节来把握。

语言哲学的本质是在语言的领域内反思哲学问题①，语言哲学的开端是将语言自身作为一种反思的对象去思考哲学问题②。按照哈贝

---

① Friedrich Kambartel/Pirmin Stekeler-Weithofer, *Sprachphilosophie. Probleme und Methoden.* Stuttgart：Philipp Reclam, Leipziger Universitätsverlag, 2005, S. 11.

② Friedrich Kambartel/Pirmin Stekeler-Weithofer, *Sprachphilosophie*, *Probleme und Methoden*, S. 14.

马斯的理解，语言哲学的最大理论优势在于它消解了意识哲学的主观性原则，并把语言本身确立为反思的对象。他认为语言学转向的意义体现在其方法论上优先于主体哲学。因为在主体哲学中，核心的问题是对意识自身的理解，不论是想依赖内在经验或知性直观，还是直接的自明性，对于观念空间或体验中出现的实体的描述都摆脱不了纯粹主观的特征，然而，在语言哲学中，我们对主体间的表达观念和思想的语法结构的分析，从根本上则不可能是纯粹的主观性。

哈贝马斯认为，"弗雷格迈出了语言学转向的第一步"①。弗雷格的基本观点是在主体哲学中"我们与其说是思想的拥有者，不如说是表象的拥有者"②。另外，他也把语言哲学界定为把握思想。弗雷格认为，思想是具有命题结构的，我们是通过分析命题结构来把握思想。即通过逻辑来分析句子与事实之间的关系。真值语义学的基本主张是逻辑的真假在于语言表达是否符合陈述的真实性。按照哈贝马斯的分析，在真值语义学中，语言是一种逻辑分析的工具，它充当的是描述事实的功能，即他所说的表意（Darstellung）功能。在哈贝马斯看来，虽然语义学可以分析出句子表达的语法规则，但是这对理解、交流来讲还是不充分的。哈贝马斯引用阿佩尔所说的"抽象化错误"来说明语义学的不足，"形式语义学对语言的分析不考虑说话者的言语情境、措辞及其语境、要求、对话角色和所持立场。语义哲学的抽象化把语言格式化了，从而使语言的自我关涉特征变得模糊不清"③。交流一定是在某个语境下进行的。哈贝马斯进一步指出，语义学的分析对象是陈述命题而不是言语行动，并进一步指认出语义学忽视了语言的交往功能，他认为形式语义学根据弗

---

① ［德］哈贝马斯，《在事实与规范之间》，第 14 页。

② ［德］哈贝马斯，《在事实与规范之间》，第 6 页。

③ Jürgen Habermas， "*Was heißt Universalpragmatik?*"，in Ders.，Vorstudien und Ergänzungen zur Theorie des Kommunikativen Handelnpp. Frankfurt/M.：Suhrkamp Verlag，1984，S. 358.

莱格的观点只使用了语义学的语言概念，对语言之使用的所有方面都避而不谈、把它们交给经验分析去研究，它就无法在语言交往的视域之内来阐明真的意义。相反，语用学要重提语言与世界之间、句子与事实之间，或思想与思想力（作为领悟思想、作出判断的主体能力）之间的存在论关系。① 由此，我们可以说，其实在语言哲学转向的开端其实早已为"批判的语言分析"预留了"方法论"问题②，阿佩尔也在这个意义上认为，语言哲学首先表现为一种"语言批判"。

阿佩尔说："根据 W. V. 洪堡比较语言学研究的指导原则，语言在本质上不是一种工具，即通过它来表象已经能够认知的真理，而更多的是去发现先前尚未被认知的真理，这两者的差异不是声音和符号的不同，而是世界观本身的差异。或者按照哈曼的观点，语言是从先在的意义和理解的差异上指引了现象界总体，比康德的理性批判更早是一种作为语言批判的元批判。"③

哈贝马斯与阿佩尔在上述文字中表达的主张一样，他同样认为，我们不能在认知意义而应该在交往层面把握语言的本质。哈贝马斯认为，以往的哲学家仅仅把语言作为一种表意的媒介，只关注表达客体和事实的命题的逻辑形式，忽视了语言所发挥的社会互动、社会整合的意义。哈贝马斯认为，语言的功能首先是交往。哈贝马斯十分赞同阿佩尔关于语言本质的分析，他强调："我们使用语言，更多的是出于交往目的，而不是出于纯粹认知目的。语言不是世界的镜子，而是为我们打开了进入世界的大门。事实上，语言早就让我

---

① ［德］哈贝马斯：《后形而上学思想》，第 98—119 页。

② Friedrich Kambartel/Pirmin Stekeler-Weithofer, *Sprachphilosophie*, *Probleme und Methoden*, S. 11.

③ Karl-Otto Apel, *Sprache und Wahrheit in der gegenwärtigen Situation der Philosophie*, Philosophische Rundschau, Vol. 7, No. 3/4, 1959, S. 161 – 184.

们用一种特定的方式来看待世界。"① 也就是说，语言"它不是把意识设想为某种知觉，而是把它思考为以语言为中介的对实在作为某物的意谓，另外，它也不把语言之认知功能设想为描摹，而是把它作为对断言的解释学综合"②。

二

哈贝马斯在《什么是普遍语用学》一文中反复指认了以往语言哲学中语义学优先于语用学的方法，并将语义学对语言的理解界定为是从认知意义上的表意功能，从而详细区分了语义学和语用学，以强调语用学对语言交往的理解。哈贝马斯说："如果从句子分析的语义学分析和从表达出发的语用学分析之间的区别是模糊的，那么，普遍语用学的对象则是不清楚的。"③

简单来说，哈贝马斯的主张是，语义学的分析对象是句子，语用学关注的是言谈，言谈是一种实践意义上的行动概念，而非理论层面上的认知。语义分析是分析句子的语法结构，语用学关注的是语言在言语行动中的运用。前者关注的是语法规则，后者是从句子运用的语用学规则重构表达的可理解的条件。④

除此之外，哈贝马斯非常重视奥斯汀的行动理论对"以言行事的能力"（illokutiv Kraft）的分析。他认为，奥斯汀明显也是在行动而非仅仅是认知意义上来把握语言的功能。具体来讲，奥斯汀将言谈理解为一种行动，并从"以言表意"和"以言行事"的区别出发，进而探究主体间性以言行事的能力。哈贝马斯正是从奥斯汀、塞尔的行动理论这里发现了言谈所具有的这种集行事和命题于一身

---

① Karl-Otto Apel, *Sprache und Wahrheit in der gegenwärtigen Situation der Philosophie*, S. 161 – 184.

② Karl-Otto Apel, *Sprache und Wahrheit in der gegenwärtigen Situation der Philosophie*, S. 161 – 184.

③ Jürgen Habermas, *Was heißt Universalpragmatik?*, S. 387.

④ Jürgen Habermas, *Was heißt Universalpragmatik?*, S. 387.

的双重结构，从而进一步展开了对言谈的有效性基础的重构工作。

哈贝马斯指出，对言谈的有效性基础的重构工作势必要立足于上述所讲的双重结构才能进行。他认为，以弗雷格为代表的真值语义学只关注到语言的单向度的功能，即表现功能，因此它并不能把握到言谈互动中具有的语言表达的意图、语言表达的内容以及其言谈行动中的运用方式这三个角度。哈贝马斯认为，正如毕勒已经认识到的，表现功能只是语言三种原始功能之一。用于交往的命题，同时把言谈者的意图（经历）表达出来，把事态（或在世界中遇到的事情）表现出来，并与接受者之间建立起联系。这三种功能表现了三个基本方面：自己就某事与他者达成理解。①

哈贝马斯正是基于上述所讲的言谈行动的三个向度重构出交往行动的可能性条件。哈贝马斯在此提醒我们注意，相较于阿佩尔先验语用学，他认为他关注的是言谈行动何以可能的普遍性条件，且一再强调他所主张的语用学是对交往行动的前提的形式化重构，因此他称为普遍语用学。在《什么是普遍语用学》的开篇，哈贝马斯开宗明义指出，"只要他参与到一个理解的过程中，他就不能避免被提出来下述普遍要求"②，"交往行动要想不被打断，所以参与者就必须提出下列有效性要求"，即可理解性、真理性、真诚性与正确性。③ 也就是说，言谈者必须确保其表达必须是可以理解的；其所做的陈述必须是真实性的；另外与言语行动相关的规范、价值语境是正确的；以及其表达的意图必须是真诚的。只有达到上述基本要求，言说者和听者才能互相理解、听者才能从言说者那里分享知识、才会接受言说者表达的内容、才能相信言说者表达的内容。

至此，哈贝马斯重构出了交往行动的规范有效性要求，即可理解性、真理性、真诚性与正确性。哈贝马斯认为，这些有效性要求

---

① ［德］哈贝马斯：《后形而上学思想》，第 90 页。

② Jürgen Habermas, *Was heißt Universalpragmatik?*, S. 354.

③ Vgl. Jürgen Habermas, *Was heißt Universalpragmatik?*, S. 357.

是交往行动得以进行的不得不遵守的前提条件。与此同时，他还强调普遍语用学为言谈者的意图、表达的内容以及交往关系都预留了一个恰当的位置。他反复强调，因为言谈行动不仅仅是理解句子的意思，语言也不仅仅是一种认知的工具，事实上它还涉及言谈者意图和他们所认同和承认的规范。所以，如果理解的目标是要能达到彼此间的一致同意，更为基础的是，就要在参与者表达出的可理解的东西、分享的知识、彼此之间的信任以及同意这四个要素之间找到跨主体共同性（Intersubjektive Gemeinsamkeit）。在哈贝马斯看来，这种跨主体共同性的形成只能立足于一种规范背景，从而指向了另一个更为根本的问题：规范有效性的来源问题。

三

哈贝马斯尝试在真理共识论中通过一种理想的言谈情境的预设来说明对话参与者达成共识的程序条件。他说："在理想的言谈情境中，任何一种可能的观点都不会被忽视，所有有效性的论证都会被接受，参与者有充分的自由参与讨论。"[①] 哈贝马斯认为，在这样一个无宰制的情景中，对话会趋向于达成一种值得同意的共识，并把进一步真理的内涵界定为一种可接受性。理想的言谈情境的具体特征是："一、所有潜在的对话参与者必须享有同等的使用交往言谈行动的机会，以便他们任何时候都能够展开对话，并通过演说和答辩、提问和回答持续对话。二、所有对话参与者必须享有同等的作出阐述、主张、建议、解释和辩护的机会，享有同等的质疑、论证和反驳有效性要求的机会，以免任何观点在讨论和批判中遭到压制。三、言谈者作为行动者参与对话必须享有同等的使用表达性言谈行动的机会，即表达他们的看法、感受和愿望。因为只有个人言论的游戏空间的相互契合以及行动关联中的相互接近，才能保证行动者作为对话参与者面对自身采取真诚的态度，袒露自己的内心。

---

① Vgl. Jürgen Habermas, *Was heißt Universalpragmatik?*, S. 358.

四、言谈者作为行动者参与对话必须享有同等的使用指导性言谈行为的机会，即命令、驳斥、允许、禁止、允诺、收回允诺、辩解和要求辩解等。因为，只有行为期待的完全相互性才能排除特权，即某种片面要求的行为和评价规范，才能保证进行和继续演讲的形式的机会平等能够切实地用于搁置现实强制，从而进入一个独立于经验和行动的对话交往领域。"①

哈贝马斯认为，上述理想语言情境中明确的规范要求是参与者能达成共识的程序条件。哈贝马斯提醒我们，理想语言情境中只能理解为一种"施为性"（performative）的预设。所谓"施为性"预设，就是指行为者想从事某种有意义的活动就都必须预设的某种信念。在真理共识论中它指的是趋向于达成共识的能力。哈贝马斯借助于上述"施为性"理论策略试图说明：不管理想言谈情境是否能在现实中兑现，这并不能妨碍它发挥作为一种调节性的理念的作用。在哈贝马斯看来，普遍语用学与阿佩尔先验语用学的根本区别是，理想言谈中预设的规范要求只具有形成的程序意义，并不是一种实质性的规范。这一根本区别，在后续章节的话语伦理学部分还将继续阐明。

至此，本书可以尝试对哈贝马斯重构行动之规范基础的整体思路做一个简短的小结。本书在梳理哈贝马斯的理论构建的内在思路是强调，哈贝马斯首先是在对主体哲学之规范问题的困境的洞察后，进而反思是否具有一种主体间的规范性基础，然后通过吸收社会学理论对以语言为中介的互动行动的概念分析以及语言行动理论对"何以以言行事"问题的回答，才重构出交往行动的普遍有效性，并最后把行动的规范性来源转向达成真理共识的形式化条件。应该说，对哈贝马斯整个构建思路的把握最后落脚于对真理共识论的理解。

---

① Jürgen Habermas, *Was heißt Universalpragmatik?*, S. 177 – 178. 中文版翻译参见罗亚玲：《阿佩尔对话理性概念之内涵和根基——兼论阿佩尔对话理性概念与哈贝马斯交往理性概念之差异》，《复旦学报》（社会科学版）2015 年第 5 期。

在本书看来，哈贝马斯的根本意图是想通过真理共识论来说明达成规范的形式条件。但是这一点也是一直以来都是最受学术界诟病的地方。

概括地讲，哈贝马斯的真理共识论受到来自罗蒂等新实用主义与阿佩尔等对话理论内部的两面夹击。哈贝马斯在与罗蒂等新实用主义的争论中显示出了"太强"的规范性的语用学立场。罗蒂认为，如果认为存在着一种未经对话便达成的真理理念，那么这终将会消解对话理论的程序理性的逻辑，从而指出真理共识论本质是一种"形而上学残余"①。但是，实际上哈贝马斯从不主张能从言谈行动得以可能的规范前提中就能推出一种具有实质性含义的规范，他认为普遍语用学只是对交往行动的可能性前提的形式化重构，它并不具有一种确证什么是"真/假"规范意义。因此，普遍语用学与阿佩尔的先验语用学相比较，它的规范立场又显得太弱了。但无论如何，本书认为哈贝马斯的交往理性是一种程序性的。这种程序合理性并没有实质性的规范内涵，但是却具有确证"正确"与"错误"的能力，这种能力来自我们不断参与对话的过程（Process）。对此，我们可以继续追问的是一种程序形式条件如何具有规范判断的能力？对此，我们可以援引前文的文字来说明："论证无法给予一个确定的答案，但是在过去，我们对提过的问题以一种普遍的能接受和认同的方式回答，在这种回答中实际上已经决定了正确和理性的标准。这种跨主体间和实际的知识，同时也是一种标准，寄予了我们在错误的生活中改错的可能性。"② 本书认为，交往行动理论对现代社会规范秩序的基础就在于它提供了一种判断"什么才是正确的知识、什么才是好的理解以及什么才是真实的认知"的机制。对此，本书尝试从以下两个方面为哈贝马斯辩护：

---

① Jürgen Habermas, *Wahrheit und Rechtfertigung*, Frankfurt/ M. : Suhrkamp Verlag, 2004, S. 258.

② Friedrich Kambartel/Pirmin Stekeler-Weithofer, *Sprachphilosophie. Probleme und Methode*, S. 20.

第一个方面是围绕着真理的概念展开的。本书认为，如哈贝马斯一再表明的，真理是不是一个认知论的概念，或者说，认知性的真理概念，正是普遍语用学所要批判的语义学的观点，对于这一点，哈贝马斯在《对话与真理》再次提醒我们注意，他说："从此，我希冀关注这个问题本身。首先，问题是要知道，超越实用主义转向去捍卫一种实在论立场如何可能，这个问题对我非常重要；我认为同样应该知道如何保护真理的非认知的概念，并考虑到对语言和实在无法避免的解释；最后，我要问如何将知识实在论与道德建构主义调和起来。"①

真理共识论把真理界定为一种调节性的理念，即一种真理有效性（Wahrheitsgeltung）。这是相对于真值语义学仅仅强调真实有效而言的。如前文所指出的，言谈行动的有效性要求不仅仅包括了真实性有效性，它还涉及规范背景。有效性要求不仅仅包括了事实性的真实性还包含了规范正确性的，这两种共同构成了真理有效性（Wahrheitsgeltung）的含义。而且更为重要的是，在哈贝马斯这里，规范背景不仅仅是指现实中已经实存的规范，还涉及正在形成中的规范（bestehendes Norm），如果规范背景只是指现实中已经实存的规范，那么我们行动只需要参照或者遵守业已存在的规范就可以，进而也就消解了对话的逻辑。因此，重要的是，正确性的规范有效性要求还具有一种理想性的特征。本书认为把握这这一点至关重要，因为，如果规范背景只是关乎已经存在的规范，那么又会陷入一种符合论的真理观中，反之，罗蒂等对真理共识论的"未经对话就达成一致"的指责也是有效的。如果我们联系着法的有效性问题，就可以明白，交往行动理论为何要构建出容纳法的有效性的双重维度的形式条件，其理论依据其实根源于哈贝马斯对真理问题的把握。

第二个方面是与哈贝马斯所说的交往行动的规范背景，也就是与"生活世界"有关。在《交往行动的概念阐释》中，哈贝马斯明

---

① ［德］哈贝马斯：《对话伦理学与真理的问题》，第46—47页。

确指出，"作为伦理实体的生活世界的概念是作为交往行动的背景"①。通过哈贝马斯对生活世界概念的强调，本书认为，哈贝马斯最终试图阐明的是交往行动要明确语言作为社会整合的功能，仅仅从行动者的意图来考察是不充分的（如果只是从行动的意图就是策略行动），必须关涉到行动的规范背景。对此，我们明确看到，哈贝马斯是把作为伦理实体的生活世界理解为主体间的规范性力量，并进一步将我们目前的生活世界界定为后形而上学时代。

后形而上学时代，既是交往行动的规范背景，也是言谈的语境。与一种"非情景"②（nicht-situierter Satz）的语义分析要求不一样。交往互动一开始就被置入具体的语境的互动关系中，规范的形成与现实中已经存在的习惯、角色、社会文化性等生活世界里具体的价值语境相关，规范即根植又超越具体伦理价值而形成。至此，哈贝马斯已经理论构建的方向指向对一种普遍主义的道德原则的重构。

---

① Jürgen Habermas, *Vorstudien und Ergänzungen zur Theorie des Kommunikativen Handelns*, Frankfurt/M.: Suhrkamp Verlag, 1984, S. 582.

② Jürgen Habermas, *Was heißt Universalpragmatik?*, S. 177 – 178.

第 三 章

对话伦理与法的正当性基础

通过以上两章内容，本书可以对哈贝马斯重建法的规范性基础的基本内容形成一个初步总结，即哈贝马斯最终是将法的规范性基础追溯到交往行动之可能性的规范条件中。不过对于讨论本书所关注的法的有效性问题而言，仅仅对哈贝马斯的观点进行这种概括说明还远远不够，因为上述章节的内容还只是分析了哈贝马斯重建法之规范性基础的内在逻辑中的核心步骤，即所谓的对话差异建筑术的基础，还未涉及哈贝马斯是如何在这一新的"基础"上阐明法的规范有效性问题的具体论述，本章以及后续章节的内容就是围绕这一核心问题展开的。

按照哈贝马斯的观点，法的合法性源泉是民主的意见形成过程的程序条件。对于哈贝马斯这一基本立场，我们可以借用威廉姆斯（Bernard Williams）的问题来发问："从理性论证中推导出规则能否作为法的规范有效性来源。[①] 本书认为把握话语伦理学的两个原则及其关系对于我们理解上述问题尤为重要。简单来讲，话语伦理学包含了两个原则：一是对话原则；二是普遍化原则。前者属于它是所有行动规范（包括法律规范、道德规范等）的辩护

[①]　Jürgen Habermas, *Erläuterungen zur Diskursethik*, S. 123.

原则，后者专属于道德领域"①。这两个原则的关系问题在哈贝马斯的思想历程中经历了从强调普遍化原则优先到认为对话原则优先于普遍化原则的转变。这样的理论转变对于我们关涉的法的有效性问题尤其值得注意。具体而言，如果从哈贝马斯最初主张：普遍化原则作为话语伦理学的首要原则来看，法的正当性基础势必要追溯到普遍性的道德规范中，下文考察的《法律与道德》（1986）一文基本上还处于这一立场，即"合法律性只有从一种具有道德内容的程序合理性出发才能取得它的合法性"②。所以哈贝马斯强调法的道德基础的观点展现出他对康德理性自然法的继承的理论倾向。但是，哈贝马斯也接受了维尔默等对话语伦理学的批判，并开始修正其语用学立场，主张对话原则优先于普遍化原则，从而开始避免将法的有效性基础仅仅归结为规范的正当性。如果从本书后续章节所着重讨论的"民主程序承担了提供合法性的全部负担"③的观点来看，哈贝马斯明显地体现出对康德实践理性立法的批判。本书正是带着这样的问题性来考察话语伦理学与法的规范性问题之间的理论关联。

话语伦理学作为"在后形而上学时代"背景下为"后现代"的普遍性道德原则进行辩护的尝试，它对哈贝马斯法哲学的理论构建尤为重要。因为，在哈贝马斯看来，对法的规范有效性问题的讨论，一方面已不再立足于自然法的基本直觉，即从一个最高的价值或者原则推导出具体的法律规范；但是另一方面，法的规范有效性基础又不能不依赖于一种普遍性的道德规范，否则就又将陷入相对主义、怀疑主义之迷途。本书认为，话语伦理学可以看作是哈贝马斯作为后现代或者说"后形而上学时代"的某种"规范性奠基"来构建的。虽然哈贝马斯在与阿佩尔的相关争论中

---

① 孙国东：《合法律性与合道德性之间：哈贝马斯商谈合法化理论研究》，第67页。

② ［德］哈贝马斯：《在事实与规范之间》，第557页。

③ ［德］哈贝马斯：《在事实与规范之间》，第686页。

已明确表示了他的主张，即对规范问题进行一种最终奠基是不可能的①，但是如果从话语伦理学的核心思路来看，哈贝马斯还是试图通过对"道德原则的论证是如何可能"（wie eine Begrundeng des Moralprinzips moeglich?）的追问，进而最终确立现代道德规范的普遍有效性。在这个意义上，我们可以借用弗斯特对哈贝马斯的解读，把话语伦理学称为"正义的对话理论"（Diskurstheorie der Gerechtigkeit）②，把普遍性的道德规范称为"后形而上学的正义"（nachmetaphysische Gerechtigkeit）。③哈贝马斯正是在这一坚实的基础上阐明法的正当性基础。本章的内容将尝试通过以下三个步骤重构哈贝马斯的论证思路。

　　本书认为：（一）哈贝马斯首先是在对韦伯等法律实证主义批判的基础上，阐明法的正当性基础不能是毫无价值关涉的"纯形式"，而是只有从一种具有道德内容的程序合理性出发才能取得它的合法性，为此阐明一种合道德性的合法性何以可能。（二）哈贝马斯在构建话语伦理学中分析了在语言哲学转向后的伦理学关于"是与应当"的争论，进而以此说明在后形而上学时代，话语伦理学是如何立足于"是与应当"的区分又将二者建立起联系，进而阐明话语伦理学两个基本原则的内容。（三）哈贝马斯在区分道德规范和伦理价值区分的基础上，强调道德原则的可普遍化以及相应的绝对有效性，从而构建出一种"正义的对话理论"，最终阐明只有以道德"正义"作为正当性基础的法才具有规范的有效性。

---

　　① Jürgen Habermas, *Erläuterungen zur Diskursethik*, S. 123.

　　② Rainer Forst, *Das Recht auf Rechtfertigung-Elemente einer konstruktivistischen Theorie der Gerechttigkeit*, Frankfurt/ M.：Suhrkamp Verlag, 2007, S. 133. 本书《辩护的权利》一书的翻译参考了中国社会科学院刘曙辉老师的译本，特此说明。

　　③ Rainer Forst, *Das Recht auf Rechtfertigung*, S. 133.

第一节 法律与道德：哈贝马斯对 韦伯式合法化理论的批判

西方学界对法的规范有效性问题的严肃探讨显然并非始于哈贝马斯，在西方哲学的悠久传统中，根据哲学家对"法何以有效"问题的回答，我们至少区分出以下三种模型，可以说它们都在一定程度上构成了哈贝马斯整个法哲学思想的参照系，因此有必要简要回顾一下关于法的有效性问题的几种观点。

本书参照德国法哲学家阿列克西的观点，将法的有效性问题界定为"如何从事实中得出规范，从法律意志中得出一个应然"①？总的来讲，根据对这一核心问题的不同回答，可以区分出不同的法哲学立场。阿列克西指出，有三种有效性理论：② （1）社会学的有效性概念，一条规范如果被遵守，或者不遵守时会被制裁，那么它就具有社会有效性。（2）伦理学的有效性概念。一条规范在道德上是正当的，它就具有道德上的有效性。（3）法学的有效性概念。有狭义和广义之分，狭义的法学的有效性概念是指："当一条规范由有权机关以按照规定的方式所制定，并且不抵触上位阶的法律——简单说，就是由权威所制定的，则这条规范是法律上有效的。"③ 广义的法学有效性概念包含社会有效性因素。阿列克西进一步区分出两种法哲学立场。如果是坚持狭义上法的有效性的理论，即是实证主义的；广义的法的有效性的，即认为是指法的有效性只与社会有效性相关以及只在法律系统内讨论法的有效性的观点，也为实证主义的观点。如果坚持法的有效性一定要与伦理上的有效性，则为非实证

---

① Robert Alexy, *Begriff und Geltung des Rechts*, S. 23.

② Robert Alexy, *Begriff und Geltung des Rechts*, S. 24.

③ Robert Alexy, *Begriff und Geltung des Rechts*, S. 26.

主义的立场。简而言之，法哲学有两种立场：实证主义与非实证主义。

　　在这里，尽管本书并不去精细地梳理阿列克西的论证，以及不去追问和求证阿列克西在这种区分背后他本自所持什么样的观点，阿历克西这里所说的法哲学的立场仍然是我们研究一个法哲学家时所依循的线索。我们可以向哈贝马斯发问，他的法哲学的基本立场是什么？

　　前文已论及，哈贝马斯明确主张，法的合法性只有在一种具有道德内容的程序合理性中才能获得。如果从这一核心主张来看，显然哈贝马斯的法哲学明显是归结为一种非实证主义立场。因为哈贝马斯强调，法的只有在道德上是正当的，它才具有有效性。但是，值得注意的是，哈贝马斯并非是作为一个法学家的立场来直接分析法与道德的关系问题。如果从哈贝马斯的整个理论体系来看，可以明确的是，事实上，他是从解读韦伯合法化理论开始进而切入对法的合法性问题讨论的。这一关联对于本书分析法与道德的关系问题尤为重要。本书将揭示，哈贝马斯正是在对韦伯式合法化理论的批判的基础上，逐渐阐明法只有包含了一种道德的正当性才具有合法性。另外，尤其需要指出的是，这里的道德已不是行动规范意义上的单个行动的"道德"，而是整个法的制度规范的道德性，即"正义"。

一

　　韦伯的合法化理论是哈贝马斯法哲学的重要思想渊源。哈贝马斯认为，在社会领域围绕着合法性概念是否会依赖于真理展开一场著名的争论。这场争论是由韦伯关于理性统治的模糊概念引起的。它要探讨的是现代社会所特有的依法形成并由程序调节的统治形式，究竟是何种理性或者说何种合理性。对此，哈贝马斯认为韦伯的合理化理论，确切地说是他的合法律性概念恢复了在系统论那被切断的法律与政治之间的关系。对此，哈贝马斯详细梳理了韦伯的论证逻辑并对之进行了逐一考察和分析。考虑到本书主题，这里我们不展开引证和分析，而只是简要地指出哈贝马斯对韦伯考察的几个要点。

哈贝马斯首先注意到的是韦伯的"理性统治"的概念。那么，什么是"理性统治"？韦伯的表述是"所有经验都充分表明，在任何情况下，统治都不会自动地使自己局限于诉诸物质的或情感的动机，以此作为自身生存的基础。相反，任何一种统治都试图唤醒和培养人们对其合法性的信念"①。韦伯强调，如果合法性信念与真理没有关联，那么，它的基础也就只有心理学意义上的强制，如外在的服从、唯命是从；反之，如果合法性信念是建立在真理基础上的，那我们就可以说，这种外在的基础就包含着一种内在的合理性要求。韦伯的基本论断是，整个西方现代社会的政治体制就是建立在对法的合理性要求之上。那么，有哪些法的合理性要求？韦伯认为至少有两个："第一，必须从正面建立规范秩序；第二，在法律共同体中，人们必须相信规范秩序的正当性，即必须相信立法形式和执法形式的正确程序。"② 韦伯在此特别强调立法和执法的正确程序，认为，"合法律信念"是基于立法和执法的"正确程序"形成的，进而又促使形成"合法律信念"。与之相关的，法的合理性概念是"为以法律形式行使的统治创造合法性的，是内在于法律形式本身之中的合理性"③，即形式法的合理性。

在哈贝马斯看来，韦伯的形式法的合理性概念实际上是支撑了一种实证主义的观点，他说："能从由程序的形式规则得出的，且它们自身作为决定的合法化条件，不需要进一步加以合法化，换言之，除了在产生和应用时正确的程序外，法的规范有效性，无须某种实质的依据。"④ 哈贝马斯指出，这种实证主义建立在实证法本身的合

---

① ［德］哈贝马斯：《合法化危机》，第 127 页。
② ［德］哈贝马斯：《合法化危机》，第 128 页。
③ ［德］哈贝马斯：《在事实与规范之间》，第 558 页。
④ ［德］哈贝马斯：《合法化危机》，第 128 页。

理性基础上。因此，可以说，在韦伯这里虽然恢复了法与政治之间的关联，但却又切断了法与道德之间的内在联系。对此，哈贝马斯指出："把法律规范归结为政治立法者的命令，会意味着法律在现代可以说被消解在政治之中了。但这样一来政治这个概念本身也受到了破坏。在这个前提下政治权力至少不再有可能被理解为被在法律上赋予合法性的权力，因为一种完全受政治支配的法律将失去其赋予合法性的力量。一旦合法化成为政治自己的成就，我们也就放弃了我们的法律概念和政治概念。同样的结果也产生于另一个版本的实证主义法律概念，即认为实证法可以独自地维护其规范性，即通过一个由法律导控的，但独立于政治和道德而自成一体的司法的法理学成就而维护其规范性。一旦法律有效性失去与正义之诸方面的联系——这种联系是超越立法者决定的道德联系——法律的认同也就必然会分散瓦解。在这种情况下，也将缺少有可能用来把法律系统与法律媒介的一种特定结构的维护紧密联系的那种赋予合法性的视角。"① 本书之所以完整引用哈贝马斯这段文字，主要是为了清楚地看出哈贝马斯对卢曼和韦伯两人的不同评价，进而明确在哈贝马斯视域下韦伯合法化理论的思想形态。

哈贝马斯认为，法律的不可能局限在一个纯粹的形式概念中，与实质性的价值不发生任何联系，如罗门注意到的："这种腐朽的不可知论，使得战后德国在面对国家社会主义时毫无准备。"② 在哈贝马斯看来，韦伯的社会学在本质上继承了霍布斯社会哲学的思想传统。哈贝马斯分析认为，这种思想传统"是把实证法和政治权力的道德含义都抽象掉，并认为在君主所制定的法律产生的同时，并不需要一种理性等价物来代替经过解魅的宗教法"③。因此，本书同意国内学者指出的："只要我们稍加分析就不难发现：韦伯—施密特的

---

① ［德］哈贝马斯：《合法化危机》，第128页。
② ［德］海因里希·罗门：《自然法的观念史和哲学》，第122页。
③ ［德］海因里希·罗门：《自然法的观念史和哲学》，第578页。

决断论学说与法律思想史上霍布斯—奥斯丁著名的法律命令说有着很强的亲缘关系，即它们都强调法律区别于道德但从属于政治，即法律成为政治的工具。"① 正是在这个意义上，本书主张哈贝马斯批判霍布斯自然法的观点，其实也同样适用于韦伯，因为"对霍布斯—奥斯丁版本实证论的批判也可适用于韦伯—施密特决断论学说"②。因此，本书为了详细阐明哈贝马斯对韦伯式合法化理论的批判，下文还将着重考察哈贝马斯对霍布斯的自然法理论的批判。需要明确的是，哈贝马斯对霍布斯自然法理论的分析将从另一角度确认同一个结论：法律与道德不能分离。

二

本书考虑到霍布斯自然法理论本身的复杂性，这一节的内容主要遵从哈贝马斯对霍布斯的理解，会着重从法律与道德之间关系来分析霍布斯的"法律决定论"。

霍布斯作为雨果·格劳秀斯的追随者，他关注的是在失去宗教—形而上学世界观基础之后，法之规范性与正当性基础的问题。众所周知，自雨果·格劳秀斯在1625年出版的《战争与和平法》中说："即便我们承认（没有最大的邪恶，这一承认恐怕是不能做到的）没有上帝，或者，即便人类的事务跟上帝不相干。"③ 因此，从此人类对法之规范性来源问题就只能追溯到有限的理性存在者身上。那么，法的规范性来源是什么？霍布斯在宗教战争（1618—1648年）后第三年出版的《利维坦》，作为奠基近代自然法理论最重要的作品，集中体现了那个时代对法的规范有效性问题的理解。

---

① 孙国东：《合法律性与合道德性之间：哈贝马斯商谈合法化理论研究》，第124页。

② 孙国东：《合法律性与合道德性之间：哈贝马斯商谈合法化理论研究》，第124页。

③ ［美］克里斯汀·科尔斯戈德：《规范性的来源》，杨顺利译，上海译文出版社2010年版，第7页。

霍布斯继承了自然法的命题，即"自然法是就其内容而言合乎人性的法"。霍布斯从人的自然本性出发研究法之正当性基础，他认为"自然状态中人的本性是自然法的基础"[①]。具体来讲，依据《利维坦》对人的界定，人是有理性的"大自然"的最精美的艺术品。人的理性不再体现为基督教自然法传统中对上帝命令的模仿，而是自我保存的理性。如此一来，霍布斯把他的政治哲学的基础，归纳为"两条最为确凿无疑的人性公理"[②]："自然欲望公理"和"自然理性公理"：

> 自然权利著作家们一般称之为自然权利的，就是每一个人按照自己所愿意的方式运用自己的力量保全自己的天性——也就是保全自己的生命——的自由。因此，这种自由就是用他自己的判断和理性认为最适合的手段去做任何事情的自由。
>
> 自然律是理性所发现的戒条或一般法则。这种戒条或一般法则禁止人们去做损毁自己的生命或剥夺保全自己生命的手段的事情，并禁止人们不去做自己认为最有利于生命保全的事情。

那么，在霍布斯看来法的规范有效性的基础是什么？他的回答是"君主的命令"。然而，具有主体理性的人类何以会服从君主的命令？霍布斯是诉诸自然权利来证明法之正当性。自然状态学说就是对这个问题的回答。

自然状态学说的基本观点是，人类出于自我保存的理性。因此为了结束人对人的战争的必要，会订立契约。所以，当君主通过法律的语言来颁布其命令时，市民出于自我保存的需要，会同意并服从君主的命令。据此，霍布斯从自我保存的原则入手推演出自然权

[①] ［德］施塔姆勒：《现代法学之根本趋势》，姚远译，商务印书馆2016年版，第16页。

[②] ［德］列奥·施特劳斯：《霍布斯的政治哲学》，申彤译，译林出版社2001年版，第68页。

利、自然法以及所有德行。

　　按照哈贝马斯的分析，霍布斯通过自然状态学说，对行动的合理性做出了非道德化的解释。具体而言，道德的内容是由自然理性赋予的，道德要求我们做的事情，之所以是合理的，是因为如此行动有利于自我保存。所以，立法者要求我们的行动符合法律规范，不是因为道德解释了我们行动规范的原因，而是相反，我们需要一个具有权力的立法者，来确保义务的存在。对此，哈贝马斯指出，霍布斯是企图"不借助道德理由、仅仅从参与者的开明利益出发来说明一个权利系统"[1]。

　　宏观来讲，哈贝马斯与韦伯以及西方马克思主义传统一样，他们对霍布斯的批判基本上都着重在自然状态学说体现出来工具理性概念，但尤其值得注意的是，哈贝马斯并不热衷于对工具理性概念体现出的"价值"和"文化"作一种观念史的考察或者意识形态的批判，而是从理论史的角度思考以工具理性的行动规范基础的社会秩序是否具有规范有效性。对此，哈贝马斯同意帕森斯对霍布斯缺乏规范性思考的指责[2]，进而认为霍布斯的理论本质上体现了近代以来以科学为依据的社会哲学的要求。这种社会哲学的目的是一劳永逸地指明国家秩序和社会秩序的条件，明确具体的规范制度与条例。但在哈贝马斯看来，仅仅在工具理性的框架下考察规范问题是不充分的。他认为如果只从行动的利益立场出发去协调和平衡社会关系，即便是利用现代手段的博弈论也不能建立一个规范性的稳定的协调行动的机制，他坦言："从各种不同被期待利益立场和成功计算之间的不确定的冲突中，是产生不出社会秩序来的。"[3] 在哈贝马斯看来，仅仅将法律看作为现实社会秩序辩护的工具理性观点，只是将实证法界定为政治统治的一种组织手段。正是在这个意义上，本书

---

① ［德］哈贝马斯：《在事实与规范之间》，第112页。
② ［美］T. 帕森斯：《社会行动的结构》，第83页。
③ ［德］哈贝马斯：《在事实与规范之间》，第81页。

认为哈贝马斯继承了黑格尔对近代自然法经验主义的批判的观点。二者强调，如果从人的基本欲求和情感这一经验事实出发来确立自然法的研究方式，终究会抹平法学的规范内涵，从而仅仅将法律看作一种纯粹的社会现象与因果论之研究对象。

哈贝马斯早在《理论与实践》一书中就对以科学为基础的社会哲学有过详细的解说，并指出了社会哲学所具有的实证主义的特质。哈贝马斯认为，当我们按照"物理学"精神着手研究国家、社会的规范秩序的问题时，这些问题本身以及所规定的对象实际上已经完全脱离了亚里士多德所说的政治学的规范要素，而实则是一种以科学为基础的社会哲学了。在哈贝马斯看来，一旦"政治学成了社会哲学，也就有理由把科学的政治学归属于社会科学"①；"实证主义的出现标志着知识理论的终结及其被科学哲学的取代"②。一种以实证主义为底色的社会哲学，不再致力于告诉我们什么是好的生活，而是按照"道德几何学"的方法去尝试构建国家秩序和社会秩序的条件，并且在构建（人工）上述条件时，不会考虑亚里士多德所说的人的德行的差异性，而只需按照物理学的精准精神，准确地建立各种规章和制度。正式在这个意义上，哈贝马斯认为，以"价值无涉"为思想底色的韦伯的合法化理论，完全消解了政治和法律的道德意蕴。

三

哈贝马斯通过对韦伯式合法化理论的批判试图阐明在思考法的正当性问题的时候，一种更可取的做法应该是去重视具有普遍有效性的道德原则，他说："合法律性的合法性是不能用一种独立的、可以说与道德分离的居住在法律形式之中的合理性来解释的；相反它必须追溯到法律和道德之间的一种内在关系。这首先适用于围绕抽

---

① ［德］哈贝马斯：《理论与实践》，第5页。
② ［德］哈贝马斯：《理论与实践》，第5页。

象和普遍的语义形式所形成的资产阶级形式法模式。"① 在哈贝马斯看来，韦伯以新康德主义的价值哲学为其社会学的基调进而主张道德只是一种主观的价值取向。这种把道德定位于主观的价值取向的观念恰恰掩盖了法律的合法性本质上是一种实质化而非形式化的内容。哈贝马斯在此的观点其实是相当正确的，当他在批判韦伯的"价值中立"的理论立场之时，显然是注意到了韦伯在特定的伦理价值与普遍的道德规范之间含混不清。总的来说，伦理的客观性可以理解为伦理是在特定的文化、传统中形成的，而道德也是对所有人都具有的规范有效性的道德。对此，哈贝马斯得出结论：只有立足于道德内容才能说明赋予合法性的理由。

　　另外，哈贝马斯还注意到韦伯对待理性法传统的态度。韦伯认为不存在一种纯粹形式的自然法。他认为自然和理性在何种意义上能够作为合法的实质性标准，自然和理性这两个概念本身就需要进一步解释。哈贝马斯清楚地看出，尽管霍布斯、卢梭和康德的自然法理论都还保留了某些形而上学的特征，但是社会契约论本身已经阐明了一个合理的意志是如何形成的，这当然关涉到达成理性共识的程序条件如何可能这一基本问题。因此，哈贝马斯通过对理性法传统做了这样的解释之后，可以得出结论说，马克思、卢曼那里，截断了法律政治之间的联系，在韦伯这里切断了法律与道德之间的联系。哈贝马斯试图恢复法律、政治和道德之间本应具有的不可分割的联系，他坦言："韦伯说得对，只有诉诸内在于法律的合理性才能保证法律系统的独立性。但因为法律一方面与政治有内在关系；另一方面与道德有内在关系，法律的合理性并不仅仅是法律的事情。"②

　　哈贝马斯强调，战后德国自然法的获得的再度复兴有力地说明了：即便是在"自命不凡的实证主义那里，都发现了自然法的思考

---

① ［德］哈贝马斯：《在事实与规范之间》，第 566 页。
② ［德］哈贝马斯：《在事实与规范之间》，第 595 页。

方式"①。在哈贝马斯看来，对法之规范有效性问题的思考，必定要回到人作为理性存在者具有自我立法的能力这样一个启蒙的关键概念上，势必要恢复法的理想要素和合法性的规范性向度，他说："现代法律的形式即便是在法律形式主义的前提下也不可能被描绘是道德中立之意义上的合理的。"② 至此，我们可以看到，哈贝马斯强调一种基于合道德性的合法性概念，他认为"只有在道德实践意义上为合理的而言，才能够在特定社会条件下使得合法律性的合法性成为可能"③。哈贝马斯明确指出，现代法包含了规则和原则两个方面。这两方面的内涵体现出了现代法既具有道德性质又包含法律性质，因此对法的合法性基础的追问，绝不能像韦伯合理化理论一样，将实质性道德的因素彻底排除出去。哈贝马斯指出，韦伯所说的以合法律性为中介的合法性之所以可能，是因为法律程序的合理性同时也需要在道德实践程序中是合理的，或者反过来说基于合道德性的合法性。他主张法律与道德的关系体现为一种从属且互补的关系，他说："合法律性的合法性之所以可能，是因为法律程序与服从其自身程序合理性的道德论辩之间的一种相互交叉。"④ 那么，我们必须进一步追问的是，道德原则的形式程序是什么？或者说，话语伦理学是如何重构出达成普遍性道德原则的程序条件的。这就是本书下一节内容要回答的问题。

第二节　后形而上学时代下道德原则的
证成如何可能？

所谓后形而上学的道德原则的证成的如何可能？这一问题追问

---

① ［德］海因里希·罗门：《自然法的观念史和哲学》，第 122 页。
② ［德］哈贝马斯：《在事实与规范之间》，第 586 页。
③ ［德］哈贝马斯：《在事实与规范之间》，第 567 页。
④ ［德］哈贝马斯：《在事实与规范之间》，第 567 页。

的是现在社会在失去形而上学真理观支撑后还能否以及如何确立具有普遍性有效性的道德原则。在哈贝马斯这里，这一问题是相对于形而上学时代对规范性问题的讨论提出来的，他说："形而上学最初是关于普遍性、永恒性和必然性的科学，它只有在意识理论中才能找到等价物，而这种意识理论从先验的角度阐明普遍综合判断的客观性所必需的主观条件。"① 因此，哈贝马斯在《话语伦理学——论证的纪要》的开篇强调，道德哲学的基本问题即"我应当如何行动？"是否还需要一种实践真理作为支撑？这是当今实践哲学在思考规范问题所必须回答的首要问题。

在哈贝马斯看来，按照当今实践哲学对上述问题的不同回答区分出不同的基本立场。笼统来讲，一种是对普遍性主义伦理学持怀疑和批判立场的新亚里士多德主义，比如麦金太尔，他的基本主张是"启蒙的事业——一个世俗化的不依赖于形而上学和宗教的道德论证已经失败了"②。另一种是以罗尔斯所代表的普遍主义伦理学，他们的理论致力于超越具体的语境和历史现实从而确证普遍有效性原则。

哈贝马斯明确把话语伦理学划归到后一种立场。他主张话语伦理学是一种普遍主义伦理学，它试图通过形式语用学的对言谈行动规则的重构，确立达成道德共识的程序，以此来确立现代道德规范的客观有效性。③ 本书认为理解话语伦理学这一核心主张的关键问题在于把握：交往行动的语用学规则是如何与道德判断的普遍性原则之间建立联系。对此，本书追随阿历克西的解读，把这一问题称为对话理论的"地位问题"（problem of status）。哈贝马斯在《话语伦理学的阐释》的开篇也认为，迄今为止学界针对话语伦理学的争论都是围绕着这一核心问题展开的，即交往行动的语用学规则能否作

---

① ［德］哈贝马斯：《后形而上学思想》，第 13 页。

② Jürgen Habermas, *Moralbewusstsein und Kommunikatives Handeln*, S. 53.

③ 王凤才、杨丽：《维尔默对话语伦理学的内在批判》，《探索与争鸣》2017 年第 1 期。

为一种基本的道德规范性。① 为了充分阐明话语伦理学的观点以及哈贝马斯论证的过程中隐含的问题。下文将按照哈贝马斯的思路从语言学转向后的伦理学关于是与应当的讨论开始论述。

一

哈贝马斯在《话语伦理学——一个论证项目的笔记》的开篇用了很多篇幅讨论元伦理学对于规范问题的思考，并区分出两种基本立场：认知主义和非认知主义，进而为自己的学说清理出一个大致清晰的进路和思想框架。

哈贝马斯明确了话语伦理学的立场，认为它继承了康德伦理学认知主义的思想特征。在哈贝马斯看来，所谓认知主义，就是"如果道德命题也可以如事实命题一样论证的话，它们就具有了一种认知内涵"②。哈贝马斯认为学界一直以来对于康德伦理学认知主义的理解存在一个根本误区，即用理论理性知性思维的标准来思考实践理性的问题③，从而将实践理性的道德问题等同于理论理性的合理性的问题。由此也对康德伦理学产生了不同的理解。一种观点是认为康德主张我们可以获得一种道德知识；另一种观点认为，康德在我们应该知道什么和我们可以认识什么这两个问题之间划出了严格的界限。④ 哈贝马斯指出，元伦理学关于"是与应当"的讨论即围绕上述问题的展开。

哈贝马斯首先考察了 P. E. 斯特劳森（P. F. Strawson）的理论。按照哈贝马斯的解读，斯特劳森的《自由与怨恨》（*Freedom and Resentment*）一文为说明道德怀疑主义的经验论者如何获得日常普遍性的道德直觉的问题提供了方法。哈贝马斯认为，这一方式类似于

---

① Jürgen Habermas, *Erläuterungen zur Diskursethik*, S. 139.

② ［德］哈贝马斯：《包容他者》，曹卫东译，上海人民出版社 2002 年版，第3 页。

③ Jürgen Habermas, *Erläuterungen zur Diskursethik*, S. 139.

④ Jürgen Habermas, *Erläuterungen zur Diskursethik*, S. 120.

"伦理意识"的语言现象学分析，并进一步把斯特劳森的论证思路重构成四个步骤。① 除此之外，哈贝马斯还通过引用斯特劳森的观点来阐明对道德情感的分析与对事实性的感觉分析之间具有相似性，如"当我们在说一种道德语言的时候，我们是在谈论应当、责任、罪责、定罪、正义"②。

另外，哈贝马斯认为图尔敏（Stephen Toulmin）在《伦理学中的理性位置》一书中也试图阐明道德论证的结构与理论论证的结构之间存在着平行的同构性的关系③。例如，对事实判断（"这是一支被折断的木棍"）与规范判断（"我何以只能这么做"，或者"你应该帮助他"）之间的论证是相似的。我们对在事实上是否会出现一根弯的棍子的论证同样适用于"我何以这样做"的"道德的论证"。图尔敏认为，我们可以按照事实判断的论证结构作出价值判断。

除此之外，哈贝马斯还讨论了黑尔（R. M. Hare）的观点。按照哈贝马斯的分析，黑尔以维特根斯坦后期的日常语言哲学和约翰·奥斯汀的言语行动理论为基础，对价值语言的日常用法进行考察，进而提出了一种"普遍规定主义"的思想。黑尔认为道德或价值判断既有规定性又是可普遍化的，换言之，可以借助描述性的语义分析来说明道德的普遍性。

综上，哈贝马斯认为上述理论都主张道德命题也可以如事实命题一样来进行论证。因此，可以称为他们是持道德认知主义的观点。相反，非认知主义认为道德判断和道德立场的表达背后隐藏着的只是主观情感、主观立场。如斯蒂文森认为伦理或价值语言不过是主体情绪、情感或态度的表达，进而称持认知主义观点是错误的，即把规范性判断当成是描述性命题一样去验证正确或者是错误的。④

---

① Jürgen Habermas, *Erläuterungen zur Diskursethik*, S. 56 – 59.
② Jürgen Habermas, *Erläuterungen zur Diskursethik*, S. 60.
③ Jürgen Habermas, *Erläuterungen zur Diskursethik*, S. 60.
④ Jürgen Habermas, *Erläuterungen zur Diskursethik*, S. 61.

二

哈贝马斯基于上述观点分析指出，不管是持认知主义还是非认知主义的观点，因为它们都是从描述性的命题来考察规范命题的真假，从而都将作为价值的范畴直接对应事实范畴。哈贝马斯强调，如果立足于上述视角去理解康德意义上的实践理性真理是有偏颇的，最终理性会被归结为单一的理论理性。哈贝马斯认为正是在这个意义上认为要坚持"是与应当"之间的区分。

按照哈贝马斯的分析，事实性判断：这是真的（es ist wahr, das P），规范性的命题：这是正确的（es ist richtig, das H）。显然，从逻辑结构上规范性命题的"正确"要求对应的是事实性命题的"真的"要求。换言之，事实性陈述涉及的是什么"真"问题；在规范性陈述中涉及的是"什么是正确的"。对此，哈贝马斯用普遍语用学的规范有效性要求来说明：对规范命题的真假而言，真理性要求是正确性而非真实性。

普遍语用学的基本主张是：交往互动得以可能的有效性要求是可理解性、真实性、正确性、真诚性。就真实性要求和正确性要求而言，哈贝马斯指出，真实性要求是指在客观世界中是否实际存在一个与陈述相符的事实，正确性要求是指言语表达的规范语境是否与社会世界中的规范相符。前者是描述性陈述；后者是规范性陈述。描述性陈述的真理性是陈述的事物要真实存在，规范性陈述的真理是行动规范要是我们所认可的、承认的。哈贝马斯因而称，两者的真理性从逻辑关系上看是相似的。他举例说明，当我说这支笔是绿色的，那么，只要在现实生活中找到一支绿色的笔，我的判断就是真的；当我宣称杀人是不对的，从现实的规范中，我们只要找到规定了不能杀人的规范即可。然而，在哈贝马斯看来，如果我们进一步分析则可以发现两者非对称的关系。①

---

① Jürgen Habermas, *Erläuterungen zur Diskursethik*, S. 67.

事实性陈述，我们可以重构如下：

（1）这个铁的器皿是铁的。

（2）在这种情况下，这就是铁的。

规范性陈述，我可以重构如下，

（1）人们不应该杀死任何一个人。

（2）杀死任何人，是禁止的。

哈贝马斯通过上述分析指出，事实性陈述具有的断言能力是指在事实性的陈述中对"真"的要求的兑现来自言语行动本身，即我们可以考察在客观世界是否存在一种事实符合陈述所表达的内容。但是在规范性的陈述中，言语活动本身并不具有断言的能力。具体来讲，规范正确性的要求，诉诸的是主体间的承认、认同的规范。哈贝马斯强调规范正确性要求可以区分出两个层面：一是我们的行动是否与社会现实中已经存在规范一致或者偏离，这涉及是主体间的承认的"社会事实"。规范性陈述在这一点上与事实性陈述的规范要求一样，涉及一个客观事实的层面。二是规范性陈述还涉及作为一种理想性的、形成中的规范共识，它的有效性依据是行动参与者的是否认同、同意。规范性陈述在这个层面与事实性陈述不一致，它兑现的不是一个既定的社会事实，因为有可能出现现实存在的规范无法断定我们的行动是否正确的情况。

三

至此，我们可以进一步追问的是，既然事实性陈述的有效性要求与规范性陈述的有效性要求不同，那么就不能按照事实性的真理原则，来确证道德实践的正确性。但问题是，如果没有"认知"的核心，事实与价值之间的联系就有可能被隔断，那么如何在后形而上学时代确证作为普遍性的道德？这又成为话语伦理学面临的问题。对此，哈贝马斯吸收图尔敏的论证理论，指出道德论证具有一种"类似"的真理要求。

哈贝马斯指出，图尔敏在他的哲学伦理学中已经表明："我们在作道德判断时，什么样的理由我们是接受的。"① 具体来讲，图尔敏不是从语义分析层面，而是从规范陈述论证的逻辑模型出发分析出什么才是被承认或者接受的"好的理由"的标准，进而重构一种支持或者反对某一个规范的论证形式（"是什么使得一个结论能被大家接受"）。对此，可以尝试将图尔敏的论证理论重构如下。

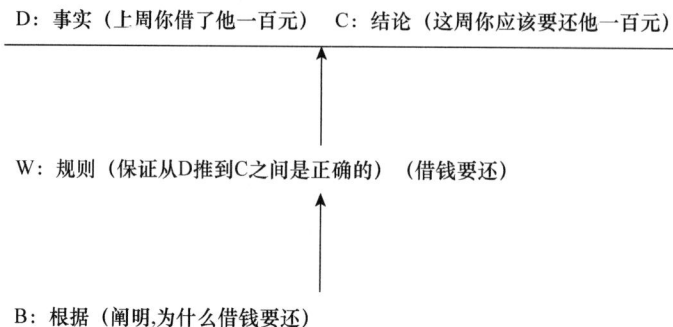

D：事实（上周你借了他一百元）　C：结论（这周你应该要还他一百元）

W：规则（保证从D推到C之间是正确的）（借钱要还）

B：根据（阐明,为什么借钱要还）

　　按照哈贝马斯的分析，从 C 到 W，即从单称命题到普遍命题之间的关系，逻辑原则是归纳原则。从 W 到 B 是道德的论证，B 要说明，什么样规范是我们共同生活必须遵守的，进而才能保全整体的利益、化解行动冲突。W 与 B 之间虽然没有类似（C 与 W）之间归纳演绎的关系，但是 B 是 W 的最终依据，在逻辑上，只有当 B 是一种可普遍化的原则时，才能有效。因此，W 与 B 之间也可以借助归纳法"中介原则"，来说明如何通过参与者的论证才达到道德上一致同意的过程。②

　　在这里值得注意的是，哈贝马斯坚持普遍语用学与阿佩尔的"先验语用学"不同，它是"弱"的规范意义的语用学。哈贝马斯强调，如果言语互动的规范条件能"直接"推出一种道德的义务性，那么就有可能出现未经对话的前定规范，从而也就取消了对话的必要性。因此，他主张在语言行动理论的语用学前提与道德规范性之

① Jürgen Habermas，*Erläuterungen zur Diskursethik*，S. 70.

② Jürgen Habermas，*Erläuterungen zur Diskursethik*，S. 74.

间只具有一种间接性的关联性。他称之为"中介原则"。哈贝马斯借由"中介原则"阐明了话语伦理学的两个原则，即对话原则和普遍性："一条道德规范只有得到所有相关的人作为实践讨论的参与者通过讨论一致同意时，才可被认为是普遍有效的；有效的规范必须满足这样的条件，即其普遍遵守所产生的结果和附带效应能满足每个人的利益、能被所有相关者所接受。"①

　　根据话语伦理学的两个基本原则，它一方面能最大限度地保证意见的多元性；另一方面根据真理的共识论（Konsenstheorie der Wahrheit）对道德判断的"标准"作出说明，在无宰制的理想言谈情境，参与者不仅能最大限度地参与讨论，更为重要的是，真理的共识论并不是要确定真理标准，而只是在理想言谈情境的设定中，将共识界定为一种逐渐向真理聚合的理想性状态。哈贝马斯在这个意义上指出，理想性的言谈情境是一种理想生活形式的样式，理性情境中设定的规范条件，是一种形式上而并非实质意义上的"道德真理"。普遍性的道德原则的本质是一种规范基础，它指向的是在价值多元的社会中对"什么是真""什么是善"的"确定性之墙"（the wall of certainty）。哈贝马斯强调，如果"确定性之墙"出现了深深的裂隙，那么就有可能找不到正义的生成之根，人们之间的对话从而就有可能流于形式上的意见交流，或者更有甚者会出现无休止的、毫无意义的争论的情况。哈贝马斯表明，在后形而上学时代我们势必要找到一种确定能确定是非的标准，并且这种标准只能是回到一个自我批判、自我审视的程序性理性概念本身。哈贝马斯指出，对于规范性问题而言，这种程序性的概念一方面使得话语伦理学在失去宗教和形而上学真理的后形而上学时代找到达成共识的"确定性之墙"；另一方面从根本上避免价值怀疑主义和相对主义所指责的"基要主义"。哈贝马斯从而强调："对话原则仅仅说明了这样一种视角，在这种视角之下，一般意义上的行动规范有可能被公平地辩护；

---

① Jürgen Habermas，*Moralbewusstsein und Kommunikatives Handeln*，S. 76.

由此我假定，这原则本身的基础在于以交往方式构成的生活形式的那些相互性的承认关系。引入一个对话原则已经预设了实践问题是完全可以作公平的判断和合理的决定。这个预设不是可有可无的。"① 那么，这种"确定性之墙"的规范内涵究竟是什么？在后续章节我们将看到，哈贝马斯是通过道德与伦理之区分，来说明这种"确实性之墙"是使得规范成为一种普遍化的"门槛"，即正义原则。

第三节　道德与伦理：话语的正义理论

如果说上一节关于对话理论之地位问题的讨论已经阐明了话语伦理学证成普遍性道德原则的第一个关键步骤，即在言语活动的论证与实践正确性之间存在一种必然的关系，那么紧随其后便是更进一步地阐明道德原则如何具有一种普遍的规范有效性。本书主张，哈贝马斯是在区分道德与伦理的各自规范领域的基础之上来说明上述问题：普遍性的道德原则是现代社会规范秩序中一个不可动摇的基础（Fundamentum Inconcussum）。

众所周知，黑格尔对道德与伦理的区分在近代实践哲学上有着重要地位。自黑格尔以伦理法来批判康德道德法之后，通常人们将康德当成了道德的辩护者，将黑格尔理解为伦理的捍卫者，这种重要区分反映在当今实践哲学讨论中所形成的两种不同流派的伦理学的基本直觉中。前者如罗尔斯道义目的论者等本着康德伦理学的精神，主张康德普遍主义伦理学所追问的"我应当做什么"依旧是伦理学的基本问题，并在此基础上试图把康德的目的王国理念理解为民主秩序的规范性理念；后者如麦金太尔等新亚里士多德主义，他们从亚里士多德的善的伦理学的角度继承了黑格尔的遗产，反对一

---

① ［德］哈贝马斯：《在事实与规范之间》，第133—134页。

种普遍主义的道德建构理论，主张我们应该回到日常活动中去探求
"我是谁""我要成为谁"的伦理认知的问题。

　　就话语伦理学的基本主张而言，哈贝马斯明确将它当成康德普
遍主义伦理学的典范。话语伦理学与康德伦理学一致，它追问的是
一种可普遍化的道德规范之证成的问题。另外，话语伦理学也主张
将纯粹形式的道德原则与善的区分。但是话语伦理学没有像康德纯
粹实践理性立法一样，认为纯粹形式的道德原则与伦理之间是绝对
分离的，相反，话语伦理学对普遍性道德原则的证成是以一种既根
植于又超越于具体的伦理情景的形式完成的，如弗斯特所言："对于
尤尔根·哈贝马斯版本的话语伦理学，对伦理上善的东西与道德上
正当的东西之间区分是最重要的，但是话语伦理学既没有发明这个
话题，也没有发明这一术语；相反，这一区分表达的是，具有绝对
约束力的道德规范从伦理学说和完备性世界观变成一种自主的观念，
这种世界观将这一主体间义务的领域视为整个人类善的一部分。"①

　　简而言之，话语伦理学通过普遍性原则在道德与善之间打开了
切口，正如哈贝马斯所指出的："话语伦理学则接受了黑格尔的承认
理论对绝对命令的主体间性解释，同时又无须付出用德行消解道德
的历史主义代价。像黑格尔一样，话语伦理学坚持认为正义与团结
之间有着一种内在联系，但却是本着康德的精神。"② 为了准确地把
握哈贝马斯的观点，我们首先回顾哈贝马斯对道德问题与伦理问题
的界定，进而阐明话语伦理学是既根植于又超越于具体的伦理情景
来证成普遍性的道德原则，最终强调普遍性的道德原则对于规范问
题的重要性。

　　一

　　哈贝马斯对道德与伦理的区分是立足于他所说的实践理性多态

① Rainer Forst, *Das Recht auf Rechtfertigung*, S. 100.
② ［德］哈贝马斯：《对话伦理学与真理的问题》，第60—61页。

论。所谓实践理性多态论，是指在后形而上学时代，实践理性不再归结于一种统一的理性原则，而是分化出不同的理性形态，哈贝马斯认为："人们从合目的性、善和正义等不同的角度，期待着实践理性提供不同的功用。与此相应，在实用话语、伦理话语和道德话语当中，理性与意志也呈现出不同的格局。"① 简而言之，哈贝马斯主张，道德、伦理有各自的规范领域和价值体系。与此同时，哈贝马斯又提醒我们注意，虽然他主张道德、伦理有各自的规范领域，但这并不意味着他持一种相对主义或者是情境主义的观点。相反，哈贝马斯指出，我们对规范问题的考虑仍然需要普遍性的绝对有效的道德原则。如此，我们首先来看，伦理与道德的具体的规范内涵。

在哈贝马斯看来，伦理回答的是"什么是好生活"的问题。哈贝马斯认为我们要能对这个基本作出回答，它需要以另外两个问题为基础：一是自我理解；二是自我认同。也就是说，我们首先要知道我是什么样的人以及我想成为什么样的人，进而才能判断"什么样生活值得我过"。哈贝马斯借用泰勒（Charles Taylor）的表达将上述问题称之为"伦理评价"，并进一步主张"伦理评价"涉及的是"好生活的临床问题"，它的规范领域是"生活决定的伦理—生存层次"。

其实除了哈贝马斯提到的生活决定的伦理—生存辩护的层次，如弗斯特所总结的，伦理还包括两个方面的内容，他说："伦理领域包括三个层次。首先，上面提到过的，生活决定的伦理—生存辩护的层次，人们可以为相对于自己和其他重要他人进行辩护。在这个方面，伦理辩护已经具有主体间的维度，因为，这样的决定正常来说是在伦理共同体（如朋友、家人）的情境中做出的；人们与他人一起回答伦理问题，但是最后必须为自己和由自己来回答。这叫作伦理自主。其次，伦理辩护的第二个层次涉及对待他人的适当行为的问题，人们与这些人有着特殊的伦理纽带；在这里，调和——例

① ［德］哈贝马斯：《对话伦理学与真理的问题》，第 65 页。

如对于符合友谊价值的朋友的——一般的规范期待与特定友谊的特殊历史是必要的。最后，伦理辩护意味着，伦理共同体（如宗教共同体）的成员问自己什么对他们是最好的，即他们使自己确信自己的认同。对价值的一般伦理考虑因而与对共同体特殊性的特定思考纠缠在一起。"① 总之伦理有三个方面的内容，且伦理的规范领域是相互交叉在一起的，即评价的主观方面、主体间方面和客观方面结合在一起，他强调："对我而言的好的问题与对我们而言的好的问题相互交织，且总是与关于好本身联系在一起。"② 在这里弗斯特提醒我们注意："伦理价值不是道德话语的某种副产品。"③ 伦理有自己的规范领域。

　　如果按照弗斯特的解读，伦理问题涉及的是"自我理解""自我认同"等伦理认知，那么，与之相对的，道德问题则针对的是一种无条件的、普遍有效性要求。哈贝马斯认为伦理问题是向"我"提出来的，而道德问题是对"我们"而言的实践问题。简而言之，道德规范是一种具有普遍的、绝对有效性的要求。因此，哈贝马斯强调：道德涉及的是正义的问题，可普遍化是道德的规范有效性标准。值得注意的是，哈贝马斯这里所说的道德绝非单个行动的道德，而是一种作为普遍性的道德原则。

　　哈贝马斯指出："这里必须非常小心。因为在这个关节点上，我们不能屈服于一个根深蒂固的偏见，以为道德只涉及个人为之负责的社会关系，而法和政治正义则延伸到以建制为媒介的互动领域，商谈论所理解的道德原则，已经超越了从历史上说是偶然的、随社会结构的变化而变化的公、私生活领域之间的界限：它已经重视道德规则的普遍主义的有效性意义，因为它要求把在康德看来是单个地、私人地从事理想的角色承当转变为一种公共的、由所有人共同从事的

---

① Rainer Forst, *Das Recht auf Rechtfertigung*, S. 104.

② Rainer Forst, *Das Recht auf Rechtfertigung*, S. 107.

③ Rainer Forst, *Das Recht auf Rechtfertigung*, S. 106.

实践。"① 简而言之，在哈贝马斯看来，普遍性的道德原则是指人类，或者说世界公民共同体的成员都广泛的接受、承认的规范原则。

二

本书在上述解读的工作上进一步考察话语伦理学是如何证成一种普遍性的道德原则的问题。按照话语伦理学的普遍性原则，即"有效的规范必须满足这样的条件，即其普遍遵守所产生的结果和附带效应能满足每个人的利益、能被所有相关者所接受"②。对此，我们可以看到，话语伦理学通过一种普遍化的程序性标准在伦理的善与道德的正当之间打开了"切口"，即话语伦理学将普遍有效性的理据归结于每个参与者提供的"理由"中，以此说明普遍性原则是建立在具体特殊的理性存在者的同意（利益）之上的。话语伦理学的理论直觉是道德不是一种特定文化或者特定时代的伦理价值，而是一种可普遍化的规范，因此必须超越于特殊的生活形式才能顾及"所有"，对此，哈贝马斯指出："特殊的价值最终因不符合实践话语中的共识被抛弃。"③

普遍性的道德原则，并非如黑格尔对康德的纯粹形式性的道德原则所指责的那样是与实质性的伦理关系分离的，是"一种相互漠视和特殊关系中的形式预设"④。恰恰相反，按照话语伦理学的基本理念，实践对话本身不仅是对规范是否"可普遍化"的检查机制，它还是一种提供"内容"的机制。哈贝马斯认为，话语伦理学提供一种公共的对话的空间，进而将参与者背后所代表的"内容""置入"这种对话空间中，最终找到、达成符合参与者的利益而且能被所有参与者接受的规范，这本身是一种过程（Process），而不是结果。因此，一种普遍性的形式法则，并不会忽视具体的伦理"内

① ［德］哈贝马斯：《在事实与规范之间》，第 134 页。
② ［德］哈贝马斯：《对话伦理学与真理的问题》，第 132 页。
③ Jürgen Habermas, *Moralbewusstsein und Kommunikatives Handeln*, S. 113.
④ Jürgen Habermas, *Erläuterungen zur Diskursethik*, S. 15.

容"，或者如新亚里士多德主义所认为的那样，一种普遍性的道德必定会无视甚至是压制正在形成中的伦理生活和关系多元结构。对此，哈贝马斯强调："普遍性的道德原则是一把'双刃剑'，一方面是对什么是正确的回答；另一方面，它也追问对什么是好的答案。前者是一种强的规范命题，后者是一种弱的规范命题。"①

因此，哈贝马斯注意到，当新亚里士多德主义以黑格尔对康德的批判为基础进而抛弃理性法的传统的时候，它实际上切断了黑格尔原有的道德与伦理之间的内在联系。在哈贝马斯看来，伦理的立场优越于道德："仅仅是因为伦理立场对它自身所嵌入其中的人类主体和社会现实有更为实在的理解。"② 因此，我们可以看到，话语伦理学只是拒绝仅仅从道德的正当性来理解规范有效性的问题，但并不拒绝对社会规范秩序进行基本的道德批判。从哈贝马斯对康德道德意义上的"自律"概念的强调可以看出这一点，哈贝马斯认为自近代确立起的主体性的"精神"正是在道德领域确立起来的。所以，如果放弃一种普遍性的道德，那么，主体间的、社群性的共识总会僭越其特殊性意见的本质而以某种世俗的权利上升为"普遍的真理"的要求。总而言之，越是在一个特别利益差异和价值多元的现代社会，协调主体间的规范就越需要一种普遍的道德作为基础。③

至此，我们可以得出结论，话语伦理学实际上在为黑格尔所"批判"的道德原则辩护，进而重构出一个客观的道德判断的有效性要求，对于能够以这种方式在规范上加以回答的问题，哈贝马斯称之为道德"正义"的问题。④ 值得注意的是，这里所说的正义是指普遍性的道德规范。

---

① Jürgen Habermas, *Erläuterungen zur Diskursethik*, S. 15.

② ［德］克劳斯·菲威格：《黑格尔实践哲学和美学中的行为概念》，第62页。

③ 王凤才、杨丽：《维尔默对话语伦理学的内在批判》，《探索与争鸣》2017年第1期。

④ ［德］哈贝马斯：《在事实与规范之间》，第104页。

三

　　哈贝马斯非常重视普遍性的道德在现代社会中的规范作用。他主张：规范秩序的形成必须依赖于普遍的、不可置疑的道德原则。哈贝马斯在与罗尔斯的争论中反复强调，我们必须要能对普遍性的道德原则达成共识，即我们需要一种共同的视角去确证一种正义原则，而不仅仅是一种"重叠共识"。因此，哈贝马斯指出，话语伦理学"用一种严格意义上的道德概念来集中讨论正义问题"①。所谓严格的意义并不是指康德道德哲学的意义上，要诉诸一种纯粹理性立法，而是说，对话原则虽然是一总"纯粹"程序性原则，但它不是一个"中立的"调停者，而是一种具有普遍性道德内涵。本书同意弗斯特对哈贝马斯的解读，哈贝马斯在《法律与道德》一文对人权和人民主权"同源性"的叙述中，正义的道德基础并没有失去。在哈贝马斯这里，作为普遍性道德规范的正义原则可称为后形而上学的正义观念，它是以对话的正义理论的形式呈现出来。②

　　那么，什么是话语的正义理论。在此，本书参考罗尔斯对正义的定义，暂且把我们所说的正义界定为一种总德。换言之，正义它关涉我们个体生活和公共生活的诸方面（政治制度、经济制度和社会制度）的基础。因此，这种正义概念必定不是一种特定的正义观，而是一般的、普遍的、相互的正义原则。在哈贝马斯这里，这种正义原则具体表达为一种对话原则。

　　另外，需要明确指出的是，这种正义不是一种"纯粹"的程序，仅仅充当一种"中立性"的调停者，这里所说的正义是立足于对道德原则的解释。因为只有当一种道德规范得到相互的和普遍的承认时，这种道德规范才具有规范有效性，即普遍性的道德正义。具体而言，一种普遍性道德原则的形成过程，一方面，指明了达成一种

---

① Rainer Forst, *Das Recht auf Rechtfertigung*, S. 5.

② Rainer Forst, *Das Recht auf Rechtfertigung*, S. 100.

相互性和普遍性共识的条件；另一方面，它为我们存在分歧、异议的时候形成一个"合乎理性"的结论提供了可能。因此，我们说，对话的合理性，体现在参与者去探究可以兑现有效性诉求的条件。本书正是在这个意义上把对话原则界定为正义原则的内容，把道德理解成法的正当性基础。对此，如弗斯特指出的，通对道德原则的形式主义的普遍主义解释，从而不仅为私人规范提供了判准，而且也为政治道德秩序指明了基础。弗斯特明确指出，现代社会规范秩序的规范内涵正是在此："除它以获得辩护的方式获得的权威之外，正义本身没有权威；公共辩护仍然是规范性的'试金石'。"① 至此，我们可以回答上一章节提出的问题，即上文所讲的"确实性之墙"的规范，是指一种普遍有效性的道德正义。

---

① Rainer Forst, *Das Recht auf Rechtfertigung*, S. 146.

第 四 章

民主程序与法的合法性来源

　　承接上一章的问题，下文将继续从哈贝马斯本身的思想历程出发阐明哈贝马斯在《在事实与规范之间》一书中关于法的有效性问题的论断："民主程序承担了提供合法性的全部负担。"① 本书将指出，哈贝马斯的法哲学与其他学者对话语伦理学的批判以及哈贝马斯的自我批判有着直接的关联，其中与黑格尔的内在关系体现在：黑格尔对康德的"空洞性"指责，不断出现在学界对话语伦理学的批判中，进而成为哈贝马斯所必须面对且亟须解决的关键问题。因此，本书认为当哈贝马斯在 1985 年法兰克福的法哲学论坛提出"黑格尔对康德的批判是否也适用于话语伦理学"之时，它标示着这一所谓"黑格尔问题"② 之于哈贝马斯对法的规范有效性问题的整体构思有重要意义。本书为了阐明这一论断下文将重点通过分析和回答哈贝马斯提出的"黑格尔对康德的批判是否也适用于话语伦理学"的问题（一），说明在何种意义上，话语伦理学同样面临着黑格尔所说的"空洞性"指责；哈贝马斯为话语伦理学所做的可能性辩护是什么；哈贝马斯所做的这种辩护与他对法的有效性问题的论断之间

---

　　① ［德］哈贝马斯：《在事实与规范之间》，第 684 页。

　　② Kuhlmann, W. (Hg). *Moralitat und Sittlichkeit：Das Problem Hegels und die Diskuresthik*, Frankfurt/M.：Suhrkamp Verlag, 1986.

的内在关系是什么。通过这三个问题的回答，揭示哈贝马斯极力避免把法的有效性还原为规范的正当性的理论努力，与此同时也就说明了后续章节对康德理性自然法的批判（二），是哈贝马斯在考察法的有效性问题的时候不能绕开的环节。最后阐明民主程序何以是法的合法性的唯一来源（三）。

第一节　黑格尔对康德的批判
适用于话语伦理学吗？

这一节将重点通过哈贝马斯提出的"黑格尔对康德的批判是否也适用于话语伦理学"的问题，说明在何种意义上话语伦理学同样面临着黑格尔所说的"空洞性"指责（一）；哈贝马斯为话语伦理学所做的可能性辩护是什么（二）；哈贝马斯所做的这种辩护与他对法的有效性问题的论断之间的内在关系是什么（三）。

一

黑格尔对康德的"空洞性"指责必定是话语伦理学所要面对且亟须解决的。哈贝马斯在 1985 年法兰克福的法哲学论坛提出"黑格尔对康德的批判是否也适用于话语伦理学"① 的问题，这标示着黑格尔对规范问题的思考对哈贝马斯法哲学的整体构思有着重要意义。本文采用《道德与伦理》② 一书的说法，将哈贝马斯的法哲学与上述问题关联性概述为："黑格尔问题与话语伦理学。"那么，这两者之间究竟是如何关联的，我们首先从黑格尔对康德的"空洞性"指责的具体内容说起。所谓"空洞"是指，道德原则是空无内容的，

---

① Jürgen Habermas，*Erläuterungen zur Diskursethik*，S. 9.

② Kuhlmann，W.（Hg）.*Moralitat und Sittlichkeit*：*Das Problem Hegels und die Diskuresthik*，Frankfurt/ M.：Suhrkamp Verlag，1986.

它不能提供一个充足的原理，甚至不能区别行动的正确与错误。"空洞性"的指责通常被理解为黑格尔对康德的普遍主义形式法则的批判，哈贝马斯将其概括为：形式主义、抽象的普遍主义、单纯应该的无能、纯粹信念的恐怖主义。①

就话语伦理学而言，哈贝马斯把它当成康德普遍主义伦理学的典范②，认为，话语伦理学关注的问题与康德伦理学一致，关注的是一种可普遍化的道德规范之证成的问题。众所周知，在康德的伦理学中，为了确定规范性应当具有的普遍必然性的依据，行动的规范性必须建立在纯粹理性法则的基础上，因此，康德对行动和行动动机做了严格的区分，行动的原则不是出于行动的结果，而在于行动的意愿是否符合伦理法则。话语伦理学按照论证理论重构了康德的定言命令，进而阐发出话语伦理学的两个基本原则：一条道德规范只有得到所有相关的人作为实践讨论的参与者通过讨论一致同意时，才可被认为是普遍有效的（对话原则）；有效的规范必须满足这样的条件，即其普遍遵守所产生的结果和附带效应能满足每个人的利益、能被所有相关者所接受（普遍化原则）。哈贝马斯认为，经过对话理论的"更新"后，话语伦理学依旧具备康德伦理学形式性、义务性、认知主义、普遍主义的特征，但与此同时也产生了与康德"独白式"的伦理学根本的区别，具体来讲：

第一，话语伦理学认为规范的普遍有效性基础是主体间言语互动的普遍语用学条件，因此规范的对象不是"我"而是"我们"（至少两个行动主体）。第二，话语伦理学放弃了康德的"两个目的王国"的区分。与康德纯粹实践理性立法对道德的经验性因素的绝对摒弃不同，话语伦理学考虑所有参与者的利益。第三，话语伦理学对道德原则的辩护，不依赖于一种形而上学的真理观，在理想言谈情境下证成的普遍性规范，只具有一种调节性理念（regulative

---

① Jürgen Habermas, *Erläuterungen zur Diskursethik*, S. 9.

② Jürgen Habermas, *Erläuterungen zur Diskursethik*, S. 120.

Idee）功能，并不具有一种"道德真理"的实在性。

因此，我们可以看到，在话语伦理学这里，一种康德式普遍主义伦理学获得了全新的意义。但在话语伦理学获得广泛的关注和赞誉的同时，也遭到许多批评和反驳，哈贝马斯曾在《话语伦理学的阐释》一书中详细列出，并将这些批判概括为一个核心问题："是否如话语伦理学所主张的，从言语活动的论证与实践正确性之间存在一种必然的关系。"① 对此，我们可以尝试着将这些批判性的观点概括为以下三个方面：

首先是来自新亚里士多德主义者的批判。如麦金太尔、威廉姆斯（Bernard Williams）等认为，在逻辑上，话语伦理学对普遍性道德原则的证明，除非借助一个实质性的道德真理的概念，否则，不可能证成一种普遍性的道德原则。但是，如果借助一个实质性的道德真理的概念，进而将通过理想化预设而证成的正当性规范直接等同于现实生活中必须被无条件遵守的义务，这显然与新亚里士多德主义的基本直觉相悖。如威廉姆斯指出，普遍性的道德理论已付出太高的代价，一个价值多元的社会，对一种普遍化道德原则的证成，需要更加谨慎；抑或是我们本应该放弃一种普遍性的道德概念，我们应该回到日常活动中去探求"我是谁"等伦理认知的问题，因为道德上的同意的达成是不能强迫的，它们只能从自身的伦理生命中成长出来。②

其次是来自话语伦理学内部的批判。之所以称之为话语伦理学内部，是因为与新亚里士多德主义者不同，他们既捍卫实践理性的普遍主义传统，也坚持话语伦理学对话原则的基本理念。其中如维尔默、霍耐特等仍就从对话伦理内部发现其理论缺陷。对我们所关注的哈贝马斯法哲学思想起源的问题而言，其中维尔默对话语伦理学的内在批评最为重要，哈贝马斯在法哲学领域的构思直接受到了维尔默的启发。维尔默曾在《伦理学与对话》和《决胜局：不可和

---

① Jürgen Habermas, *Erläuterungen zur Diskursethik*, S. 120.

② Jürgen Habermas, *Erläuterungen zur Diskursethik*, S. 123.

解的现代性》等著作中明确指出，"话语伦理学一个根本性的理论缺陷是：混淆了规范的正当性与规范有效性的问题。规范的正当性问题涉及规范的奠基，即正当性基础的问题；而一种规范是否有效的问题，除了关注规范本身要具有正当性之外，它还需要这些规范能够真实地作用到我们的实践行动。但是，话语伦理学以真理共识论为支撑点的理论策略，这使得它在考察规范问题时一开始就直接从最基础的规范有效性来源着力，这种理论努力，看似是从根本上考察规范有效性的问题，但是却无法在规范有效性的普遍性特征与规范何以有效的可能性条件的两个问题之间作出区分，进而导致它不能清楚究竟应该在哪个层次上考察行动的规范有效性问题，从而也就忽略了规范之可应用的问题"①。与之相关的另一个批评是，维尔默指出，话语伦理学无法清晰地在道德与法律之间作出区分，这就使得话语伦理学主要是在道德领域考虑规范问题。对此，维尔默指出，"在 U 原则中，道德原则与民主合法性原则，以难以理解的方式'混合'在一起，以至于最后既不能够相信道德原则又不能够相信合法性原则"②。

最后是对于哈贝马斯思想过于"理想化"的指责。一直以来，真理共识的理论策略，即理想言谈情境的设置被许多研究者诟病。因为理性言谈情境的设定是，"在不受限定的时间、不受限定的参与资格与完全无强制性的条件下，借助于语言概念的充分的清晰性、充分的经验信息性、充分的角色交换能力与意愿及充分的无偏见性的设立，来寻求某个实践问题的答案"③。但是，在现实的生活实践中，是无法满足理想言谈情境设置的条件的，或者说这样的条件只能近似的满足。如果现实的"言谈"达不到"理想的言谈情境"，

---

① 王凤才、杨丽：《维尔默对话语伦理学的内在批判》，《探索与争鸣》2017 年第 7 期。

② Albrecht Wellmer, *Ethik und Dialog*, S. 55.

③ ［德］罗伯特·阿列克西：《法：作为理性的制度化》，雷磊编译，中国法制出版社 2012 年版，第 56 页。

"话语伦理学"的基本理念还依然有效吗？这就成了哈贝马斯必须思考的问题。

对此，哈贝马斯力证："这一切都不会使得话语伦理学的努力没有价值。"因为理想对话的观念是一种"调节性"理念，作为调节性理念，它表达出的是对话的目标或者说终点。所以，真正的关切问题还是前文所指的：对理想对话达成的普遍性规范与实践正确性之间是否存在内在关联，而不是现实实践中是否能兑现理想情景的条件预设。在这个问题上，哈贝马斯主张一种"普遍语用学"路径的话语伦理学理念，认为理想对话达成的普遍性规范与实践正确性二者之间只存在"类比"意义上的真理性，对话原则只具有一种弱的规范性，它本质上是一种中立性的原则。但这样又导致了另一个根本性的问题，如果我们对话本身不是一种确证"是否正确"的机制，那么，在真实的实践讨论中，面对本就包含着差异与冲突的复杂情境，"对话"本身如何促使参与者达成一种具有规范性的共识。对话原则作为一种纯粹的程序性原则，如果充其量只是一个中立的调停者，那么它实际上并不能解决道德冲突的问题。

上述所有这一切批判都似乎表明了如维尔默所说的：话语伦理学又"重新陷入康德的窠臼"中，对此，如塞拉·本哈比（Seyla Benhabib）所讲，当前对话语伦理学的争论都笼罩在那个著名的黑格尔对康德的"空洞性"指责中。[①]

二

那么究竟话语伦理学是否会陷入反对者所言的空洞性指责？抑或用哈贝马斯的话来讲，黑格尔对康德的批判适用于话语伦理学吗？下文我们一一给予分析。

---

① Seyla Benhabib, "The Generalized and the Concrete Other. The Kohlberg-Gilligan Controversy and Moral Theory", *Women and Moral Theory*, Vol. 5, No. 4, 1987, pp. 148 – 177.

　　话语伦理学与康德对话伦理一样，也是一种程序伦理学。这意味着其本质不是针对具体行动给予一种规范指导，而是试图提供一种程序性的检查机制，以此检验参与者提出的、建议的规范是否是一种可普遍化的道德规范，最后去证成规范的普遍形式和有效性要求。对此，哈贝马斯认为，要证成道德原则的普遍形式，那么就必须超越具体伦理生活对"什么是正确的"的回答，要从更根本、可普遍化的层面去思考规范何以普遍有效，因此，一种程序伦理学必须在道德判断的结构和内容之间做出区分。在这个意义上，话语伦理学必定是一种形式主义伦理学，具有普遍主义特征，但话语伦理学包含的是否是一种"抽象"的普遍性特征？

　　哈贝马斯强调，对一种普遍性的道德原则的"样式"的重构，并不会是黑格尔所说的只是一种形式预设，与实质性的伦理关系和社会形式分离。如前文已经阐明的，按照话语伦理学的基本理念，恰恰相反，如果说实践对话本身不仅是对规范是否可普遍化的检查机制，它还是提供内容的机制，这种内容不是来自对话本身，但对话原则提供"内容"产生的条件。作为一种程序伦理学，哈贝马斯认为，话语伦理学倡导公共对话的空间，进而将参与者背后所代表的"内容""置入"这种对话空间中，最终找到、达成符合参与者的利益而且能被所有参与者接受的规范，并且对话本身是一种过程（Process），而不是结果。因此，一种普遍性的形式法则，并不会忽视具体的伦理"内容"，或者如新亚里士多德主义所认为的那样，一种普遍性的道德必定会无视甚至是压制正在形成中的伦理关系的多元结构。

　　话语伦理学是否会面临黑格尔所批判的道德恐怖主义？康德的伦理学通过一种道德的自律概念，即一种内在强制、义务来说明行动的能力，属于一种信念伦理学。这种信念伦理学将行动的原则最后归结为单个个体的善良意志，黑格尔认为这就非常接近于一种宗教的自我崇拜，因它是不可普遍化的，因此易于走向伪善。

　　显然，一种"普遍语用学"路径的话语伦理学并不会陷入黑格尔所批判的"伪善"。这是因为，一方面，话语伦理学，尤其是哈贝马斯版本的话语伦理学，从来不是如新亚里士多德主义所批判的：把通过理性化预设而证成的正当性规范，就直接当成现实生活中必须被无条件遵守的义务。这一点，我们可以从哈贝马斯一直不断地在修正他的语用学立场①来理解。与先验主义路径的话语伦理学相较，从这种修正中我们也可以看出，在哈贝马斯所持的"普遍语用学"的立场下，在理想化的言谈情境证成的正当性规范，对于我们具体的生活实践来讲只有一种"弱"的规范意义。另一方面，与基于单个主体道德的自律概念不同，哈贝马斯注意到的是康德自律概念蕴含的主体间性，换言之，行动的规范性来源不是单个行动主体的自律概念，因此，话语伦理学并不会陷入黑格尔所批判的"伪善"。

但是，如果在理想化的言谈情境证成的正当性规范对于我们具体的生活实践来讲只有一种"弱"的规范意义，哈贝马斯所强调的话语伦理学的认知主义特征，它仅仅告诉我们"什么是正确的"。那么，话语伦理学对实际情境中的规范问题依然是无能为力的，这正是引发黑格尔批判康德的道德法其实只是一种"纯粹应然的无能为力"的根本原因所在，也是话语伦理学面临的真正问题，对此哈贝马斯承认②：

> 每一种普遍主义的道德，为了获得能认知（道德正确性）的好处，必须先付出丧失具体伦理性的代价。它因而必须予以补偿，才能使它在实践上有作用。普遍主义的道德对于去脉络化的问题，提出无特定动机的回答，它若要产生作用，则有两个后果问题必须先被解决：行动脉络的抽离性，以及理性推动

---

① Jürgen Habermas, *Erläuterungen zur Diskursethik*, S. 134.

② Jürgen Habermas, *Erläuterungen zur Diskursethik*, S. 40, S. 42. 中文版翻译参见林远泽《论规范遵循之可期待的理性基础——试从对话伦理学的应用问题论道德、法权与政治责任的规范效力差异与互补》，《人文及社会科学集刊》第二十四卷第三期。

的洞识与经验态度之间的切割，必须被重新考虑进来。在此我们即可以采取黑格尔批判康德的思路，质问在什么条件下，生活形式才可以促进实践，并从而使得参与者能够做出依原则引导的道德判断，并按道德洞识而行动。

　　道德判断是对去脉络化的问题提出无特定动机的回答，它因而产生实践上的匮乏，而要求能够被弥补。对于（a）将普遍原则应用于既定的情境之认知问题，以及（b）将道德证成的程序定着于人格系统的动机问题，如果仅把它们交给个别主体去解决，这样就太过于苛求了。生活世界的合理化，其实正可以依据它能提供个人解决这些问题的程度，来加以衡量。

　　对于我们目前的问题处境而言，上述这段文字，尤其值得关注，它实际上已经标明了哈贝马斯晚期实践哲学的基本立场：从话语伦理学之应用性问题出发，哈贝马斯不再仅仅从道德应当的层面去重构现代社会规范秩序的基础。

　　实际上，在话语伦理学内部，是维尔默最先提出并详细论证话语伦理学之应用性的问题，在《伦理学与对话》中，他指出"持真理共识论的普遍主义的伦理学，似乎需要一种过高的理性欲求的能力，以及一个上帝意义上理性的概念。当我们将道德的问题理解为在一个特定的依赖于具体的语境中的问题时，作为论证原则的 U 的运用就成了问题，就指出话语伦理学所说的普遍性原则不能运用的问题"①。与此同时，维尔默也提出了一种"可错论"（Fallibilism）的真理观，且在"可错论"真理观的基础上阐发出一种能作用到具体情境中的话语伦理学的理念。维尔默对话语伦理学的内在批判为哈贝马斯采纳。因此，对于话语伦理学的"应用性"问题，哈贝马斯补充道，在道德奠基的部分，如果不追问普遍规范是否能在具体情境问题中起作用，那么，道德的普遍有效性是值得怀疑的，因此，

---

① Jürgen Habermas, *Erläuterungen zur Diskursethik*, S. 134.

"应用性"问题也成为实现理想对话到现实对话的关键环节。那么在普遍性的规范和具体的伦理情境之间这两者究竟如何建立起关联？

对此，哈贝马斯采纳了君特提出的"适用性原则"。通过"适用性原则"话语伦理学试图找到一条"经纬线"使得在普遍性的规范奠基部分证成的普遍性法则能够"贯穿"到具体的情境中的原则，这就是话语伦理学之可应用问题的基本主张。在此，我们可以借用弗斯特的表达，把"适用性原则"充当的理论功能界定为："使得正义从道德最高点回到具体的政治情境，并且能够与政治—民主正义和社会正义的具体问题联系起来。"①

三

在《合适感——论在道德和法律中的应用讨论》（*Der Sinn für Angemessenheit*：*Anwendungsdiskurse in Moral und Recht*）的开篇，君特指出："行动、规范与情景的关系是社会理论的主要问题。社会秩序何以可能，回答的是普遍的规范要能在具体的情景中协调和规范主体间的行动计划和目的。行动的目的和意图与特殊的情景、预期的结果等具体规范情境相关。因此，规范性的应用问题，考察的是，作为社会中的成员如何在自己的情景中规范自己的行动。通过这样步骤，在前理解概念中阐明的规范要求，通过一个道德的、法的和社会规范的应用过程作用到一个'自我理解'的特定的现实的而非理想的情景中。"②

因此，君特认为，一种规范的有效性，则至少必须满足以下五个条件：（1）进行情境描述；（2）提出规范；（3）从规范与情境描述一起得出单称判断；（4）进行规范的诠释，以至于在情境的描述与规范的命题成分之间具有意义的相等性；（5）这个规范诠释能被

① Rainer Forst, *Das Recht auf Rechtfertigung*, S. 137.

② Klaus Günther, *Der Sinn für Angemessenheit*：*Anwendungsdiskurse in Moral und Recht*, Frankfurt/M.：Suhrkamp Verlag, 1988. S. 11.

证成。因此，他认为，"对规范有效性的证成性对话（Begrün-dungs-diskurs）必须补充应用性对话（Anwendungsdiskurs）的环节，并进一步将普遍性的道德原则表达为：只有在考虑了所有相关情境特征之后方能对某项规范在该具体情境中的恰当性作出判断"[1]。

适用性原则直接成为哈贝马斯《在事实与规范之间》的理论资源。适用性原则的提出，使得话语伦理学能在规范的证成（Rechtsfertigung einer Norm）与该规范在具体情境中的可适用性证成（Rechtsfertigung der Anwendbarkeit dieser Norm auf eine konkrete Situation）之间做出区分，从而，一、避免了一直以来对话语伦理学指责：混淆了规范的正当性与规范有效性；二、按照适用性原则，我们可以明显地看到，规范正当性的奠基与可应用性是两个层面的问题，那么由于在理想言谈情境中不可能预测到规范在未来所有的适用情境，但这不能说在道德奠基部分证成的普遍性的道德是无效的；三、更为重要的是，如果规范有效性的问题涉及的不仅仅有规范奠基，还涉及可应用性问题，那么相应地话语伦理学的对"规范何以有效"的理论构建就不仅仅在道德领域，也就为"法"留下了地盘。[2]

现在，让我们反观哈贝马斯对法的有效性问题的核心主张：法的有效性具有双重层面，即法同时具有现实的和理想的维度，哈贝马斯真正思考的问题是：在法的现实化的过程中，法的实质正确性要求如何起作用。从哈贝马斯对近代自然法的论断来看，试图以自然法来为法奠基的努力，恰恰过于强调法的实质正确性要素，不免用"应当"来要求"是"，从而沦为一种"道德的"建构，对此，在批判阿佩尔等"强"规范语用学路径中，哈贝马斯指出：在政治道路上，道德实在是一个既不精准，又会误导的罗盘。这正是哈贝马斯用法哲学来代替道德哲学来思考规范有效性问题的考量，也是哈贝马斯思想中"黑格尔因素"发挥作用的地方，在后续章节对康

---

① 参见林远泽《论哈贝马斯沟通理性建筑术的法权定位》，第96页。
② Jürgen Habermas, *Erläuterungen zur Diskursethik*, S. 120.

德理性自然法的批判中，我们还会看到哈贝马斯思想中这一核心
要义。

第二节　哈贝马斯对康德自然法的批判

前文已论及哈贝马斯对法之规范有效性问题的思考，必定要回
到人作为具有自我立法的理性存在者这样一个启蒙的概念上，势必
要恢复法的理想要素和合法性的规范性向度。本书在前文回顾哈贝
马斯的思想历程之时，已经确证了理性自然法对哈贝马斯法哲学思
想起着决定性的指引作用，通过对法实证主义的批判，哈贝马斯力
证：即便是在自命不凡的实证主义那里，都发现了自然法的思考
方式。

其实，哈贝马斯早在《自然法与革命》等早期著作中，就已经
对他所理解的理性法传统进行了考察并给出了一些重要结论，对于
我们目前思考的"法的规范有效性"问题而言，哈贝马斯以下的论
断尤其值得我们注意：

第一，理性法理论是对基于宗教和形而上学理由的自然法的崩
溃的一种反应。所谓"神学自然法崩溃"是对理性法产生的背景的
描述，它指的是，随着自然之祛魅和宗教之世俗化的进程，我们对
行动规范性来源的追溯经历了由上帝立法到对理性立法的转变。在
理性法时代，人们关于规范性和正当性问题的讨论只能从"人的理
性的自主性"这个基本"精神"出发。哈贝马斯明确把中世纪当成
是规范意义的过去，而所谓现代指的是一种新的时间、规范意识。
哈贝马斯曾引用黑格尔的《精神现象学》来表明这种新的时间
意识①：

---

① ［德］哈贝马斯：《现代性的哲学话语》，第 7 页。

我们不难看到，我们这个时代是一个新时期的降生和过渡的时代。人的精神已经跟他旧日的生活与观念世界决裂，正使旧日的一切葬入于过去而着手进行他的自我改造。现存世界里充满了的那种粗率和无聊，以及对某种未知的东西的那种模模糊糊的若有所感，都在预示着有什么别的东西正在到来。可是这种颓废败坏……突然，为日出所中断，升起着的太阳犹如闪电般一下照亮了新世界的形象。

第二，理性法的任务是通过"法"透视这种"新精神"的原则以及对于新精神何以能颠覆旧的规范秩序、开出新的规范秩序以及未来可能出现的危机及重建的可能性进行解释、批判、预测。哈贝马斯因此在《自然法与革命》一文中将奠定现代社会规范秩序基础的"资产阶级革命"的政治正当性问题追溯至格劳秀斯、霍布斯等近代自然法理论对规范性问题的证明，将《人权宣言》和《拿破仑法典》中所彰显出来的人的权利的观念追溯至近代哲学中所确立的主体性原则。如此，哈贝马斯作出论断：理性法的强制性的特征，也正是革命之所以可能的因素在哈贝马斯看来，革命实质是通过理性法将革命意识转变为强制的国家法的行动，即近代自然法理论包含了革命可能的条件。哈贝马斯指出："使哲学变为政治现实的这种观念，即从哲学理性的强制中产生的法的强制的契约自主权，是革命的概念；这一概念实质上产生于现代自然法的基本原则中；这一革命概念早在资产阶级革命把本身包含在自然权利的法定化中，并把这一概念同自己的名字联系在一起之前，就在社会契约的其他名称下被提了出来。"① 对此，正如罗门所说："霍布斯构想其自然学说的目的是破坏独立的教会法，他的目标是让后者屈从于、并将其整合进由君主所体现的那全能的、唯一的国家人格的自然法。"② 总

---

① ［德］哈贝马斯：《理论与实践》，第91页。
② ［德］海因里希·罗门：《自然法的观念史和哲学》，第77页。

而言之，这种以主体性原则为基础的自然法尤其适合于瓦解传统的、僵化的社会秩序。

第三，理性法理论是以各种不同形式展开，但近代理性法首要且根本地是指：以那个独一无二的"主体理性原则"为基础的立法。霍布斯与康德是哈贝马斯对近代理性法之整体评判的两个极点，霍布斯更多地归属于经验主义自然法观念的这个极点，它强调一种非道德化的论证成为实证主义法学观。相反，康德将法的规范性基础归结为道德，主张一种合道德性的合法性概念。虽为两个极点，我们说，以更高角度来看，这两种形式共同效力于一条主线，即以主体理性立法。对此，哈贝马斯提醒我们注意，近代的自然法理论与传统自然法在规范内容上已有实质性的不同，即它不是一种客观的"法则和尺度"，换言之，一种先于人类意志并独立于人类意志而具有约束力的秩序。近代自然法首先是一系列的权利，即从一种"绝对无可非议的主观诉求出发，这种主观诉求不依赖于任何先在的法律、秩序或义务，相反，它本身就是全部的法律、秩序或义务的起源"①。在近代理性法原则的确立中，人的理性成为规范秩序的建筑师，"人成为万物的尺度"。对此，如罗门所说的，在近代理性法中"自然法的客观基础和永恒法消失不见了。所谓自然法，不过是绝对命令，从实践理性的调节性理念那里推导出来的一系列结论而已"②。

因此，本书追溯哈贝马斯的思路从而揭示他是在启蒙的意义考察近代理性法对法的有效性问题的回答。本书也正是在这个意义上认为，哈贝马斯是在自然法传统内考察法的规范有效性问题，并直接将目光转向近代理性法理论，尤其关注哈贝马斯对康德自然法理论的批判。当然，这种考察工作，并不意味着康德之前的自然法理论，如亚里士多德、西塞罗、阿奎那等哲学家关于法的规范性问题

---

① ［德］海因里希·罗门：《自然法的观念史和哲学》，第77页。
② ［德］海因里希·罗门：《自然法的观念史和哲学》，第77页。

的思考乏善可陈，更不因为战后德国出现的自然法运动对法之有效性概念讨论不够充分。恰恰相反，上述思想对哈贝马斯反思近代理性法有着决定性的意义。本书之所以略过这些关键性环节而直接聚焦于康德，是因为本书主张康德的自然法理论在一定意义上是哈贝马斯对法的有效性问题思考的参照系。为了支撑这一论断，下文将通过：（一）简单阐明康德如何界定对法的规范有效性；以及（二）回顾哈贝马斯对康德的自然法理论的批判；（三）最后指出哈贝马斯这种批判所指向的观点是什么等这些基本的问题，进而澄清哈贝马斯的观点。

一

法哲学家拉德布鲁赫（Gustav Radbruch）指出，康德哲学完成了对自然法的致命一击。具体而言，康德将法之规范界定为纯粹的形式条件，从而将任何经验性的排除在外。在哈贝马斯视域下，康德法哲学的重要性在其反复强调的启蒙理性，在这个意义上，哈贝马斯认为康德的自律概念是一场"规范革命"。对此，正如罗门所说："伊曼纽尔·康德在其哲学中展示了个人主义自然法的最终与最高形态。"① 考虑到康德法哲学思想的复杂性和深刻性，本书仅遵从哈贝马斯对康德的解读，将康德的法哲学理解为与霍布斯理性法的状态相对的另外一种自然法形态。下文我们将看到，哈贝马斯这一论断乃是根植于法哲学中的根本问题：道德与法的关系问题。

众所周知，康德为了确定规范性应当具有的普遍必然性的依据，进而对行动和行动意志做了严格的区分，法学规范行动，道德规范行动的意愿，而行动的规范基础必须建立在规定行动动机的纯粹理性法则的基础上。按照实践理性立法的法则，任何形式的立法包含两个部分：一是法则，它把应当发生的行动在客观上表现为必然的，它使行动成为义务；二是动机，对行动的任性的规定根据在主观上

---

① ［德］海因里希·罗门：《自然法的观念史和哲学》，第77页。

成为动机。通过第一部分，行动被表现为义务，这就是对任性的可能规定，亦即实践规则的一种纯然理论认识；通过第二部分，如此行动的责任就在主体中与一般任性的一个规定根据结合起来。因此，任何立法使一种行为成为义务，同时使这种义务成为动机的立法，是伦理学。而在法则中不连同包括后者，因而也准许另外一个与义务本身的理念不同的动机的立法，是法学。道德内在性地规范行动的意愿，法学外在性地规范行动。①

那么，在康德这里，法的有效性的基础是什么，法是从何处获得其约束我们的权力？首先需要明确的是，康德并没有使用法的有效性的概念。他关注的是法的义务（Verbindlichkeit）。简单来讲，义务是法的基础，即一种起源于法权自身的义务。康德区分了法的概念、法的原则和法的法则三个概念。法的概念回答的是什么是法，它是指："一个人的选择能够在其下按照一个普遍的自由法与另一方的选择保持一致的那些条件的总和。"② 法的原则是指，"任何行动都是正当的（right），如果它能够与任何人根据一个普遍法自由共存"③。法的法则将法的原则与义务的概念联系起来，它表达出了一个要按照法权原则来行动的义务："如此外在地行动，使你的任性的自由应用能够与任何人根据一个普遍法则的自由共存。"④

二

然而，在哈贝马斯看来，康德因为其意识哲学的理论前提，从而主张普遍法权原则必须诉诸单个的理性主体的自由意志。对此，哈贝马斯指出："如果理性意志只能形成于一个单个主体，那么个人

① 参见杨丽《交往行为与现代社会规范秩序的基础》，《学习与探索》2017年第4期。
② ［德］康德：《道德形而上学》，李秋零译，中国人民大学出版社2010年版，第238页。
③ ［德］康德：《道德形而上学》，第238页。
④ ［德］康德：《道德形而上学》，第238页。

的道德自主就必须贯穿所有人的联合起来的意志的政治自主，以便用自然法来确保每个人的私人自主。"① 按照康德的主张，我们"唯有通过道德命令才知道我们自己的自由（一切道德法则，进而甚至一切权利和义务都是由这种自由出发），道德命令是一个要求义务的命题，随后从这个命题中可以展开使他人承担义务的能力，亦即法权的概念。② 若无对这一命令的意识，我们必将设想自己仅为具有纯粹工具性行动能力的存在者。简而言之，康德强调法的道德基础。也正是在这个意义上，哈贝马斯指出康德从一开始就在道德理论的框架中发展其法律理论。③ 而言之，普遍法权原则其本质是通过把道德原则运用于"外在关系"而得到的。

因此，哈贝马斯分析指出，康德是试图用一种道德哲学来重建宗教—形而上学自然法倒塌后的规范基础，"康德用一种简单的代换来重建这座倒塌的建筑：宗教—形而上学自然法所留下的空位应该由自主地论证的理性法来占据"④。自然法的道德通过现代法治国转变成实证法，换言之，法律的实证化被看作理性法原则的实现。对此，哈贝马斯指出，如果政治和法律仅仅被认为是执行实践理性法则之工具，进而处于道德之下，那么"政治就失去了它的立法能力，法律则失去了它的实证性"⑤。

但是，如罗门已经指出的：一切试图以自然法理论来为法奠基的努力都失败了。⑥ 哈贝马斯认为，即便是在自然法的最高形态，即在康德的自然法理论中理性法也难以完成它的任务。哈贝马斯明确说："康德那里，从实践理性中先天地引出来的自然法则或道德法

---

① ［德］哈贝马斯：《在事实与规范之间》，第 127 页。
② ［德］康德：《道德形而上学》，第 239 页。
③ ［德］哈贝马斯：《在事实与规范之间》，第 607 页。
④ ［德］哈贝马斯：《在事实与规范之间》，第 608 页。
⑤ ［德］哈贝马斯：《在事实与规范之间》，第 608 页。
⑥ 参见王凤才、杨丽《维尔默对话语伦理学的内在批判》，《探索与争鸣》2017年第 1 期。

则，则居于太高的地位，使法律有融化进道德的危险：法律几乎被还原为道德的一种有缺陷模态，康德以一种特定方式把不可随意支配性环节置入法律的道德基础之中，从而实证法被置于理性法之下了。"① 因此，如果对霍布斯来说，实证法说到底是政治统治的一种组织手段，那么对康德来说，实证法始终保持着一种根本的道德性质。

哈贝马斯通过对康德形式主义立法的批判表明，形式主义的立法会"使实践理性同它扎根于其中的文化的生活形式和政治的生活秩序脱离了联系"②。如罗门对康德的分析指出，在康德的自然法理论中"作为自然法的起点和首要原则、纯粹形式化性质的自由，使得实质化自然法，即具有实体性内容的自然法不可能了。这种特性不允许他发展出一种实体性价值的学说，而只能提出关注能够'给出'价值的条件的学说"③。这正是黑格尔所说的空洞性指责的要义。哈贝马斯继承了黑格尔对自然法的批判，认为康德主张实证法可以从一个更高法律那里获得其合法性的柏拉图主义式观点，对哈贝马斯来说，"法何以有效性"不仅仅是一个政治上的"法"，也不仅仅是法的正当性基础的问题（规范性基础或者规范性来源的问题）。从哈贝马斯对主体理性法的批判我们不难看出，"法何以有效"是以双面形象出现的，这一种双面形象在理性法的传统中被压制了。对此，哈贝马斯明确指出，造成近代理性法的种种困境和悖论正是由于它的"规范性来源"的预设所引发的："困难的根源不仅仅在于意识哲学的一些前提，而且在于理性法传统的一个形而上学遗产，那就是把实证法置于自然法或道德法之下。"④

---

① ［德］哈贝马斯：《在事实与规范之间》，第 607 页。
② ［德］哈贝马斯：《在事实与规范之间》，第 1 页。
③ ［德］海因里希·罗门：《自然法的观念史和哲学》，第 77 页。
④ ［德］哈贝马斯：《在事实与规范之间》，第 105—106 页。

三

在哈贝马斯看来就法的规范有效性问题而言，无论以实证主义为底色的法律社会学，还是以形而上学为思想母体的自然法理论，最终都把法的规范有效性基础归结到一种单向度的原则，差别只在于是现实性还是理想性原则。哈贝马斯通过对二者的批判，从根本上是想说明无论是法律，还是道德一旦片面化必然产生一种"副作用"，因此我们势必要努力勾勒出两者之绝对化所产生的"病理学"，这使得哈贝马斯的法哲学思想首先表现为理性法之批判。但是这并不意味着哈贝马斯对理性法的绝对弃绝，相反，哈贝马斯是想通过对话原则进而构建一种"对话差异的建筑术"，它可以容纳道德、法律与政治之规范性差异与互补的关系，进而阐明道德、法律它们各自所承当的规范功能，以及明确认出它们各自的界限。因此，我们说哈贝马斯对理性法传统的批判，它绝非一种粗略简单的外在之超越，而是一种有深远抱负的内在之超越。唯有基于这样的观察，我们才能真正看清和理解哈贝马斯所说的"以法治国代替理性法"的深刻内涵。要阐明这一点，我们还需要对哈贝马斯所说的"实践理性多态论"的具体形态进行一番简要的描述。

一种"实践理性多态论"是哈贝马斯法哲学的思考规范问题的框架。简单来讲，哈贝马斯通过对伦理、道德、法之规范领域的明确区分，从而指出不能仅仅将法的规范性基础直接与普遍主义道德相联系。对此，麦肯锡认为哈贝马斯在《论实践理性的实用、伦理与道德运用》（1988）一文中提出对话差异的建筑术（Diskursdifferenzierung）的概念，为我们对哈贝马斯法哲学最终进行全景式把握提供了一个契机：依靠这样一种基本立场，话语伦理学把自己置于康德传统之中，而又可以避免因一开始便把矛头对准一种抽象的信念伦理而招致的质疑。话语伦理学的确是用一种严格意义上的道德概念来集中讨论正义问题，但它既不需要回避功利主义对行为后果的正当强调，又不需要把古典伦理学所强调的有关善的生活的问题从话语讨论领域当中排除出去，交由非理性的情感立场或交由决断。从这个意义上来看，话语伦理学这一名称本身或许就会招致误解。话语理论以不同的方式与道德问题、伦理问题和实用问题发生联系。①

由上文得知，哈贝马斯所说的"实践理性多态论"是指在后形而上学时代实践理性分化出多种形态。换言之，实践理性的统一性"不能再按照康德所说的先验意识的同一性模式用道德论证的同一性来加以证明。也就是说，我们不可能再回过头来寻找一种元话语，为我们在不同形式的论证方法之间所进行的选择提供支持"②。也就是说，我们可以从合目的性、善和正义等不同的角度确证实践理性的规范内涵，哈贝马斯说："在实用话语、伦理话语和道德话语当中，理性与意志也呈现出不同的格局。"③

哈贝马斯明确称："实践理性如果在这样一种反动的判断力盲点上找到其同一性的话，那它就不过是一种不透明的形态，只有现象学才能把它解释清楚。道德理论必须把这一问题搁置起来，以便把它交给法哲学去解决。"④据此，哈贝马斯反复强调他不再用"正当性"这个共同的标签把法律规范的合法性要求等同于道德的正义。在哈贝马斯看来，道德仅仅涉及规范的正确性，它本身并不包含规范建制化的部分，它是对道德应然性的说明。从道德要求转化到行动，其中需要良心的机制，道德的应然性并不能等同于行动的规范性和正当性。社会秩序的规范基础，事实上必须放弃一个强的道德观念，对此，我们再次援引哈贝马斯在回应阿佩尔持一种强的先验语用学的本书所作出的论断：在这条政治道路上，道德是一部不准确的甚至是误导的罗盘。

至此，我们看到，康德的实践理性立法所阐明的自主性原则，

---

① Habermas, *Erläuterungen zur Diskursethik*, S. 60.
② Habermas, *Erläuterungen zur Diskursethik*, S. 60.
③ Habermas, *Erläuterungen zur Diskursethik*, S. 67.
④ Habermas, *Erläuterungen zur Diskursethik*, S. 95.

不仅是哈贝马斯构建对话差异的建筑术的重要的参照点，而且也成了他最终的落脚点。《在事实与规范之间》的开篇，哈贝马斯就已经明确指出对法的规范有效性基础的探究，不能再回到一种道德立法中，康德式道德世界观不但不能实现真正的自律，反而会陷入黑格尔所指称的"应该的无能"中。在哈贝马斯看来，法作为一种规范要在事实上发挥出调节、整合社会关系的作用，就不能仅仅在内容正确性的维度加以考量，这是哈贝马斯对法之规范有效性问题思考的起点。

我们说，哈贝马斯作为近代理性法传统的继承者和坚定捍卫者，对使得法之所以成为法背后的那个超实证的正义要求是他与近代自然法理论家的共同关切。但也正因为在目标上的这种一致，才使得哈贝马斯对近代理性法片面地将法的规范有效性的基础全部放在单个的行动者的理性能力上而心存芥蒂。哈贝马斯强调，近代理性法由于坚持从主体理性出发来理解规范的普遍必然性，所以对它来说这种普遍必然性的最高点只能存在于主体的"自律"当中，这种以理性自律诉求的实践理性，在思考政治建制问题时，就像对行动规范的普遍性要求作出说明一样，首先尝试的是能够试建构一种在规范上正当的规范秩序。罗门称自然法的历史与形而上学的命运紧紧相连的，它是指"由于形而上的存在对于思考没有任何控制力，演绎的自由思考就把自己迷失在唯理主义的构建中，它只是过于频繁地为经验的、历史的内容披上出自理性的纯粹而绝对有效的演绎结论的光环"①。

然而，哈贝马斯从根本上表现出对这种近代自然法的道德的观点（moral point of view）的不满。所谓从根本上，是指哈贝马斯在回应学界之于话语伦理学的批判时，接受了黑格尔对规范问题的思考，即我们一再强调的，黑格尔所提出的"应当的无能"的问题是我们在思考法之规范有效性问题时自始至终要回答的问题。至此，我们

---

① ［德］海因里希·罗门：《自然法的观念史和哲学》，第 117 页。

可以说，哈贝马斯的理论与通过主体自身的理性能力来建构对象、规定意志的主观实践理性相比，它是从主体间的互动关系中来认识、理解行动的规范和意义，相应地，法的规范基础也就只能基于这种社会互动关系。哈贝马斯通过对主观理性的批判发展出来的原则，使他对法的有效性问题的思考，而不至于像近代理性法那样要么基于虚设的自然状态学说，要么满足于对经验事实的先验条件进行演绎，进而消解基于形而上学所构建的理性法所导致的道德与法之间的等级观，即法从属于道德。

但问题是，如果不再试图从一个至高的道德原则阐明法的正当性基础，我们去哪里寻得法之所为法的规范性基础？对此，我们可以把哈贝马斯的核心思想概述为：一方面，要坚守理性法所主张的有一种超实证的、普遍有效的规范作为法的规范性基础，法与道德之间的关系不是如实证主义所主张的那样是绝对分离的，道德法是形式的、程序法，但绝不是一种纯粹的程序，仅仅为一种中立性的调停者，普遍性的道德原则是作为总德意义上的正义原则，是我们拷问法的有效性基础的"试金石"；另一方面，法的规范有效性要与一种形式的程序性概念相关，它的基础不再是一种道德的善良意志，而是一种政治的民主程序。普遍有效道德原则与实证的法律体系之间通过一种程序性过程（Process）来连接。后续章节将详细阐述哈贝马斯法哲学思想这一核心要义。

第三节　民主程序与法的合法化

本书在探讨完哈贝马斯对康德自然法理论的批判之后接下来要回答这一关键问题：如果如哈贝马斯所言，在后形而上学时代以一种至高的道德原则为法的有效性基础奠基的自然法的努力已经失效后，那么，法从哪里获得其规范性的能力？可以先行明确的是，哈贝马斯的理论与自然法理论蕴含了一种理想性的向度不同，他对

"法的有效性问题"的回答是"现实的",所谓现实是指,他主张民主程序是法的合法性的唯一来源,他说:"合法性的唯一的后形而上学来源,显然是由民主的立法程序提供的。"① 对于哈贝马斯这个回答,我们可以进一步追问的是"民主程序又是从哪里得到提供合法性的力量的呢?"② 如何理解哈贝马斯所说的:"民主程序为使得议题和提议、信息和理由能自由地流动,确保政治意志形成过程具有一种对话的性质。"③

本书主张:哈贝马斯在法的规范性这一重大法哲学问题上依旧需要回溯到话语伦理学对规范问题的思考。前文已论及,正是基于维尔默等学者对话语伦理学的批判以及其本人的自我反思,哈贝马斯修正了话语伦理学的两个基本原则的关系问题,即开始是普遍性原则"优先于"对话原则,后转变为对话原则"优先于"普遍性原则。在这里所谓的优先是指哈贝马斯对二者的强调程度不同。哈贝马斯在《在事实与规范之间》一书中对对话原则的强调"从而为法留下的地盘",也为他主张的民主程序是法的合法性的唯一来源提供了哲学理据。具体来讲,(一)哈贝马斯首先明确了对话原则是一种中立性的原则。这一原则的确立(二)消解了近代自然法在道德与法律之间所设定的等级关系,即法律从属于道德,道德原则与法律展现出"同源且互补"的关系格局,并最终说明了(三)人权与人民主权是互为前提的,通过对人权与人民主权何以是互为前提的说明,哈贝马斯阐明了民主程序是法的唯一合法性的主张。

一

所谓中立性原则是指,对话原则本身并不为规范内容提供正确性标准,它只是标明了正当规范得以产生之程序的条件,哈贝马斯

---

① [德] 哈贝马斯:《在事实与规范之间》,第682页。
② [德] 哈贝马斯:《在事实与规范之间》,第682页。
③ [德] 哈贝马斯:《在事实与规范之间》,第682页。

说："它所处的抽象层面对于道德和法律仍旧是中立的，也就是说，他涉及的是所有行动规范。"①

本文要把握这一核心原则的要义需要从哈贝马斯与阿佩尔的关于语用学的争论来看。因为哈贝马斯正是在与阿佩尔的不断"争论"中明确对话原则的中立性性质。概括地讲，阿佩尔强调一种先验路径的语用学，他将对话的规范条件等同于一种基本的道德规范；哈贝马斯的主张是普遍语用学，他否定从对话的规范条件中直接推导出道德规范。在此值得注意的是，前文在论述维尔默对话语伦理学内在批判的时候指出，这种在规范意义上"弱"的语用学立场尤其体现在哈贝马斯晚期的著作对规范问题的思考中。阿佩尔与哈贝马斯关于语用学的争论的最直接理论成果反映到下文将要阐述的法律与道德之间关系问题，在阐明这一点之前，我们先回到阿佩尔与哈贝马斯关于中立性原则的讨论。

就文本来看，阿佩尔在哈贝马斯《在事实与规范之间》出版后撰写了《讨论——先验语用学路径的尝试》（1997）一书，在书中他对《在事实与规范之间》一书的核心主张展开了细致的梳理和内在性的批判。阿佩尔主要观点可以概括为，哈贝马斯以中立性对话原则为基础建构的所谓"对话差异"的建筑术，最终消解了对话理论在语用学基础论证部分重构出交往行动的规范性基础。哈贝马斯面对阿佩尔的质疑也专门另着笔墨，撰写《对话差异的建筑术：对一场大争论的小答复》一文为在《在事实与规范之间》一书中所确立的中立性原则辩护。

哈贝马斯坦言，他与阿佩尔的分歧主要是涉及语用学路径的不同。他认为关于对话理论的基本直觉他与阿佩尔是取得共识的。换言之，他们都主张通过重构言语互动的可能性条件来阐明规范有效性要求。二者之间的分歧主要体现在本书第三章第二节所讲的对话理论的位置的问题，即是否能从对话的规范条件中直接推导出基本

---

① ［德］哈贝马斯：《在事实与规范之间》，第132页。

的道德规范。哈贝马斯的立场我们早已阐明，他反对直接将对话的规范条件直接理解为一种无条件的道德义务。只是在此值得注意的是，哈贝马斯虽然否认能从对话的规范条件中直接外推出基本的道德规范，但是从他早期对普遍化原则和对话原则的关系问题的界定来看，他强调一种程序性、普遍性的道德原则在确立现代社会规范秩序中的绝对重要性。本书正是在这个意义上认为对话原则不是一种"纯粹"程序，进而不是一个中立性的调停者。因此，在上一章中把话语伦理学普遍性道德原则理解为法之正当性基础。

哈贝马斯在《在事实与规范之间》一书中明显强调对话原则的优先性。所谓优先性是指，他明确将对话原则界定为他所极力构建的对话差异之建筑术的基础，进而认为对话原则绝不偏向道德或者法律任何一方。对话原则是一种中立性的原则。这里的中立性的含义可以做两方面界定：一是就对话原则本身而言，它并不提供一种实质性的规范判断的标准；二是就对话原则与道德原则和法律形式的关系来说，对话原则是开放的。中立性原则的提出也使得哈贝马斯明确主张法与道德之间的关系不是"从属性且互补性"，而是"同源性且互补性"的，进而背离了康德式的合道德性的合法性概念，与此同时也就消解了法的道德基础。

如此，哈贝马斯反复强调，交往理性之区别于实践理性首先是因为"交往理性不像古典形式的实践理性那样是行动规范的源泉，即从主观理性立法那里直接推导出行动的规范性要求"[1]。他说："使交往理性成为可能的，是把诸多互动连成一体为生活形式赋予结构的语言媒介。一种转移到语言媒介、减弱了与道德之间独有联系的理性概念，在理论构造中则占据另一种位置；它可以服务于对现存的能力结构和意识结构进行重构这个描述性目的，并且找到同功能性研究方式和经验主义说明之间的关联之处。"[2]

---

[1]　［德］哈贝马斯：《在事实与规范之间》，第6页。
[2]　［德］哈贝马斯：《在事实与规范之间》，第4页。

在哈贝马斯看来，对话原则适用于所有规范领域，他说："有效的只是所有可能的相关者作为合理对话的参与者有可能同意的那些行动规范。"① 对话原则"涉及的是所有行动规范和相应的普遍规范命题：它所表达的是规范有效性的一种尚未具体化的含义，这种含义对于道德性和合法性之间的区别仍然是不偏不倚的"②。哈贝马斯正是根据作为中立性原则的对话原则，才主张交往行动理论能容纳道德、法律与政治之规范性差异与互补性，进而兑现形式语用学中重构出的规范有效性要求，即哈贝马斯所说的，"根据不同问题的逻辑和相应种类的理由，这种研究使人们对不同类型的对话作出区别"③。

哈贝马斯首先明确指出了道德原则和民主原则的论证逻辑不同，对此，哈贝马斯坦言他之前没有就二者之间的差异作出足够性的说明。④ 总而言之，道德原则是按照普遍性的对话原则，即"行动规范只有在对不同利益作同等考虑的视角之下，才是有可能进行辩护的"；民主原则"有可能借助于实用的、伦理政治的和道德的理由，而不仅仅从道德的理由出发进行辩护"⑤。

二

哈贝马斯在确立好对话原则的中立性地位后再次转向了对法与道德的关系问题。概括来讲，哈贝马斯对法与道德关系问题由先前主张的二者是"从属性且互补性"转变为"同源性且互补性"的观点，其目的是为了阐明法的规范有效性问题不能仅仅归结为道德的正当性，进而指出道德论证和法律论证的逻辑差异性，从而为进一步阐明民主程序是法的合法性来源这一观点厘清道路。

---

① ［德］哈贝马斯：《在事实与规范之间》，第 132 页。
② ［德］哈贝马斯：《在事实与规范之间》，第 132 页。
③ ［德］哈贝马斯：《在事实与规范之间》，第 134 页。
④ ［德］哈贝马斯：《在事实与规范之间》，第 133 页。
⑤ ［德］哈贝马斯：《在事实与规范之间》，第 133 页。

在第三章内容中，本书已经对道德和伦理的规范领域作过界定，在此我们通过回顾哈贝马斯对道德与法之关系的界定来明确法的规范性内涵。按照哈贝马斯的观点，道德和法律是同源的。所谓同源是指，道德和法律都是在宗教世界观倒塌后从伦理精神分化出来的协调人与人之间的关系、解决行动冲突问题的规范，即哈贝马斯所言的从伦理精神那分化出来的"一分为二"的规范。① 虽然道德和法的功能都在于协调人与人之间的关系，但是却表现出不同的规范内涵，进而也涉及不同的规范领域。哈贝马斯在这个意义上又认为道德和法律是互补的。具体来讲，按照哈贝马斯的理解，后习俗道德观念仅仅是一种文化认知系统。但是，我们在具体行动时，难免会遇到"认知不确定性""情感不确定性""义务的可责成"等问题，一种文化认知系统显然不够，因为"知而不行"的情况不可避免，这时候仍需要一套具有强制性的行动规则和系统，能真正地解决具体行动冲突问题，即法律。从功能上讲，法不仅仅是一种符号体系，更是一种行动体系，对此哈贝马斯指出，"一种基于道德的后传统形式，必须要以实证法作为其补充"②。法律与道德处于"同源性且互补性"的关系。

具体来讲，道德规范的功能在于对与道德相关的行动进行的判断，即道德判断，进而表现为一种知识系统。在哈贝马斯看来，道德作为一种知识系统，它追问个体应当如何行动。法律涉及的是一种自由选择，遵循的是一种相互性原则，哈贝马斯指出："法还抽象掉各种有关行动计划的生活世界的复杂性，而局限于具有确定社会类型的行动者们彼此种种互动影响之间的外在关系。"③ 因此，哈贝马斯指出，如果说伦理问题关注的是"什么是好的生活"，道德的实质是关于一种普遍性规范如何可能的问题，那么，法律会追问的是

① ［德］哈贝马斯：《在事实与规范之间》，第131页。
② ［德］哈贝马斯：《在事实与规范之间》，第130页。
③ ［德］哈贝马斯：《在事实与规范之间》，第131页。

它如何才能获得一种对政治共同体成员的规范有效性。哈贝马斯借助于韦伯的概念，它称为合法性信念，即法的认同感。哈贝马斯进一步说明，现代法要获得公民的认同，就在于它的内容既体现了政治共同体成员的各种权利，与此同时，它又能使得这些权利以建制化的方式确定下来。由此，哈贝马斯说："这种规范也诉诸个体，但这种个体是这样的主体，他的认同的形成，不再是通过他的生活史，而是通过一种采取社会的态度，即一个法律共同体中具有社会类型之成员的态度的能力。"① 总而言之，公民把自己理解为既是法律的承受者，又是法律的立法者。

哈贝马斯进一步指出"法权原则并不构成道德原则和民主原则之间的中项，而仅仅是民主原则本身的另一面"②。哈贝马斯分析指出，在康德的法权论中法律原则只是道德原则的外在形式，因此，公民对法的理解就是从法律的承受者而不是立法者的立场，从而使得实证法也就不能真正发挥其合理性的内涵，他说："公民的自我立法的观念，要求那些作为法律之承受者而从属于法律的人，同时也能够被理解为法的创制者。"③ 这正是哈贝马斯的对话民主理论最终想要阐明的。哈贝马斯也正是基于上述观点批判以罗尔斯为代表的哲学正义论是"以一种最直接的方式恢复理性法"④。哈贝马斯虽然也将自己视为康德道义论实践哲学的继承，但是，他认为自己的理论与罗尔斯以原则导向的康德主义不同，他明显更倾向于以程序导向。弗斯特对于二者的区别与联系曾这样解释："对于政治和社会基本结构，只有可相互且普遍共享的正义原则能够获得辩护，始于这一原则的理论寻求两条道路中的一条。它可以阐述正义的基本道德原则，就自由—平等主义的和宪政的康德主义而言，这一原则代表任何宪法和立法的实质基础。或者，它可以寻求将辩护的道德层次

① ［德］哈贝马斯：《在事实与规范之间》，第 137 页。
② ［德］哈贝马斯：《在事实与规范之间》，第 148 页。
③ ［德］哈贝马斯：《在事实与规范之间》，第 147 页。
④ ［德］哈贝马斯：《在事实与规范之间》，第 70 页。

转变为政治自我立法的程序，使正义较少地与一般原则相联系，较多地与规范和法则的民主合法化联系在一起，这符合我们称为共和主义康德主义的东西。粗略地说，罗尔斯追随第一条道路，哈贝马斯追随第二条道路。"①

三

哈贝马斯区分民主原则和道德原则，进而阐明法与道德的同源性且互补性关系内涵，这两项工作对哈贝马斯最终要说明的主旨来讲，都是一种前提性工作，其目的可以归结于说明：民主程序何以是合法性的来源。对此，哈贝马斯明确说，"只有经过这个扫清道路的工作，我才能借助于对话原则来论证权利体系，以便说明，为什么私人自主性和公共自主性，人权和人民主权，是互为前提的东西"②。

所谓私人自主性和公共自主性、人权和人民主权是互为前提的，是指在对话理论重构权利体系的过程中，私人自主和公共自主、人权与人民主权的观念被同源性的建构起来。哈贝马斯的结论是"民主原则只能作为一个权利体系的核心而出现。这些权利的逻辑起源形成了一种循环过程，在这个过程中，法律规范和形成合法之法的机制也就是民主原则，是同源地建构起来"③。在哈贝马斯看来，无论是对话原则，还是法律形式，就单个原则本身来讲还都不足以为任何权利提供规范基础。简而言之，民主原则是对话原则和法律形式相互交叠的结果，这种相互交叠，哈贝马斯把它理解为权利的逻辑起源。

本书认为，把握对话原则和法律形式之间交叉关系对于理解哈贝马斯法哲学的内涵有关键意义。如君特提醒我们注意的，在我们

---

① Rainer Forst, *Das Recht auf Rechtfertigung*, S. 137.
② ［德］哈贝马斯：《在事实与规范之间》，第 106 页。
③ ［德］哈贝马斯：《在事实与规范之间》，第 148 页。

把哈贝马斯的法哲学解读为一种对理性法传统批判继承的同时，也要注意到哈贝马斯法哲学与自由主义自然法理论之间具有根本的区别。这两个方面共同蕴含在哈贝马斯对对话原则和法律原则之关系的说明中。本书基于上述对话原则和法律形式之间交叉关系的解释，可以明确主张哈贝马斯的法哲学是一种"法权对话理论"（Diskurstheorie des Rechts），而不是"在对话理论框架下的自由主义的自然法"（liberales Naturrecht in diskurstheoretischem Gewande）。

弗斯特也说，哈贝马斯通过以对话原则重构权利体系试图提出一种超越法律实证主义和自然法的第三条道路，他说："哈贝马斯试图提供一个超越法律实证主义和自然法的答案。一方面，一项合法的法律有其规范性标准；另一方面，这些标准不是由道德原则确立的，而是通过话语原则和法律形式的结合的形式给出的。"① 至此，通过对权利体系的重构，权利的合法性得到阐明的同时，立法过程的合法性也得到辩护。

本书至此尝试着为哈贝马斯重建法的规范性之路作出总结。哈贝马斯的思考起点是在宗教世界观和形而上学真理在现代社会中"失效"的时代下确立伦理—政治之规范基础。这是哈贝马斯重建现代社会的规范秩序核心要义。

哈贝马斯基于对话差异之建筑术的基本原理，首先是在扎根于我们日常交往的行动中重构基本规范，进而在道德、法律、政治等不同层面的规范中，兑现对话理论重构出的规范。在整个建筑术中，我们看到法律的规范有效性问题是核心问题。简单来讲，法律主要完成两项任务来体现：一是在法律原则和民主原则的同源性之间，以对话原则重构权利体系，确定权利的合法性和立法过程的合法性，阐明法的规范内容，避免一种形式主义的指责；二是从法律和政治之间的构成性关系中，阐明法治国的概念，确立统治秩序的合法性和统治秩序之实施的合法化，进而驳斥一种建构主义的观念。哈贝

---

① Rainer Forst, *Das Recht auf Rechtfertigung*, S. 124.

马斯通过这两个关键步骤，最终阐明他在《论法治国》一文中就具有的洞见："民主不实现，法律就没有自主性可言。"① 从而印证了他在《在事实与规范之间》开篇提出的论断："在我们自 17 世纪以来不断进行着的有关政治共同体的法律构成的讨论中，还表现出了一种对现代性的道德—实践自我理解。这种自我理解不仅仅存在于一种普遍主义的道德意识的种种证据之中，而且存在于民主法治国的自由建制之中。"②

综上，本书对于法的有效性问题考察结论是：哈贝马斯一方面要坚守理性法所主张的有一种超实证的、普遍有效的规范作为法的规范性基础，法与道德之间的关系不是如实证主义所主张的那样是绝对分离的；另一方面法的规范有效性要与一种纯粹的形式的程序性概念相关，它的基础不再是一种道德的善良意志，而是一种政治的民主程序。普遍有效性的规范与实证的法律体系之间是通过一种程序性过程勾连起来。总而言之，哈贝马斯与康德强调法的道德基础不同，对话理论不走以基于"道德先行"的道路，而是要充分发挥挖掘实证法的规范性内涵，主张一种"程序法"的路径，但与此同时还要避免步法学实证主义的后尘，使法律脱离于道德。

① ［德］哈贝马斯：《在事实与规范之间》，第 614 页。
② ［德］哈贝马斯：《在事实与规范之间》，第 4 页。

第五章

哈贝马斯法哲学的意义

　　哈贝马斯的思想历程不是一种线性的发展，因此我们不能以一种短浅的眼界来阐明哈贝马斯的著作。本书尽量避免一种"短浅的眼界"。我们更愿意将本书看作对哈贝马斯法哲学思想的探源。本书采用以反思和重构的方法，尽可能还原哈贝马斯法哲学的起源和复杂的问题意识，试图从整体上勾勒出哈贝马斯对法的规范性基础的重建之路。尽管我们在文中重点讨论的是哈贝马斯晚期十几年而不是他整个几十年的法学思想，但是，本书认为，事实上这十几年间恰恰是他对奠定现代社会规范秩序的基础（主体性原则）反思得最为深刻，尤其体现他在对康德自然法的继承和批判中逐渐形成"程序法"的整体构想历程，不仅更为清楚地表明他对现代性问题的思考所持有的哲学理据，也更加凸显了他的法学理论与哲学之间的思想关系。正是在这一探源性的考察中，我们才能对哈贝马斯法哲学所针对的根本问题有一个总体上的把握。

　　因此，我们说，哈贝马斯对法的问题的关注从一开始就是一种哲学的视角，他通过对法的规范有效性的阐明来理解社会整合的本质。因此，与法律社会学强烈的实证主义的取向不同，哈贝马斯始终将法理解成一种"大写的法"，而不是一种纯粹的"安抚手段"。更进一步说，哈贝马斯与其说是一种通常意义上的规范性理论，毋宁说是一种探讨行动规范之根据的伦理学。他延续了德国正统法哲学的精神架构：作为正义的学说（Die Lehre von der Gerechtigkeit），它所思考的是 Jus（正义之法）而非 lex（法规之法），因此，它注重的是哲学，追问的是法律法规的合法性根据以及具有正义性的法如何具有规范的有效性。在这一点上，他强调我们要区分法和法则。而且更为重要的是，哈贝马斯的思考最真实地印证了他那一代人独特的"历史气候"的特征，即"对不断受到破坏的民主化进程的彻底失望"①。这两种思想特征，我们都可以追溯到他与批判理论的关系。

一

前文已经论及，批判理论所表达出的"否定性""规范性"与"解放性"的学术理念与黑格尔、马克思的思想关联，不仅使得法兰克福学派被视为黑格尔和马克思思想的后继者，而且更为重要的是，也标识着德国"二战"后那一代人追求民主精神的决心。这其中尤其体现在法兰克福学派第一代核心人物霍克海默、阿多诺的《启蒙辩证法》。这本书对"启蒙思想的概念本身已经包含着今天随处可见的倒退的萌芽"的"辩证法"的深刻洞察，切实使得二者在战后德国二十年中发挥着思想引路人的作用。② 不管是在德语世界还是英语世界，批判理论都引起学界的广泛关注。

然而，名满天下，谤亦随之。就在法兰克福学派的"批判理论"提出之际，法兰克福学派所主张的批判的社会学分析，就被社会学理论指责为缺乏经验性的基础，认为这种研究充其量只是一种"意识形态的批判式的、反思式的以及可检验的理论"③，并不是社会学意义上的社会分析。另外，霍克海默、阿多诺也因其研究受到马克思经济功能主义范式的影响，在对关于真正影响和决定现代社会规

---

① ［德］哈贝马斯：《在自然主义与宗教之间》，第 4 页。
② ［德］哈贝马斯：《现代性的哲学话语》，第 122 页。
③ ［瑞士］埃米尔·瓦尔特－布什：《法兰克福学派史》，第 235 页。

范秩序基础的"民主法治国"方面，被认为是"不值一提"。因而有学者指责他们对社会的批判只是出于"对不公正的强烈愤慨"，其实并没有找到现代社会病症的"痛点"。

从当今的学术讨论看来，显然作为黑格尔—马克思思想继承者的法兰克福学派早已不再活跃于目前学术论争的核心论域了，除了几个具有批判理论学术背景的学术机构以及少数专门从事批判理论的专家学者之外，无论是在实证性研究占主导的社会学领域，还是在英美分析哲学范式盛行的哲学研究中，很少有人会明确主张，我们要认真对待，或说要继承法兰克福学派的学术主张。法兰克福学派似乎事实上已经沦为哈贝马斯昔日的"论辩对手"——卢曼口中所说的"马克思的死火山"[①]。

然而，无论人们如何定位和评价法兰克福学派的意义，一个不争的事实是，从哈贝马斯明确表述要认真对待资产阶级的民主理论起，那个曾经在德国思想传统中处于核心地位，但在马克思那里"退居后台"的研究范畴：法又重新回到当前法兰克福学派的社会—实践哲学的视野中，这预示了那些"沉寂了"许久的法兰克福学派的学术主张似乎具有"死灰复燃"的可能性。

近年来学界又重新燃起了对批判理论的研究热情。这种关注不仅仅出于法兰克福学派自身所具有的黑格尔—马克思的思想传统的兴趣，而且更为重要的是，哈贝马斯、霍耐特、弗斯特等批判理论家在对康德和黑格尔思想的继承和重构中引发出的一些学术争论，使得批判理论能真正参与到与当代实践哲学的"对话"中，并且进一步成为康德、黑格尔等法哲学思想在"后形而上学时代""现实化"的重要途径。尤其是，批判理论对现代社会的批判和分析，与当代社群主义者对自由主义展开的批判之间具有的关联性，也使得批判理论日益成为建构当代道德哲学和政治哲学理论的重要资源。

就我们所关注的法的有效性问题而言，无论是在哈贝马斯的对

①　［瑞士］埃米尔·瓦尔特－布什：《法兰克福学派史》，第306页。

话理论，还是霍耐特的承认理论，抑或是弗斯特所说的"辩护的权利"中，都似乎将黑格尔对康德所做的批判视为自己整体问题意识的起点，他们都看到了黑格尔法哲学中的一个核心问题：通过伦理法来批判和克服康德道德的观点所暴露出来的原子化的个体主义和立法的形式主义的问题，对此，我们可以从三者共享的"主体间性"的观念来把握这一思想整体性。三者都认为，黑格尔对道德的批判背后对于他们阐发社会交往行动、"为承认而斗争""为正义而辩护"有重要的意义。在这个意义上，我们把三者之间的争论看成家族的内部争论，对于他们的争论，我们可以从霍耐特和弗斯特对哈贝马斯的法哲学批判谈起。

二

在霍耐特这里，他明确把哈贝马斯的法哲学划为一种康德式的道德的观点。然而，注重"权利优先"的现代法学理论显然不再接受一种道德的观点。因此，他转向作为法的规范有效性的伦理规范性的探求，进而试图"把黑格尔的语境主义道德论证路径从纯粹保守主义的指责中解放出来。正如我想指明的那样，在《法哲学原理》的伦理观念中，黑格尔拥有一系列'内在标准'（immanente Kriterien）"[1]。

简单来讲，霍耐特相当明确地将承认理论的实质和目标界定为"根据黑格尔的为承认而斗争的模式，阐明一种具有规范内容的社会理论"[2]，这个理论试图通过（一）阐明哪些基本的承认形式，构成了社会的内在伦理体制；（二）解释为何透过蔑视所产生的追求承认的斗争，能够作为影响和推动社会变迁的规范基础；（三）指出未来社会是否还具有健全发展的可能，这种可能性的基础是什么以及如

---

[1]　［德］霍耐特：《伦理的规范性——黑格尔学说作为康德伦理学的替代性选择》，王凤才译，《学习与探索》2014年第9期。

[2]　［德］霍耐特：《为承认而斗争》，第5页。

何被建立起来？以上三个问题环环相扣，却又一脉相承，正是在这个意义上，在《为承认而斗争》的导言中，霍耐特提醒我们注意"以上任务是通过相互承认为基础的伦理性（Sittlichkeit）来完成上述使命"①。因此，在霍耐特看来，他是按照重构的方法论阐明一种相互承认为基础的伦理性。

如果说霍耐特持"康德的批判者"的立场，弗斯特则明确提出"回到康德"②的主张。所谓回到康德，是指明确捍卫一种道德自主的观点。鉴于国内对弗斯特的研究尚处于初始阶段，本书在此做简短介绍。就弗斯特个人的研究而言，他一直从事政治哲学研究，且思想创造力令人惊叹。目前已出版《正义的语境》等5部专著。其中《正义的语境》在政治哲学研究领域广受好评，弗斯特本人也在2012年被授予在德国仅次于诺贝尔文学奖的"莱布尼茨奖"。在这些学术光环下，如若我们仔细分析就会发现，弗斯特的这种创造力深深地植根于他对其他思想的强大的学习能力，在令弗斯特受益甚多的思想者中，他的老师——哈贝马斯、罗尔斯占据了一个非常突出的位置。哈贝马斯、罗尔斯是弗斯特学术观点的重要思想来源，其中，《正义的语境》的雏形正是在哈贝马斯指导下完成的博士论文，之后撰写的《冲突中的宽容》（*Toleranz im Konflikt-Geschichte, Gehalt und Gegenwart eines umstrittenen Begriffs*）、《辩护关系的批判》（*Kritik der Rechtfertigungsverhältnisse*）、《规范与权力》（*Normativität und Macht. Zur Analyse sozialer Rechtfertigungsordnungen*）等书，我们都可以归结为在对哈贝马斯、罗尔斯理论的推进和深化。

我们之所以作出这样的论断，不仅仅是由于弗斯特长期以来与哈贝马斯、罗尔斯之间保持了密切的学术关联，更重要的是，从弗斯特对自己思想主题以及以上学术著作之间关联的总结中，我们可以相当明确地把握到他全部思考的主题，以及这个思考主题与康德

---

① ［德］霍耐特：《为承认而斗争》，第7页。

② Rainer Forst, *Das Recht auf Rechtfertigung*, S. 14.

之间的本真关系。是故，我们注意到《辩护的权利》导言中的一段话，"在下文中，当我主张以下观点：我们应该在辩护权利这一单项权利的基础上理解社会政治正义，并应该相应地把它理解为社会基本结构建构对应的原则，这一论据是基于以下信念：这是从哲学上重构康德的尊重他人作为'目的本身'这一绝对命令最好的方式"①。

如果我们进一步阅读《辩护的权利》"导言"这篇"思想总结"，我们还可以看到，弗斯特试图努力构建一种作为对情境敏感的"批判正义理论"，这种观点源自他的这一主张的：正义必须致力于主体间的关系和结构。正是在这一点上，弗斯特也把自己的正义理论称之为对话的正义理论。通过这个理论他最终想要阐明的是他在《正义的语境》开篇提出的，对正义问题的考察要避免一直以来对康德所做的那种"抽象"和"空洞性"的指责，必须根植于正义之生成的语境，"不能以一种盲目的方式，必须放在一个历史的情境中，为此，而需要一种语境的视域"②。

与此同时，他捍卫康德的道德自主的观念。正是在这个意义上，弗斯特批判哈贝马斯在《在事实与规范之间》一书中对人权和人民主权的同源性阐明中，抽离了道德的原则。他指出，哈贝马斯要避免从道德理论的视角提出并回答社会政治正义问题这一观念，但是"对话伦理将自身从道德规范理论转化为法律秩序中的政治合法性理论，就出现了一个问题，在这种框架中给'独立的'道德观念留下什么位置？"③。

在弗斯特看来，他不需要人权和人民主权同源的观点来诠释现代社会的规范秩序基础，他只需也只能凭借单个原则来重建，即辩护的权利。他明确表明，对话的正义理论绝不能是一种中立性的原

---

① Rainer Forst, *Das Recht auf Rechtfertigung*, S. 14.

② Rainer Forst, *Kontexte der Gerechtigkeit*, S. 10.

③ Rainer Forst, *Kontexte der Gerechtigkeit*, S. 160.

则，它需要一个不可动摇的基础，这是建构主义不能建构的"最终"的基础①，即道德原则。如果他的这一论证能够成立，将是对哈贝马斯法理基础的一种事实上的推进。

三

从哈贝马斯的思路来看，虽然我们能看到他晚期将法的合法性的唯一来源界定为民主程序，从而消解了法的道德基础。但是，按照法的有效性的双重维度说，法要具有规范有效性，并不是如实证主义法学所主张的那样，要切断从"是"推出"应当"的关联，也不像纯粹自然法所坚持的，用实质正确性的要求将法的实证要素排除出去，而问题的关键在于，在法的现实化过程中，法的实质正确性要求是如何起作用的。对此，我们可以向哈贝马斯提问，如果没有实质性的正确标准，即正义或道德，请问在法的现实化过程中，法的实质正确性要求如何能起规范作用呢？显然这是哈贝马斯不能回避的问题，也是目前他的法哲学最终被诟病的问题。对此，实际上哈贝马斯曾坦言，"放弃实践理性这个基本概念，标志着同这种规范主义一刀两断。但即使在交往理性这个后继概念中，理想主义的遗产也仍然保持着"②。

对法的有效性问题的回答之所以无法避免一种康德式的理想性因素，是因为自然法本身包含着十分丰富的内涵，我们正是在这个意义上，能够理解康德所说的：我们有一种不遵守与道德相悖的法的伦理义务；但与此同时，揭示哈贝马斯为何"势必要与实证法建立联系的决心"也是至关重要的。这两种精神向度，都可以归结我们所说的：哈贝马斯仍然是未竟的民主与启蒙事业的引路人。

---

① Rainer Forst, *Das Recht auf Rechtfertigung*, S. 14.
② ［德］哈贝马斯：《在事实与规范之间》，第12页。

附录 1 形式伦理：理解霍耐特承认理论的关键概念

[摘要] 一种形式的伦理概念是霍耐特构建其承认理论的关键概念，霍耐特试图通过它来澄清批判的规范性问题，进而构建一种超越道德建构主义和社群主义的规范伦理学。然而，这种理论设想自提出以来就受到学界的诸多非议。形式伦理究竟是否能阐明批判的规范性基础问题从而为批判理论奠基，这是霍耐特亟须解决的问题。总之，形式的伦理概念是我们理解和评价霍耐特承认理论的关键线索。

[关键词] 霍耐特 形式伦理 承认 规范性重构

霍耐特的承认理论可以看作是对黑格尔法哲学的一种重构，对这种宏观观照，研究者们一般并无多少异议。但是，霍耐特究竟是发扬还是违背了黑格尔的思路，学界对这一根本性问题的回答却不一致。虽然有的学者认可和称赞霍耐特对黑格尔的阐释所具有的启明之功，认为他的解读是黑格尔的形而上学理论在所谓"后形而上学时代""现实化"的重要途径之一。但与此同时，霍耐特学说的非形而上学视野（non-metaphysical view）① 也受到古典学者的较多非议，指责他的诠释缺乏理解黑格尔法哲学的前提。我们要能够澄

① Klaus Hartmann, *Hegel*：*A Non-Metaphysical View*, *Hegel*：*A Collection of Critical Essays*, edited by Alasdair MacIntyre, New York：Doubleday, 1972, pp. 101 – 124.

清这一切争议，从根本上来讲必须建立在对霍耐特自身方法论（内在性批判）的深入理解的基础上。倘若我们不能首先对霍耐特这一根本的方法予以准确的理解，那么，我们对霍耐特的评价本身就存在任意辨析或主观裁决的嫌疑。

本文探讨霍耐特形式伦理的概念（formales Konzept der Sittlichkeit）就是从这一根本方法入手。霍耐特明确表明，他在承认理论的构建中，是以形式伦理的概念来澄清社会批判的规范性基础。那么，如何理解形式伦理的概念，它在霍耐特承认理论中占据什么位置？它是从黑格尔的"伦理性"（Sittlichkeit）概念转变而来抑或是完全不同的概念？我们该如何评价霍耐特形式伦理的构想？这些就是我在这篇论文中要探讨的问题。

本文试图根据霍耐特不同时期的文本来解读形式伦理的概念。从现今所能见到的霍耐特的各种著作来看，在《权力的批判》中霍耐特已经对形式伦理的概念有所论及，但更为详细和清楚的阐释则主要存于《为承认而斗争》中。具体来讲，在《为承认而斗争》中，霍耐特曾专辟一节来说明形式伦理对于其承认理论之形成的重要意义，亦即《个体—体化的主体间性条件：一种形式伦理概念》（*Intersubjektive Bedingungen personaler Intergriaet：ein formales Konzept der Sittlichkeit*）。对此，正如霍耐特研究专家克里斯托弗·F. 左恩（Christopher F. Zurn）指出的，在《为承认而斗争》一书中"他（霍耐特）认为'形式伦理的概念'可以作为一种规范性的观点来判断社会体制的进步和病理的形式"①。一种形式伦理的构想，既是社会批判的规范尺度，也是人类解放的规范理念。所以，为了能深入理解霍耐特形式伦理的构想，本文主要聚焦《为承认而斗争》中的相关章节，并联系《不确定性之痛：黑格尔法哲学的再现实化》

---

① Christopher F. Zurn，"Review essay-Anthropology and normativity：a critique of Axel Honneth's 'formal conception of ethical life'"，*PHILOSOPHY & SOCIAL CRITICISM*，2000，Vol. 26，No. 1，p. 115.

和《自由的权利》等著作的相关论述，深入发掘霍耐特形式伦理概念的总体问题意识，以及这个概念的形成和展开过程，并进一步反思霍耐特这一构想所面临的理论挑战。

一

形式伦理的概念在霍耐特承认理论中的作用相当清楚，其理论目的是阐明批判的规范性基础问题。在《为承认而斗争》的开篇，他就开宗明义地指出，这本书的目的是要根据黑格尔"为承认而斗争"的模式，去阐明一种具有规范性内容的社会理论①，同时他也进一步声称，任何一种社会批判只有在确立好批判的规范性尺度之后，才能进行所谓的"批判事业"，即"批判理论""只有在它的规范性的参照点得以明确之后，才能被发展为一种批判框架"②。霍耐特最终明确表明，他在本书中是通过构建一种"承认理论的伦理性概念"（anerkennungstheoretisches Konzept der Sittlichkeit）来完成对这一批判基础的澄清。③ 在本书结尾，霍耐特再次提出，他要构建一种形式伦理的概念，这个概念本身承担了"作为承认理论最终假设的规范理论的方法论地位"④。由此可见，在霍耐特这里，形式伦理的概念从根本上关涉的正是一直以来所有批判理论家都着力讨论的问题，亦即批判的规范性基础问题。

那么，什么是批判理论的规范性，换言之，规范性对于批判理论有什么意义？对此，我们可以结合霍耐特的承认理论来理解。

笼统地讲，不管是霍克海默、阿多诺等第一代法兰克福学派的批判理论，还是哈贝马斯、霍耐特等所谓第二代、第三代法兰克福学派的思想，它们对现代社会所作的任何一种阐释，说到底都可以理解成一种社会批判。如若按照 T. 斯塔尔（Titus Stahl）的界定，

① ［德］霍耐特《为承认而斗争》，第 5 页。
② ［德］霍耐特《为承认而斗争》，第 6 页。
③ ［德］霍耐特《为承认而斗争》，第 7 页。
④ ［德］霍耐特《为承认而斗争》，第 178 页。

社会批判是"一种言说和行动的形式，其本质是根据特定的规范标准来评估社会的现状和发展"①。那么，不管是哈贝马斯的交往行动理论或是霍耐特的承认理论，它们唯有对评价的规范标准作出清晰性的界定之后，才能进行所谓的社会批判。由此，如果说批判理论是一种经验和规范相结合的理论，用霍耐特的话来讲，它是"以哲学为指导的以对时代诊断的目的与以实证为基础的社会分析结合在一起"②，那么，确立批判的规范性基础就是批判理论的逻辑前提。据此，霍耐特总结道，"从本质上我的理论目的是，试图借助承认概念进而赢得一种规范基础，它能够为社会批判奠基"③。

　　具体而言，霍耐特是把"为承认而斗争"的概念作为上述所讲的批判标准或者说批判框架，进而试图去揭示和诊断现代社会所呈现的"病态"特征以及其背后所隐藏的"病理"，且进一步解释未来社会的发展。所以，我们说承认理论包含了以下三个任务：一、阐明社会的伦理体制由哪些基本的承认形式构成；二、解释为何通过被蔑视而产生相互斗争能够影响和推动社会发展；三、指出未来社会是否还具有健全发展的可能性，这种可能性的基础何以是"为承认而斗争"。

　　以上三个问题环环相扣，却又一脉相承，其中的关键都指向了上文所讲的批判的规范性问题。因为不管霍耐特以何种观点构建自身的理论体系，作为一种"资本主义困难而窘迫的生活方式的诠释学"④，他对现代社会所作的任何病理学诊断，以及对未来社会是否、如何能'变好'的说明，都依赖于其理论所预设的："如何才

---

① Titus Stahl："Die normativen Grundlagenimmanenter KritikSozialontologische überlegungen zum Potenzialsozialer Praktiken"，ins：*Immanente Kritik heute. Grundlagen und Aktualität eines sozialphilosophischen Begriffs*，JoséM. Romero（HG.），transcript Verlag，Bielefeld，2014. S. 33.

② ［德］霍耐特：《权力的批判》，第 2 页。

③ ［德］霍耐特：《为承认而斗争》，第 178 页。

④ ［瑞士］埃米尔·瓦尔特－布什：《法兰克福学派史》，第 313 页。

算是好""好/坏的标准是什么"这样一个根本性问题的回答。霍耐特正是在这个意义上确定形式伦理的理论位置。对此，霍耐特补充道，"为了把社会斗争史描述为进行在特定方向上的历史过程，我们必须在理论上假设一种权宜的终极状态，从这一视角出发，就可以清楚地分析和评价特殊的事件"①。

二

在准确定位了形式伦理的概念在霍耐特整个思想体系中的位置之后，接下来的任务就是更进一步地阐明：什么是形式伦理、一种形式伦理的构想究竟是什么样的？结合上文对形式伦理的理论定位，我们还可以进一步追问，形式伦理作为批判的规范性标准究竟指什么？

我们清楚地看到，在《为承认而斗争》一书中，霍耐特对形式伦理的概念界定的起点是对道德性（Moralität）和伦理性的区分。按其理解，"道德"是一种普遍性态度，即一切主体必须得到同等尊重，或同等考虑和公平对待一切主体之利益的态度；伦理是个别生活世界的习俗（Sitte）②。显然，霍耐特这一思想起点受益于黑格尔对规范性问题的思考。众所周知，对道德与伦理的严格区分并非始于霍耐特，在西方哲学传统中，我们至少可以追溯到黑格尔。联系到霍耐特的理论背景，我们可以准确地说，形式伦理的构想与黑格尔的伦理性概念具有密切的关联，这并非是说它与黑格尔整个实践哲学相关，而主要是或根本上是说它与黑格尔对康德伦理学的批判③密切相关。在霍耐特看来，黑格尔法哲学的一个核心问题，就是通过"伦理性"来批判和克服康德"道德性"观点所暴露出来的原子

---

① ［德］霍耐特：《为承认而斗争》，第 178 页。

② ［德］霍耐特：《为承认而斗争》，第 179 页。

③ 哈贝马斯黑格尔对康德的普遍主义形式法则的批判概括为：形式主义、抽象的普遍主义、单纯应该的无能、纯粹信念的恐怖主义。参见 Habermas：*Erläuterungen zur Diskursethik*，Frankfurt/M.：Suhrkamp Verlag，1991. S. 120.

化的个体主义和立法的形式主义问题。霍耐特对黑格尔的伦理性概念进行系统考察，主要是在《为承认而斗争》的第一章中。考虑到本文篇幅，这里并不对此展开详细引证和分析，只满足于简要地指出几个要点就够了：

第一，在霍耐特看来，黑格尔早在耶拿时期就已经制订了未来实践哲学和政治哲学的研究计划，之后对规范性问题的论述不仅可以回溯到这个时期的问题意识，甚至在一定意义上，这一时期对规范问题的解决方案要比他后来的著作在方法论上更具优势。①

第二，霍耐特对黑格尔早期思想这种高度评价，源于他所发现的黑格尔这一时期的理论具有"主体间性"含义。黑格尔早在 1802年《论自然法的科学处理方式》（*Über die wissenschaftelichen Behandlungsarten des Naturrechts*）一文中已经标明了他整个实践哲学的问题意识，即对现代社会起源的原子式个人假设的克服。黑格尔"为了建立一种哲学社会学，首先必须克服原子论的迷误加给整个现代自然法传统的桎梏"②，这种思想开端可以追溯荷尔德林和亚里士多德对他的影响。根据霍耐特的解读，黑格尔正是在荷尔德林"一体化哲学"（Vereinigungsphilosophie）的启发下，开始质疑康德道德理论的个人主义前提；与此同时，黑格尔也正是通过对亚里士多德著作的阅读，认识到公共生活之于个体的重要性。这二者共同构成了黑格尔的伦理总体性（die sittliche Totalität）的概念内涵。对此，在《自由的权利》导言中，霍耐特曾深为赞同地引用了艾伦·伍德（Allen Wood）对黑格尔伦理学的解读，"由主体互动的实践习惯，而不是经由认知而获得的信念，是道德的基础，这一点是毫无疑问的"③。

第三，霍耐特看出，黑格尔对近代自然法的批判和古希腊哲学

---

① ［德］霍耐特：《为承认而斗争》，第 68 页。

② ［德］霍耐特：《为承认而斗争》，第 17 页。

③ ［德］霍耐特：《自由的权利》，王旭译，社会科学文献出版社 2013 年版，第 20 页。

的吸收，实际上是从两个方面确认了同一个结论，"一种主体间性义务的存在是人的社会化过程准自然的前提条件"[1]。为了清楚地阐明这种基本的规范要素不是现存的成文法，也不是单个主体的道德信念，黑格尔特意选择了"风俗"（Sitte）这一概念。这个概念的原始含义，是指社会共同体内部交往所形成的风俗和习惯，黑格尔用它来指一切个体实现其自由的普遍性条件。所以，伦理就是普遍自由和个体自由一体化得以实现的社会媒介。

因此，霍耐特提出了一个发人深省的论断：黑格尔的政治哲学从根本上是要把道德性与伦理性协调起来，而非对立起来。他指出，"黑格尔在他的政治哲学中始终致力于消除康德的个人自主概念当中纯粹的应然性要求特征，认为它在理论层面上早就是一个社会现实的历史有效因素；而且，黑格尔一直都认为，对由此而提出的问题的解决方案，就是要把现代自由学说与古代政治思想，即道德性与伦理性协调起来"[2]。

霍耐特坦言，他就是从黑格尔上述观念中引申出一种形式伦理的概念[3]，并进一步将它置入当代政治哲学的语境中加以重新阐发。自黑格尔以伦理性来批判康德的道德性之后，人们通常就将康德当成了道德的辩护者，将黑格尔理解为伦理的捍卫者，这种重要区分反映在当今实践哲学的两种不同流派的伦理学基本主张中。前者如罗尔斯等道德建构主义者，他们本着康德道德哲学的精神，认为康德普遍主义伦理学所追问的"我应当做什么"依旧是道德哲学的基本问题，并在此基础上试图把康德的目的王国理念理解为民主秩序的规范性理念；后者如麦金太尔等新亚里士多德主义者，他们从亚里士多德的伦理学角度继承了黑格尔的遗产，反对一种普遍主义的道德建构理论，认为我们应该回到日常活动中去探求"我是谁"

---

① ［德］霍耐特：《为承认而斗争》，第20页。
② ［德］霍耐特：《为承认而斗争》，第9页。
③ ［德］霍耐特：《为承认而斗争》，第98页。

"我要成为谁"等伦理认知的问题。

　　在这里，如果我们暂且不论这种"道德或伦理"的论断方式所存在的弊端，先按照这种论断向霍耐特发问，那么我们要问的就是：以承认理论为基础的形式的伦理概念，是否可以理解为主张伦理价值高于道德原则的社群主义观点，它是否已经完全摒弃了道德建构主义的理论要素？因为，不管是在《不确定性之痛：黑格尔法哲学的再现实化》还是在《自由的权利》中，霍耐特似乎自始至终都是将对道德建构主义的批判作为阐明其方法论问题的起点。而在《为承认而斗争》一书阐明形式伦理概念的具体章节中，他甚至明确声称，要放弃一种"道德的观视"[①]（moraliche Anschauung），说"仅仅根据来自狭隘的道德理解的概念是无法把握假设的终极状态的……这样一种说法过于狭隘，不能涵盖构成未被歪曲与不受限制的承认目标的方方面面"[②]。

　　霍耐特认为，承认理论不仅不能被划归为以上两个流派的任何一支，而且以承认为基础的形式伦理概念正是一种超越自由主义与社群主义之争的理论构想，指出"就我们把它发展成一个规范概念而言，承认理论正好居于康德传统的道德理论和社群主义伦理学的中间"[③]。所以在他心目中，一种形式的伦理概念继承的是康德传统道德理论的核心主张，亦即道德自主的概念。但是，我们绝不能把霍耐特因此就作为一个反黑格尔伦理思想的康德式道德个体主义者，因为他完全不同于麦金太尔等社群主义对普遍性的道德原则的摒弃，他的形式伦理的构想虽然依然像康德伦理学一样，关注普遍性的道德规范的证成，但同时他却要将它放在伦理的普遍规范条件下来理解和把握。当麦金泰尔式的亚里士多德主义者以黑格尔对康德的批判为基础进而反对一种普遍主义的道德原则时，实际上切断了在黑

---

　　① ［德］霍耐特：《伦理的规范性——黑格尔学说作为康德伦理学的替代性选择》，王凤才译，《学习与探索》2014 年第 9 期。

　　② ［德］霍耐特：《为承认而斗争》，第 178 页。

　　③ ［德］霍耐特：《为承认而斗争》，第 179 页。

格尔那里原有的道德与伦理之间的内在联系。相反，如果我们把个体自我实现理解为理性自主能力的培养过程，那么，一种道德自主能力的获得就成为这一过程中的必要环节。因此，霍耐特说"道德被理解为普遍尊重的立场，成为诸种保护措施之一，致力于实现美好生活这——般的目的"①。

另外，更为重要的是，与社群主义将善概念理解成一种实在的伦理价值不同，霍耐特继承了黑格尔对伦理性概念的理解，认为伦理是社会共同体内部的风俗和习惯。但与黑格尔依然保持着距离，把伦理在规范意义上与具体的伦理生活分离开来，把它作为一种普遍的交往结构，因而依然保留形式的而非实质的规范性，即作为习俗的伦理性而非习俗本身。

至此，我们终于可以看清霍耐特形式伦理的概念与黑格尔的思想关联。这一关联的实质有其重要的内涵，之前的研究对此都未揭示出来，这一重要内涵就是：从根本上要将道德性与伦理性协调起来而非对立起来！

三

在勘定了霍耐特的形式伦理概念与黑格尔的思想关联，以及阐明了一种形式伦理的思想构想之后，我们现在要回到批判理论的问题域中去理解，它是如何将从道德性与伦理性协调起来的意义上，阐明批判的规范性基础问题的。只有解决了批判理论的规范性基础，那么一种批判理论的"否定的伦理学"就过渡到"肯定的伦理学"，即基于批判的规范性基础和标准的伦理学。因此，对此问题的解决，才是霍耐特批判理论的关键。

霍耐特清楚地意识到，任何理论要想确立一种社会批判的规范尺度，它不应是由这种理论自身自行建构出来的，而应该到社会生活的交往方式中去寻求，即要与"社会分析"接轨。他批判道德建

---

① ［德］霍耐特：《为承认而斗争》，第179页。

构主义的不足恰恰就体现于此。所谓道德建构主义，即主张道德规范不是独立于我们的具体评价存在的，它总是被主体建构出来的。在霍耐特看来，以罗尔斯为代表的道德建构主义最大的理论缺陷，就是它对普遍性道德规范的证成在逻辑上全然先于社会分析，由此造成它对现代社会的批判往往具有脱离社会现实的危险，进而沦为一种外在性批判。在《自由的权利》的开篇，霍耐特批判道，"在制约当代政治哲学最大的一些局限中，其中有一股局限就是它与社会分析脱节，这使得哲学只能定位在纯粹规范性的原则上。不是因为阐述这些规范性规则——社会秩序的道德合法性是按这些规则来衡量的——不是正义论的任务；但是当今这些原则，多数是从现存实践和机制的道德行为状态中被构思出来，然后被应用到社会现实中去"①。因此，与道德建构主义不同，批判理论的规范性标准不能从"外部"先从"原则"或"程序"中建构出来，然后再"运用于"社会，相反，它只能来自现存社会的"伦理机制"。这种内在于社会伦理机制上构成了的批判性标准，才是一种"内在性批判"的标准。

但是，如果衡量现代社会规范秩序的原则只能来自现存社会，那么，如何确保这种规范原则能超越于具体的社会情境而具有一种普遍的规范有效性，这又成为霍耐特亟须解决的问题。对此问题的解决，霍耐特同样是求助于黑格尔的法哲学。在黑格尔那里，法作为普遍的规范，虽然具有其自身的逻辑实现过程，但此逻辑的实现过程本身不是抽象的，而是"现实的"，既在"现实的"国家的社会历史进程中展开的，实际上"只有那些可以证实为对现代社会的普遍价值和理想的实现，起着重要作用的伦理范畴"②，他才写进他的《法哲学》中去。相反，"一切与规范性要求有矛盾的，一切代表个别价值或表现落后思想的，根本不值得保留，也就根本不值得

---

① ［德］霍耐特：《自由的权利》，第 9 页。
② ［德］霍耐特：《自由的权利》，第 21 页。

成为他规范性重构的对象"①。与黑格尔的观点一样，霍耐特认为作为规范性标准一定是有选择性的、但却具有普遍的有效性。

由此可见，我们可以这样理解，如果说霍耐特对康德式建构主义的批判，从根本上是想避免以一种外在于社会现实的规范标准来批判社会，那么相应地，与麦金太尔等社群主义拉开距离，是为了从根本上摒弃一种将把判断的标准归因于一个规范性事实（Normative Fakt）的观点，进而避免一种保守主义的指责。相较于康德式建构主义的形式主义道德原则和社群主义的价值实在论立场，霍耐特称其自身的方法为"规范性的重构"（Normative Rekonstruktion）。

而这种规范性重构，指的正是从"现实的""社会伦理机制"中重构出指导人们普遍交往的规范性原则。霍耐特将这一方法论的实质界定为，从当代社会结构的先决条件中构思出一种正义理论。在《自由的权利》的前言中，霍耐特不仅对这种方法有详细的界定②，也说明了这种方法论的四个理论前提。可见，结合形式伦理的理论定位，在阐明规范性重构方法论的合理性时，必须思考两个问题："一方面，所寻求的描述是否过于形式化或抽象化，以致它不能是否仅仅揭示美好生活的具体解释；另一方面，它们也有足够的实在内容，比康德对个体自律的理论更有助于发现自我实现的条件。"③

至此，我们已经结合形式伦理的概念在霍耐特承认理论中的理论定位，充分阐明了形式伦理的概念内涵。然而，对于理解霍耐特形式伦理的构想而言，仅仅从方法论的角度对形式的伦理概念进行这种概括说明还远远不够，因为我们尚未就霍耐特自己的承认理论来说明它是否符合这种形式伦理的构想。换言之，如果承认理论能

---

① ［德］霍耐特：《自由的权利》，第21页。

② ［德］霍耐特：《自由的权利》，王旭译，社会科学文献出版社2013年版，第18页。

③ ［德］霍耐特：《为承认而斗争》，胡继华译，上海人民出版社2005年版，第180页。

够兑现一种形式伦理的构想的规范要求，那么，承认理论也就能为社会批判提供规范性基础。用霍耐特的话来讲，亦即为什么"为承认而斗争"能够提供一种普遍性的批判基础。①

为了回答上述问题，在《为承认而斗争》的最后一节中，霍耐特再次简要地回顾了承认理论的基本内容。他认为，个体自我实现，是指具有"肯定的特征和能力"的个体能够自由地不受强制地实现其自由。与康德对单个主体的道德信念的强调不同，霍耐特认为自我实现只能是社会交往的产物，它需要凭借一定的社会媒介才能完成，霍耐特将这种普遍性条件界定为承认关系。具体而言，从黑格尔的法哲学与米德的社会心理学取得理论资源，霍耐特参照黑格尔耶拿时期的作品，从而重构出三种承认关系：爱、法权和团结，并认为这三种承认关系不仅是社会的伦理机制，还是个体社会化的前提条件。霍耐特同时吸纳了社会学家米德的观点，认为个体获得承认的经验和个人自我关系实际上都源于这种认同的主体间性结构，个体能在爱的承认形式中获得自信，在法律认同中获得自尊，在社会团结关系中获得自豪。所以，霍耐特阐发出以"相互承认"为基础的"伦理性"概念，就是从现实的社会生活中相互承认关系阐明其社会交往伦理关系的内在结构。

显然，从内容上看，承认理论与康德实践理性立法完全拒斥道德的经验性因素不同，它非常具体地说明了个体自由的实现必须依赖于爱、法律和团结这些可经验的承认形式。与此同时，这三种承认关系并非仅仅是特定的社会情境的条件，同时也是一种普遍的社会规范的形式结构。由此可见，承认理论满足上述形式伦理的构想。

四

霍耐特对形式伦理的构建中，虽然他对黑格尔法哲学所做的那

---

① Axel Honneth：*Kampf um Anerkennung-Zur moralischen Grammatik sozialer Konflikte*, Frankfurt/M.；Suhrkamp Verlag，1992，S. 337. 注：中文版《为承认而斗争》，尚未翻译出德文原著第二版的附录，故文章中与这部分相关的内容均引用德文版。

些社会学阐释会受到古典学者的指责，但不可否认的是，霍耐特将黑格尔法哲学理解为一种规范伦理学的观点近年来也为许多学者所接受。因此，学界在理解霍耐特形式伦理的构想时，通常也是将它置入当代伦理学的问题域中去反思。有学者认为，在广泛意义上，我们可以把霍耐特形式伦理的这种理论建构划归到规范伦理学的一个根本性问题中，亦即关乎行动正确与否的义务论和涉及行动者的具体的"善"如何统一的问题，进而认为形式伦理的构想为我们解决上述问题提供了一种新的视角，让我们可以重新界定一直以来被视为两种完全不同的伦理学流派之间的关系。但是，如果我们严格遵循霍耐特的思想逻辑去审视一种形式的伦理概念的构想，即要为社会批判提供一种规范性尺度，我们却发现这种构想不得不至少面临以下三个方面的理论挑战。

第一，形式伦理的规范性内涵不明确。这一指责与近年来批判理论的一个热点，即批判的方法论研究有关。在所有对霍耐特理论的分析中最切中形式伦理的问题逻辑且获得霍耐特直接回应的，当属安蒂·考平恩（Antti Kauppinen）的观点。在《理性、承认和内在性批判》① 一文中，安蒂·考平恩区分出两种内在性批判。一种是"简单的内在性批判"，它是指内在标准已经被公开表达出来了，或者说，规范标准已经具有明确的要求；另一种内在性批判是指，规范标准虽然没有被公开表达出来，但是它又蕴含着规范的潜能，即它能够被行动者所接受，我们可以按照重构的方法将其重构出来。据此，安蒂·考平恩将霍耐特的承认理论划归为后一种内在性批判，这种批判以一种形式伦理为规范基础的理论策略，主张规范标准要具有一种普遍的、形式的有效性。但是安蒂·考平恩质疑，在具体实践中，行动者除非借助于一种单个主体的规范意识，即行动者要清楚地知道"我应该如何行动"，否则，这种"弱"的规范要求依

① Antti Kauppinen, "Reason, Recognition, and Internal Gritical", in: *Inquiry*, Vol. 45, No. 4, pp. 479 – 498.

旧不具有规范的有效性。[①]

第二，形式伦理的概念预设了一种历史进步论的观点，许多学者质疑这种假定本身的合理性。如卡尔－戈兰·海德格（Carl-Goeran Heidegren）就认为，霍耐特不管是对现代社会的病理学诊断，还是对"社会的错误发展"（soziale Fehlentwicklungen）之预示，在这些批判性的观点背后都预设了承认的理想模型（die Idee im Vordergund）。[②] 然而，这种假定如何避免沦为一种外在性的理论构建，这又是霍耐特亟须解决的问题。

第三，霍耐特的非形而上学立场。需要说明的是，我们在这里并不是在诠释的层面上，指责霍耐特在对黑格尔解读中忽视了在黑格尔自己看来最为重要的形而上学的理论取向。[③] 而是说按照霍耐特理论构建的逻辑，质疑霍耐特如果抛弃了黑格尔的概念逻辑，承认理论难以说明各种承认关系之间的关系。

面对这些质疑，霍耐特给予了直接的回应[④]，并坦言他最后回到了一种实质的伦理性的立场，他说"如果不指出实在价值必须占据的位置，他们的形式概念就是不完全的"[⑤]。就批判的规范基础而言，霍耐特非常清楚地意识到，我们虽然可以按照规范性重构的方法重构出三种承认关系，但这并不意味着，这三种承认关系的规范内核是明确的。因为这三种承认形式的规范内涵不可避免地受制于政治、法律和伦理等现实规范机制的影响，对此，如希普所解读的，

---

① Axel Honneth：*Kampf um Anerkennung-Zur moralischen Grammatik sozialer Konflikte*，Frankfurt/ M.：Suhrkamp Verlag，1992，S. 335.

② Axel Honneth：*Kampf um Anerkennung-Zur moralischen Grammatik sozialer Konflikte*，S. 340.

③ Robert Pippin，"Reconstructivism：On Honneth's Hegelianism"，in：*Philosophy and Social Criticism*，2014，Vol. 40，No. 2，pp. 725 –741.

④ Axel Honneth，"Grounding Recognition：A Rejoinder to Critical Questions"，in：*Inquiry*，Vol. 45，No. 4，pp. 499 –519.

⑤ ［德］霍耐特：《为承认而斗争》，胡继华译，上海人民出版社 2005 版，第184 页。

"承认目标只有在一定的条件下才能实现，在社会化过程或在历史过程的描述的和解释的阶段，它可能实现也可能实现不了"①。因此，霍耐特强调，承认理论必须参照一定的价值系统才能进一步明确三种承认关系的规范内涵。在此，霍耐特又从黑格尔那借取资源，认为黑格尔在《法哲学原理》所讨论的伦理性接近于"一种以历史为基础，但依然具有形式特性的伦理概念所勾画的规范观念"②。参照柯尔伯格（Lawrence Kohlberg）道德意识发展理论，霍耐特可以将它划归为一种"后传统的伦理形式"（posttraditionale Form von Sittlichkeit）。"后传统的伦理"已经阐明了奠定现代社会规范秩序的伦理价值，对此，霍耐特解释道，"在他们的理想中，平等和个人主义这样的普遍主义成就都体现在互动模式中，以至于所有主体都将作为独立的、个性化的、平等的和特殊的个人而得到承认"③。因此，以黑格尔"后传统民主伦理"为参照，他区分了三种自由：法律自由、道德自由和社会自由，于是他确认，以这三种自由为规范内容的形式伦理概念，才能充分阐明社会批判的规范尺度。

最后，我们说，如果从霍克海默1937年发表《传统理论与批判理论》一文算起，法兰克福学派批判理论问世已经八十余年，作为一种具有批判向度的社会学研究，不仅仅是霍耐特的承认理论，哈贝马斯的社会交往理论，它们对现代社会所有规范性的描述和界定，始终不仅仅面临着社会学、心理学等实证科学的参照，也面临着来自哲学传统的批评。我们正是在这个意义上说，本文所关注的形式伦理的概念是我们理解和评价霍耐特承认理论的关键线索。通过形式伦理的概念我们能更加明白霍耐特承认理论的本真意义，而不会因为学科之间的方法、范畴以及立场等的差异，使得我们对霍耐特的理论作出的评价最后沦为一种意气之争。

---

① ［德］路德维希·希普：《"为承认而斗争"：从黑格尔到霍耐特》，罗亚玲译，《马克思主义与现实》2010年第6期。

② ［德］霍耐特：《为承认而斗争》，第182页。

③ ［德］霍耐特：《为承认而斗争》，第182页。

附录 2　论弗斯特的作为辩护的正义论及其与康德哲学的关系

　　法兰克福学派批判理论非常重视德国古典哲学的思想，尤其对黑格尔的法哲学予以高度评价。无论是批判理论第二代传人，哈贝马斯还是其学生霍耐特，二者都看到了黑格尔法哲学中的一个核心要义是通过"伦理性"（Sittlichkeit）来批判和克服康德"道德"（Moralitaet）所暴露出来的原子化的个体主义和立法的形式主义，并将黑格尔对康德实践哲学所做的批判视为自己整体问题意识的起点。对于哈贝马斯、霍耐特而言，黑格尔对康德实践哲学的批判，这切近于他们对重建现代社会规范秩序基础的问题的思考，也就是说，他们都认为对现代社会规范秩序的规范基础的问题绝不能仅仅以一种"狭隘的道德理解的概念"来加以把握，而应该放在更具有现实性和有效性的"法"的层面。这一点直接指向了黑格尔的立场。对此，我们可以直接看到，哈贝马斯晚期在构建《在事实与规范之间》的理论框架中表明："道德是一条不精准的罗盘"，霍耐特也在《自由的权利》开篇强调：实践哲学显然已经"不能接受一种道德的观点"。

　　然而，这样的立场在弗斯特这里有了改变。弗斯特，作为法兰克福学派新晋学术领袖，他试图将康德哲学从黑格尔的批判的强大影响中合理地解放出来。据此，他不仅明确将他的理论界定为一种康德式的建构主义正义论，也将自己思想的核心主张，即"作为辩护的正义观"，视作是对康德之"人是作为目的"这一重要命题的重构。

对于弗斯特这一理论努力，学界褒贬不一。在当前国际批判理论研究界内部，有学者深为赞许弗斯特这一主张，认为他作为法兰克福学派之康德传统的继承者，其思想代表了批判理论在全球化时代下发展的新方向，如批判理论家埃米·艾伦（Amy Allen）她认为，后哈贝马斯的批判理论（post-Habermasian critical theory）基于构建规范性的主要策略形成了两种路径——康德主义和黑格尔主义。在后哈贝马斯的批判理论中最好的、最著名的康德传统代表是弗斯特；但是，也有学者如马库斯·杜威尔（Marcus Düwell）在题为《法兰克福学派走向康德主义？——如何行得通》① 一文中所表达出来的观点，对弗斯特主张从康德主义的视角为批判理论在全球化时代打开一个全新的活动场域的可能性表示怀疑。与此同时，著名哲学家伍德也说过，弗斯特代表了从康德主义的视角关于马克思的高水平哲学研究；但在弗斯特的代表作《辩护的权利》出版之后，也有另外一名德国哲学家——弗里德·赫费（Otfried Höffe）就旗帜鲜明地发表了一篇题为《康德不是法兰克福（学派）》② 的文章，公开对弗斯特对康德哲学所作的一种"学术流派"式的解读表示不满。

那么，弗斯特主张的作为辩护的正义观的基本内涵是什么？这一基本主张与康德哲学之间内在的思想关联是什么？这些至为高耸或者低平的定位与评价背后是否真实地表达出了弗斯特的思想旨趣？我们应该如何看待目前学界对弗斯特的评价等这成了需要我们进一步追问的问题。

一

目前学界通常把弗斯特看作法兰克福学派第四代传人。严格来

---

① Marcus Düwell: Frankfurt Goes Kantian But How Does It Work?, *Netherlands Journal of Legal Philosophy* 2016, Vol. 45, No. 3, p. 29.

② Otfried Höffe: "Kant ist kein Frankfurter, Rainer Rainer Forstbegründet Das Recht auf Rechtfertigung, allerdingsnichtganzzureichend", *Die Zeit*. 31. Oktober 2007.

讲，这种说法要能成立首先依赖于对以下这个根本问题的说明，即弗斯特究竟是如何继承、更新和发展批判理论的。在这里，如果我们暂且以批判理论的范式演进为主题来反观弗斯特在批判理论发展谱系的位置，我们注意到，较之于哈贝马斯的交往行动理论以及其霍耐特的承认理论，弗斯特试图提出一种全新的批判范式——"辩护关系（Rechtfertigungsverhältnisse）的批判"来继承和推进批判理论的研究。

　　如果我们考察弗斯特的学说中的批判理论的思想因素，可以明确的是，在弗斯特的第一本专著——《正义的情境》（*Kontexte der Gerechtigkeit*，1996）中，批判理论就已经有力地支援了他对自由主义与社群主义之争的相关论断。但就弗斯特对"辩护关系"作为批判理论之批判框架的最完整阐述来讲，是《辩护关系的批判》（*Kritik der Rechtfertigungsverhältnisse*，2011）一书。在这本书的开篇，弗斯特曾相当明确地标识出了他所看到的从霍克海默到霍耐特整个批判理论传统的"整体性"，他说："批判理论提出了一个老问题，即现代社会为什么没有处于一种能生成的理性形式的社会秩序的境地。批判理论试图紧紧地抓住这个问题，并运用理性的概念来批判性地回答它的'不理性'和它的统治的潜能……如霍耐特所言，'理性的病理学'批判要坚持'理性的普遍性'的理念，它归功于一种'理性论证'的过程，这需要许多不同的理性概念，这些概念从霍克海默到哈贝马斯都被得到了运用，以至于它最终导致了一种观点，即要成功达到一种令人满意的合作的实践，不是从抽象的条件或者是归属感，而是要从理性的观点……我与霍耐特一样，认为批判理论应该被理解为对社会现实的理性的反思形式，它必须阐明解放潜能的力量。它必须为不正义的社会关系勾勒出一个敏感的传感器，当它必须从概念上给出一种反思性的（自我反思的）批判标准时。"①

---

① Rainer Forst, *Kritik der Rechtfertigungsverhältnisse*, Frankfurt/ M.: Suhrkamp Verlag, 2011, S. 18.

从弗斯特的上述文字中，我们可以肯定的是，弗斯特十分赞同由霍克海默第一代法兰克福学派批判理论家所开启的思想传统。他们一致认为，作为一种具有批判向度的社会学研究，法兰克福学派批判理论对现代社会的分析并不是如许多学者所指责的：它们仅仅是一种出于"对不公正的强烈愤慨"的"带有意识形态的批判式的、反思式的以及可检验的理论"①。实际上，法兰克福学派批判理论对现代社会的诊断一直坚持"内在性批判"的理念。换言之，在批判理论的发展谱系中始终贯穿着一种"理性的内在批判"的原则。正是在这个意义上，弗斯特强调，由他和君特领衔的"规范秩序研究中心"将毫不保留地继承这一精神传统，因此，他们在阐发规范秩序研究中心的研究理念时指出②：

> 与功能主义的解释试图——都是与规范之外的因素相联系—相区别，法兰克福的精英科学家研究团队（Wissenschaftler-Innen des Frankfurter Clusters）探究的是，在行动与思想上规范秩序形成时其内在的视角、过程、程序和争论，尤其涉及为制度化秩序奠基的价值问题。"规范秩序"以得到证成的、基准的正当性为基础并为相应的社会规则、规范和制度的正当性辩护；它们要为统治之要求和某种特定的善与生活机会的分配之要求阐明理由。就此而言，一种规范的秩序被认为是为得到辩护的正当性之秩序：它以得到证成的正当性为前提并同时塑造正当性，使之在某种决非封闭的但却是复杂的进程中生成。这种类型的秩序被嵌入正当性辩护的叙事中，这种叙事是在独特的历史局势中形成，并经过长久的传承、流变和制度化。但每个传承下来的正当性叙事和每个被确定下来的合法性也同时指认了

---

① ［瑞士］埃米尔·瓦尔特-布什：《法兰克福学派史》，第235页。
② ［德］艾纳·佛斯特、克劳斯·君特：《规范秩序的形成——跨学科研究纲领之理念》，第2—3页。

一个正在形成中的秩序事实，并同时提供了批判、否定以及反抗的起点。这就是正当性要求和既定秩序之间的穿刺性（performative）的张力，它可以被理解为是规范秩序形成与变化的冲突动力学。同时它又具有反思的元原则（Metaprinzpien）、程序和制度的意义，这种意义总的说来只是开启一个社会空间，使正当性辩护的要求得以在其中被提出、讨论和辩护；所以它开启的是一个商谈空间，参与者在讨论中也能够把他们围绕规范秩序的斗争阐释为一种关于正当性之理由之间的冲突。

尽管参与到这个优秀团队中的科学家们来自十分不同的领域，如哲学、历史学、政治—法学，乃至民族学、经济学、神学和社会学，这本身就要求科学视野和方法的多样性，不能固定为一种范式，不过，在强调内在性的规范立场时大家找到了共同的基础。从此基础出发，他们以各自的方法探究规范秩序的形成。所以探究规范在历史情境中的形成，也同样如同探究规范秩序在生物科技领域或在国际安全政策范围内的改变。为了面对当下与未来的科学挑战，本研究团队将以一种革新的方式继承法兰克福精神——社会科学研究的传统。

自上文《规范秩序的形成——跨学科研究纲领之理念》发表以来，学界认为，在继法兰克福社会科学研究所之后，法兰克福规范秩序研究中心成为目前批判理论研究的又一重阵之一，也正是在弗斯特、君特等学者的推动下，一种致力于在当前全球化背景中继续推进批判理论研究的跨学科的理念孕育产生。更为关键的是，这种跨学科研究理念的内核是一种"内在性"视角。

在明确了弗斯特对批判理论思想传统的继承之后，下文将着手考察弗斯特是如何从"辩护性关系"这个范式来更新和推进批判理论研究。在此，需要说明的是，鉴于弗斯特的著作大多未被译为中文，弗斯特本人的理论也不被中国学界所熟知，或者说，弗斯特的思想还从未以主题的形式被中国学界考察。① 因此，为了给本章的论证分析以及我们评价弗斯特的理论提供一个坚实的基础，本章有必要首先对弗斯特的理论作一个文本学的考察。

可以说，弗斯特从他的第一本学术专著《正义的情境》起，他就试图提出一种全新的主张：以"作为辩护的正义"作为社会批判的规范性基础。对于这一点，弗斯特本人曾在其代表作《辩护的权利》（*DasRecht auf Rechtfertigung*，2007）前言中的"思想总结"中说："我在《正义的情境》一书就开始尝试：按照对话理论的方式对正义规范之相互且普遍的有效性要求的进行递归分析中产生了其相互且普遍的辩护原则。这里我延续了这一点，在这样做的时候，表明以下观点特别重要，形式上的解构不可忽视一个'最根本的'规范问题，即，辩护义务本身如何在道德哲学中获得辩护。"② 另外，在《正义的情境》之后的其他专著：《冲突中的宽容》（*Toleranz im Konflikt*，2003）、《正义、民主和辩护的权利》（*Justice, Democracy and the Right to Justification*，2014）、《辩护关系的批判》（*Kritik der Rechtfertigungsverhältnisse*，2011）《规范与权力》（*Normativität und Macht*，2015），笼统地说都可以归结为弗斯特对这一基本主张的不同层面的推进和深化。其中，《辩护的权利》是弗斯特对"作为辩护的正义"的基本内涵的最完整的阐述，也是本章主要考察的文本。《辩护关系的批判》一书阐明的是作为"辩护关系的批判"将如何继承、推进和发展批判理论的这一基本问题。

在通过文本的梳理与考证之后，我们现在来看弗斯特对"辩护关系的批判"这种全新的范式的详细论述。在这里，我们可以首先向弗斯特发问的是，这一范式的问题意识是什么？对此，我们注意

---

① 国内学界目前有关弗斯特的论文有，马庆：《正义的不同情境及其证成——论莱纳·弗斯特的政治哲学》，《哲学分析》2016 年第 2 期；刘曙辉：《论莱纳·福斯特作为辩护的正义思想》，《哲学研究》2016 年第 5 期；蒋颖：《莱纳·弗斯特规范的宽容理论研究》，《学习与探索》2018 年第 8 期。

② Rainer Forst, *Das Recht auf Rechtfertigung*, S. 10 – 11.

到《辩护的权利》开篇的文字[①]:

> 对非正义的不满和判断的冲动以及批判地反思这一冲动背后有一个基础,这一根据哲学能够重构,这是一个古老而又现时代的观念。对这一尝试的质疑同样古老,如色拉叙马霍斯在柏拉图《理想国》中表达的,他声称正义仅仅是强者所说的正义来挑战苏格拉底。如果在这里我追随苏格拉底而不是色拉叙马霍斯,这仅仅是因为即使后者宣传是有效,它也只能作为批判的主张是正确的,从而正义的"坚实基础"这一问题又被重新提出。另外,虽然我对这一问题的建构主义式的回答与柏拉图的回答之间有距离,但是我仍然共享柏拉图的理念,因为我不仅认为正义观念具有合乎理性的论证,而且这一论证要追溯到一个单个根据——也就是说,在社会政治情境中、甚至是超越国家的各个方面,正义最终指向了一个规范内核:人的基本的辩护权利。这在哲学多元化时代下可能是一个冒险的命题,但确实这就是我在本书中捍卫的命题。

对于我们目前关注的问题而言,弗斯特在上述文字中强调的观点,有三点值得关注:一、在充斥着非正义现象的现代处境下探讨"正义何以可能?"这是弗斯特这一全新范式的基本问题域;二、对非正义的批判需要一种规范性的正义概念作为"坚实基础";三、这种正义的规范性内涵是人具有一种基本的"辩护权利"。具体来说:

第一,弗斯特对正义问题的反思有一个显著的思想特点——它是在法兰克福学派批判理论自身的传统脉络中形成的。这不难理解,因为弗斯特对正义问题的考察与单纯的规范理论的问题视角不同,他的学说继承了批判理论之批判向度和解放意蕴的思想特征,即试图去探讨"在充斥着非正义现象的现代处境下探讨正义何以可能?",

---

[①]　Rainer Forst, *Das Recht auf Rechtfertigung*, S. 7.

因此，他认为自己对正义问题的思考与霍耐特与弗雷泽等批判理论家一致，属于一种"批判的正义论"的理论构建。所谓批判的正义论，是指构建一种规范性的正义学说来批判当今社会的非正义现象的理论。

第二，社会批判需基于一种规范性的正义概念方能进行。按照弗斯特的观点，正义的本质是社会的"基本结构"，正义不仅决定着社会生活以及个人生活的政治制度、经济制度和社会制度，而且它自身还是公民道德诉求的对象。据此，弗斯特曾明确区分正义与正义观，他强调："正义不是诸多价值中的一个'价值'——像自由、平等以及诸如此类的价值一样，而是一个用来决定何种自由和平等形式合法的原则。因为，不管某人持有何种特定的正义观，一般的正义概念隐含着以下一点，基本结构必须用所有作为自由、平等、自主的人的公民都可以接受的原则来证明。"① 对弗斯特而言，唯有当正义是一种基本的规范结构而不是某种实存的规范或价值观时，正义才能成为考察社会问题的"试金石"。

第三，正义的规范性本质是一种辩护原则。弗斯特曾明确称："正义重要的不是对自由或平等等价值观的特殊理解，而是一种辩护原则"②；"支撑所有正义原则的基础是基本的话语辩护原则"③；等等。那么，何谓"辩护原则"？或者什么是弗斯特所说的"作为辩护的正义"？在对此进行探究之前，需要先行点明的是，从弗斯特的上述论证来看，以上三点的论述，环环相扣却又一脉相承，三者最终都指向了"作为辩护的正义观"这一基本环节。

二

可以说，弗斯特对"基于辩护性原则的正义概念"的阐明是其

---

① Rainer Forst, *Das Recht auf Rechtfertigung*, S. 14.

② Rainer Forst, *Das Recht auf Rechtfertigung*, S. 129.

③ Rainer Forst, *Das Recht auf Rechtfertigung*, S. 129.

理论构建的最重要环节，具有提纲挈领之意。因为与哈贝马斯的交往行动理论抑或是霍耐特的承认理论一样，不管他们对现代社会所作的任何一种阐释，他们在构建自己的理论体系时，首先要做的就是对这个范式本身做出说明。正是在这一意义上，正如有学者指出的："辩护的权利是弗斯特近期著作的核心要素。"① 下文我们也会注意到，也正是在这一环节中，弗斯特思想中的康德元素得以透彻呈现。考虑到本章篇幅，这里并不打算对弗斯特有关辩护原则的阐明展开详细引证和分析，而只是简要地指出其几个关键要点。

第一，人的理性能力即辩护的能力。按照弗斯特的理解，人是理性动物，这一经典定义首先表达的是人是作为一种能为自己的观点和行动提供合理理由的 "论证的存在" （Begründendes Wesen）②。人的理性能力是指人具有能够阐明自己的观念和行动之合理性的能力。更为重要的是，行动者会对其行动的合理性提供理由，换言之，言语和行动必须有理有据，这一基础本身是必须被 "建构" 出来的。

第二，人有一种基本的 "辩护权利"。这一命题可视为是一种对康德之 "尊重他人作为目的本身" 这一绝对命令的哲学重构。在《辩护的权利》一书的开篇，弗斯特曾特意援引康德对理性自由的界定来阐明这一基本权利的含义——"建立在这种自由之上的甚至是理性的实存，理性并没有任何专制的威严，相反，它的箴言任何时候都不过是自由公民的协调一致，每个自由公民都必须能够不受压制地表达自己的疑虑甚至他的否定权"③。另外，弗斯特也进一步将人的实践理性的基础界定为一个人能 "坚持自己的立场"。"坚持自己的立场" 即公开地为其认为是合理的事物做辩护，即能提供的理由去支撑着其行动的立场。这其中，人自主地 "表达、反驳、否定"

---

① Bertjan Wolthuis, Elaine Mak & Lisette ten Haaf, "Rainer Forst: The Justification of Basic Rights", *The Netherlands Journal of Legal Philosophy*, 2016, Vol. 45 (3), p. 3.

② Rainer Forst, *Das Recht auf Rechtfertigung*, S. 23.

③ 转引自 Rainer Forst, *Das Recht auf Rechtfertigung*, S. 23. 中文翻译参照 [德] 康德：《纯粹理性批判》，邓晓芒译，人民出版社 2004 年版，第 569—570 页。

某件事情的能力即人的辩护能力。自主的"表达、反驳、否定"其观点的是人的基本能力也是人的基本权利。据此，弗斯特将人的实践理性能力解释为："能够以辩护性理由适当地回答形成并处于每个实际情境中的实践问题的基本能力。"①

第三，辩护原则是实践理性的原则。弗斯特分析指出："如果实践理性被当成一种能力，通过这种能力可以获得实践问题正当性答案，那么辩护原则就是实践理性的原则，实践问题的答案是能获得辩护的是指它能兑现其提出的有效性要求。"② 也就是说，可以通过考察辩护原则来探究证明有效性和建构规范的条件，他曾言："我的建议是，对道德观点的分析应该从一种对道德有效性要求的语用学重构开始，以便能以递归（rekurisve）③ 的方式探究这些要求和规范建构的辩护性条件。"④ 对此，弗斯特说："辩护权利表达了以下要求，不应该存在这样政治的或社会的制度形式，它们不能向受其影响的人充分地证明自己是正当的。"⑤ 据此，弗斯特将辩护权利界定为"一种有条件的否决权，去反对不能相互且一般地获得辩护的规范和实践，反对能够相互且一般地拒斥的规范"⑥。

至此，我们可以得出结论，弗斯特所说的，辩护关系的批判是指以辩护性正义观为规范性基础的社会批判。而研究者所认为的，弗斯特"回到康德"⑦ 的立场，是指他明确捍卫一种道德自主的观点。对此，弗斯特曾用"辩护的一元论"的表述来界定这一基本主

---

① Rainer Forst, *Das Recht auf Rechtfertigung*, S. 31.

② Rainer Forst, *Das Recht auf Rechtfertigung*, S. 81.

③ 所谓"递归的"是指兑现有效性要求的条件是内在于提出它的情境中。弗斯特曾明确表明，这种方法与哈贝马斯的普遍语用学对规范有效性要求的重构采用的一致，可称为一种反思的方法论，即对何种兑现有效性的辩护对于何种实践规范是必要的反思。

④ Rainer Forst, *Das Recht auf Rechtfertigung*, S. 81.

⑤ Rainer Forst, *Das Recht auf Rechtfertigung*, S. 10.

⑥ Rainer Forst, *Das Recht auf Rechtfertigung*, S. 370.

⑦ Rainer Forst, *Das Recht auf Rechtfertigung*, S. 14.

张的内涵。

　　所谓"辩护的一元论"是指，"批判的正义论的构建必须有一个坚定的规范基础，而这个基础除辩护原则本身之外无须其他基础"①。由此可见，我们可以从两个层面来解读弗斯特的主张，一方面，弗斯特尤其强调，社会批判需要一种规范性的尺度，主张要从主体间的辩护性关系出发来探讨社会秩序的规范结构。他认为，辩护原则是一种实质性的道德原则。换言之，辩护原则并不仅仅是一种程序性的"中立的""调停者"，它依赖于个人实质的道德辩护权利。正是在这个意义上，弗斯特批判其导师哈贝马斯在《在事实与规范之间》一书中对人权和人民主权的同源性阐明中抽离了道德的原则。他指出，哈贝马斯在构建法哲学时试图避免从道德理论的视角提出并回答社会政治正义问题这一观念，但是"对话伦理将自身从道德规范理论转化为法律秩序中的政治合法性理论，就出现了一个问题，在这种框架中给'独立的'道德观念留下什么位置？"在弗斯特看来，他不需要人权和人民主权同源的观点来诠释现代社会的规范秩序基础，他只需也只能凭借单个原则来重建，即辩护的权利。他明确表明，对话的正义理论绝不能是一种中立性的原则，它需要一个不可动摇的基础（Fundamentum Inconcussum），这是建构主义不能建构的"最终"的基础②。另一方面，人的基本的权利是一种辩护的权利，它构成人的权利和社会基本结构的任何辩护的基础。对此，弗斯特总结道：实践理性的基本原则说实践问题的规范答案正好可以以其有效性诉求所涉及的方式获得辩护，即辩护原则。按照辩护原则，对不同的规范情境的重构兑现出不同的规范有效性要求，进而也可以划分出不同的辩护情境，即道德辩护、伦理辩护、法律辩护、政治辩护等。换言之，在实践理性的不同运用情境中，即道德、伦理、法律均可以按照辩护原则重构其规范有效性要求，

---

①　Rainer Forst, *Das Recht auf Rechtfertigung*, S. 14.

②　Rainer Forst, *Das Recht auf Rechtfertigung*, S. 14.

在对这些规范性要求的明确中产生出规范秩序①：

　　关于正义，我们必须使用一种辩护的特殊规范语法，它深深影响着我们做出的规范性判断：它起着过滤器一样的作用，能从非正义的要求中筛选出可辩护的部分，一个开启且同时限制正义要求之可能性的（过滤器）。如果人们用批判性的方法来理解正义，不仅是这种开放性，而且包括限制的时刻，那么则是确实致力于解放的目的。最终，这就是本章所表达的实践理性，尊重他人的要求。

　　我解释一下为什么我认为存在这种特定的正义语法。当我们谈论政治及社会正义时，我们其实是在谈论（用康德的话说"完美"）既定的社会政治情境中成员的义务，为了基于规范建立制度，这种规范可以合理地宣称其普遍地、相互地有效和具有约束力：正义的情境是一种特定的辩护情境，其中所有相关的基本社会政治关系，包括基础的经济关系都需要能够得到相互地且普遍地辩护。因此，相互性和普遍性的标准转变了，反过来说，有效性标准转变为话语辩护的标准。从这种方式看来，有关正义的情境是基于对这些标准辩护的情境；然而，从现实主义的观点看来，大多数常见正义的情境首先是非正义的情境，并且要从各种非正义形式的批判性分析中建立起关于正义的解释。这类特定的正义论需要一种综合的非正义理论，不仅是作为一种规范性解释，而且也是一种社会分析的形式。尽管这类陈述必定会是复杂的和多维度的，但通过递归论证（recursive argument）的方法，我们可以阐述出正义的首要的反思性原则：对所有作为政治—社会情境的成员来讲，并不存在一种社会政治关系是不能够被普遍地和相互地辩护的。

---

① Rainer Forst, "First Things First: Redistribution, Recognition and Justification", *European Journal of Political Theory*, 2007, Vol. 6, No. 3, p. 299.

三

批判的正义理论是一种辩护关系的批判。弗斯特围绕这一核心主张逐步构建起了他的一套理论学说，尽管这套理论涉及的问题诸多，弗斯特对相关问题的论证也颇为精细，但其背后基本的立场却是较为明确和一致的：他试图通过作为辩护的正义观的概念建立一套系统的社会批判理论。

首先，通过批判的社会分析，它旨在揭露不合理的社会关系。这种社会关系不仅是狭义的政治关系，而且也是经济或文化本质的关生活费用，即所有的社会关系。其次，它意味着（部分的，谱系性的）对这些"虚假"（可能是意识形态的）辩护关系的话语理论批判，对掩盖不对称的权力关系和排他性传统（如按性别或阶级划分）的辩护。最后，它意味着对揭露和改变不合理的社会关系的有效社会政治辩护结构的失败（或不存在）的辩护。

按照弗斯特的上述观点，如果批判的正义理论首先必须是一种对辩护关系的批判，那么，对正义问题的讨论首先也就基于政治正义的向度。在这里，关涉到批判理论的批判对象的问题，或者用弗雷泽的表述来讲，社会批判理论批判的是什么？就此问题，弗斯特曾多次与弗雷泽展开争论，他的概括性的观点见于在《辩护的权利》一书的"导论"中。在《辩护的权利》一书的"导论"中，弗斯特不仅追溯了正义概念的逻辑、历史发展形态，并且指认出一种"各得其所"的分配正义的观念实际上"阻止了抵达正义问题的核心""删掉正义的基本维度"[1]。他曾言："对抗非正义的根本冲动主要不是想拥有某物或更多地拥有某物的冲动，而是一种不愿意再被压迫、被骚扰或他们的诉求和基本辩护权利想再被忽视的冲动"[2]。除此之外，在"导论"的最后一段，弗斯特还特别强调："对物品的合理

---

① Rainer Forst, *Das Recht auf Rechtfertigung*, S. 12 – 13.

② Rainer Forst, *Das Recht auf Rechtfertigung*, S. 10.

诉求不仅仅是'既定的',而且只能在合适的辩护程序中以推论的方式来建立,正义必须致力于主体间的关系和结构,而不是物品主观的或据称是客观的供应。只有通过这种方式,一种指向社会非正义根源的激进正义才可能。"①对一切非正义根源的揭示在于分析主体间的关系和结构。这一句尤为体现了弗斯特对"如何构建一种批判的正义论"这一问题的思考。据此,弗斯特将批判理论的任务界定为分析"为什么在社会中的权力关系会阻止秩序的产生"②。在弗斯特看来,权力作为社会秩序的基本形态,它是社会批判的首要向度。正义的核心内涵是政治情境下社会关系和权力制度的可辩护性,即所有的社会政治关系都要提供其合理性的理由。据此,弗斯特称自己的研究是一种"政治理论视角的批判理论研究"。

弗斯特这一基本主张的主题鲜明且统一,弗斯特本人曾言:"在我所提出的方法中,辩护性的概念确立了规范理论、社会理论和社会批判之间的联系。这种方法的核心认为:批判理论使辩护性问题变成一个理论和实践的问题,并试图分析作为'规范秩序'的社会、政治秩序,或者更准确地说,是作为立足于和表达出了特定的辩护性关系的辩护性秩序。"③换言之,我们也可以通过"作为辩护的正义"这一关键线索将弗斯特在当代规范理论、社会理论、社会批判等方面的思考串联起来。事实上,弗斯特本人也正是按照这一基本主张对规范秩序的界定,将他的学说划归为以下几个方面:走向一种批判的正义论、走向一种批判的宽容理论、走向一种批判的人权理论和走向一种批判的跨国正义理论。

一种批判的正义论,是阐明"辩护原则"是社会基本结构之规

---

① Rainer Forst, *Das Recht auf Rechtfertigung*, S. 13.

② Rainer Forst, "First Things First: Redistribution, Recognition and Justification", *European Journal of Political Theory*, 2007, Vol. 6, No. 3, p. 292.

③ Rainer Forst, "What's Critical About a Critical Theory of Justice?". In: Bargu B., Bottici C. (eds) *Feminism, Capitalism, and Critique. Palgrave Macmillan, Cham*, 2017, pp. 227 – 228.

范基础的学说。按照弗斯特的分析，这一学说包含两个理论任务：一方面，作为规范性理论，这一学说需要阐明人之行动的规范性来源为什么不是一种先在的伦理价值或者某种人类学的预设的规范性概念，而只能依赖于一种普遍获得的辩护能力。更为具体地，这一学说需要阐明在具体的辩护情境中为什么按照相互性和普遍性原则能够获得辩护的且并得到参与者的认可和接受的规范就是一种正义？为什么这种正义理论是建构主义的学说，但正义的基础本身是不能被建构的？弗斯特将这一理论界定为"自主的""建构主义"的正义理论，并认为该理论的目的是构建达成正义社会的前提、原则和程序。另一方面，这一学说还具有批判性的理论向度，即揭示和分析现有社会关系中非正义的现象和根源，即分析和批判那些不是通过普遍性和相互性的辩护关系而确立起的法律规范、政治制度和社会规范。前者关注道德哲学中的规范证成的问题，他说："形式上的解构不可忽视一个'最根本的'规范问题，即，辩护义务本身如何在道德哲学中获得辩护。"① 后者更多承担的社会科学分析的理论任务而是批判性正义理论的中心。二者相互前提，二者处于一种双重意义上的批判性辩护关系。

　　一种批判的文化多元宽容理论聚焦的是在多元文化、"文化冲突"下政治正义的问题，弗斯特也称之为批判的政治理论。与批判的正义论一样，这一学说同样包含两个维度：一是阐明对话原则和公开性原则在政治情境中的重要性。如弗斯特所言，"社会政治斗争中所涉及的声音都不应该被忽视"②，这本质上是一种宽容原则。弗斯特指出，这一批判观念对于确立最低限度的正义③的政治辩护结构有着重要的制度含义，即契合现代社会之多元性的精神。反之，宽容原则的确立也依赖于民主正义之内核的公正和公开的辩护原则本

---

① Rainer Forst, *Das Recht auf Rechtfertigung*, S. 179.
② Rainer Forst, *Das Recht auf Rechtfertigung*, S. 219.
③ Rainer Forst, *Das Recht auf Rechtfertigung*, S. 10 – 11.

身。二是对社会政治基本结构的成员之间违背宽容原则现象的分析和批判，例如，对所谓"文化冲突下"的"宽容的西方"与"原教旨主义"之间的二元对立的分析等。

一种无偏见的、批判的人权理论。弗斯特尤其强调他所说的权利是指一种基本的辩护权利。由此也就关涉到这项学说的第一个理论目标，即要极力避免这一学说被指责为带有一种"外部干涉"或"种族中心"的基调，或者说，需要阐明这种人权理论它不是"西方"特有的关于自由、平等等特殊价值观的学说，而是指一种与公共性文化相关的观念①，即公开宣称对于"人的"正义和权利之诉求。另外，这一学说的批判性向度是指对当今世界中存在的专制、控制和剥削等违背着人之辩护权利的政治斗争的对抗，对此，弗斯特曾言，"人权理论必须从这里开始，最后也必须回到这里"②。

一种批判的跨国正义论。弗斯特明确称："我的主张是，批判的跨国正义理论试图把握国家主义者和全球主义者之间辩论双方的最强大的论据。它是从一种相关正义情境的差异性的视角开始，但没有忽视地方性的情境或者是弱化其与全球性之间的相互关系。它包含了一种对非正义之特性的复杂性诊断。它必须接受跨国正义的原则，它依赖于一种'弱的'而又坚定的规范基础，它可以合理地宣称既是文化中立的，又是文化敏感的。它从正义的视域下获得了一种多元性；它强调作为既是内部原则又是外部原则的政治共同体之间单个成员的自主性：在获得辩护的基本结构中，民主自治仍然是该理论的中心目标。"③ 在弗斯特看来，国家正义和全球正义从本质上来讲是两者不同的正义情境，而一种基于"辩护权利"的建构主义正义理论却适用于这两种特定的正义情境。概言之，按照建构主义正义观的原则，基本的辩护权利作为一种本身不能"被建构"的

---

① Rainer Forst, *Das Recht auf Rechtfertigung*, S. 327.
② Rainer Forst, *Das Recht auf Rechtfertigung*, S. 327.
③ Rainer Forst, *Das Recht auf Rechtfertigung*, S. 380.

基础，在这里就存在一个"道德世界主义"的基点，这一基点超越于具体的各个国家和民族的情境中，从而也为通向一种跨国正义论提供基础。

四

从上述弗斯特的理论构建来看，他的思想涉及的内容是极为丰富的，这体现出了弗斯特本人令人惊叹的思想创造力。然而，纵观弗斯特的整个理论体系，如若我们仔细分析就会发现，弗斯特的这种创造力深深地植根于他对其他思想的强大的学习能力，在令弗斯特受益甚多的思想学者中，他的老师——哈贝马斯、罗尔斯占据了一个非常突出的位置。哈贝马斯、罗尔斯的理论是弗斯特学术观点的重要思想来源，在政治哲学研究领域广受好评的《正义的情境》一书的文稿雏形正是在哈贝马斯的指导下完成的博士论文，弗斯特本人也曾将自己的理论称之为话语的正义理论。在《正义的情境》一书中以及弗斯特的其他著作也不乏能看到罗尔斯的理论对他的直接影响。本书之所以作出这样的论断，不仅仅是由于弗斯特长期以来与哈贝马斯、罗尔斯之间密切的学术联系，更为关键的是，我们可以从弗斯特在对本己的思想主题以及以上学术著作之间关联的总结中明确地把握到他的整个理论的思想主题。对此，弗斯特本人也曾不无一次相当明确地标识出了他的整个理论的这种"整体性"：

> 当我主张以下观点——我们应该在辩护权利这一单项权利的基础上理解社会政治正义，并应该相应地为社会基本结构建构对应的原则时，这一论据是基于以下信念：这是从哲学上重构康德尊重他人作为"目的本身"这一绝对命令最好的方式。[1]

由此可见，如果要从批判理论的脉络和视角对弗斯特的思想中

---

[1]　Rainer Forst, *Das Recht auf Rechtfertigung*, S. 10.

的"康德元素"进行分析、解读和探讨，可以明确的是，从这一整体性立场出发所关注的并不仅仅是指一个关系到思想史中弗斯特是否或者是在多大程度上受到康德影响的问题。作为哈贝马斯和罗尔斯的学生，弗斯特对康德的重视显然有这两位"康德主义者"的直接影响。但更为重要的是，弗斯特对康德的研究亦有其独立原因。当弗斯特通过钻研当代社会非正义的本质的问题时，他就意识到，当代社会斗争背后蕴含的规范性要求与康德对人的理性能力的规定是一致的。也正是在这样的问题处境下，我们可以说，康德的哲学一直持续地、强有力地支援了弗斯特的思想。因为，从根本上弗斯特对康德的关注和研究也是因为康德所开启的那个问题至关重要，或者说，康德之所以能为弗斯特的理论提供思想资源，这是植根于康德的整个哲学对奠定了整个近代社会规范秩序基础的问题的整体把握。或者用弗斯特的话来讲，它呈现了近代社会秩序的"规范语法"。据此，弗斯特将自己的理论界定为对这种规范语法的重构，他说："在为既定的社会关系提供、质疑、修正和拒斥的所有具体的合法性中，要求辩护权利——和人对应的规范地位——代表着正义更深层的规范语法。"① 由此可见，弗斯特的理论与康德哲学的关系问题不仅仅是一个单纯的思想史问题，而是最为深入地牵涉到弗斯特对有关现代社会规范秩序的深层语法结构的整体阐述。

显然，弗斯特上述思想的这种整体性也暗示出了我们对他的理论进行整体评判的根据。其实，从现今所能见到的对弗斯特理论的论述来看，无论是弗斯特本人与霍耐特、弗雷泽之间的有关批判理论范式问题之争论，还是那些尝试对弗斯特的思想进行一种总体性评价的企图，在很大限度上都是围绕着他学说中的康德元素展开的。在这里，如果我们暂且从批判理论传统内部的"家庭之争"来看，可以看到：

首先，弗雷泽对弗斯特的指责是他理论包含的基础主义的立场，

---

① Rainer Forst, *Das Recht auf Rechtfertigung*, S. 11.

因为弗斯特反复强调"建构主义的本身是不能建构的"，对此，弗斯特本人也深知，他说①：

> 我不会遵循这里的"非基要主义"（弗雷泽）的道路。当然，在这一点上，弗雷泽可能会指责我的基础主义，相反霍耐特可能会指责我的"将重要的事情先来"的方法把事情引向歧途，因为它似乎还依赖于我所提示的"先验的承认"上：道德上对尊重他人为人的承认，因为他或她有基本的辩护权。

其次，霍耐特对弗斯特的批判也指向了他理论的康德主义传统。与霍耐特对哈贝马斯话语伦理学的批判一致，霍耐特会认为弗斯特的主张仅仅是基于一种抽象的理性原则，它没有与社会现实或个人的需要和能力联系在一起，它本质上是一种"程序的"理论。对此，有学者向弗斯特理论发问："这难道不是预设着从情境抽象出来的人和不现实的辩护话语吗？它难道不是在寻求不具立场的正义方案吗？"②

最后，还有一个更为根本的批判：弗斯特的理论包含了所谓正义论的"暴政"。这一观点可以从两个层面来分析：一方面，指正义的概念太狭窄不能公正地对待实际现实世界的情境，尤其是弗斯特所主张的似乎是一种纯粹形式的、程序性的建构主义正义观。另一方面，这一观点更为根本的表达的是，弗斯特的理论如其他正义论的立场一样，也有"使正义成为某种绝对的东西"的倾向。

针对上述批判，弗斯特力证，首先社会政治正义概念需要一种道德基础。弗斯特坚持，任何正义理论都需要一种对权利的和正当

---

① Rainer Forst, "First Things First: Redistribution, Recognition and Justification", *European Journal of Political Theory*, 2007, Vol. 6, No. 3, p. 301.

② Rainer Forst, *Das Recht auf Rechtfertigung*, S. 180.

性义务的强有力的道德奠基，以便成为一个"道义论"①。对此，弗斯特再次援引康德的观点，他指出：

> 用康德（康德主义者）的著名术语来讲，承认的先验和辩护的先验之间的竞争可以通过将"原始"形式的道德承认解释为一种辩护理性的"事实"来解决，也就是说，认知和道德两者，即认知和道德上承认对方是作为辩护的存在和给予他们适当辩护的权威（在特定情况下），是没有更进一步地（道德的、形而上学的、宗教的或自我利益的）的原因的。我认为，这是一种对实践理性的基本的、自主的道德洞察，因为从我们共享的理性能力的角度来看待他者：作为能够使用和需要理性的人。因此，我并不认为这只是一种实践承认的行为，这也是一种认知行为：对一种（辩护性）理性的洞察。学会把自己看成一个"理性的动物"，也就是说，被社会化进入理性的空间，假设这种洞察力并不需要与我的个人利益有更大关系（广义的理解）。②

首先，人具有一种辩护的权利，这是一种基本的权利。然而，对这一基础本身的阐明并不依赖于"准先验"的人类学预设或社会本体论的观点，这一点是与霍耐特的承认理论极为不同的。在弗斯特的理论构建中，他并没有预设一种人类要获得承认的观点，对"为什么辩护的权利是一种基本的权利？"这一基本问题也没有作出一种社会心理学的解答。他一再强调建构主义的"最终"基础本身不能被建构，更为重要的是，并且这一"坚实的基础"只能按照辩护原则和自我反思的原则获得。所以，从根本上讲，弗斯特的作为

---

① Rainer Forst, "First Things First: Redistribution, Recognition and Justification", p. 301.

② Rainer Forst, "First Things First: Redistribution, Recognition and Justification", p. 301.

辩护的正义论是一种建构主义的正义论。

其次，这种道德基础不是狭义上的道德含义，因为作为辩护的正义观的基本内涵是，强调人人都具有一种辩护的基本的权利。但与此同时，这种道德基础也不在广义上涵盖了所有的规范情境。弗斯特提醒我们注意，虽然正义概念在所有规范情境中"都有一席之地"，即正义是规范的基础，但是，"正义并没有囊括整个规范世界，只是适用于特殊的规范情境，尽管是相当多的规范情境。不但人如此，社会也如此，它们通过正义之外的美德来区分自身；在全部美德和具体的正义之外，还有其他有价值的东西。生活远比正义观念所能描绘的东西多样化和复杂化"①。另外，需要再次重申的是，按照弗斯特的观点，在不同的规范情境中规范原则不一样。如上文已经提到的，道德辩护、伦理辩护、法律辩护、政治辩护的规范有效性要求并不是整齐划一的。这种观点源自他最初的理论旨趣：阐明一种对情境敏感的"批判正义理论"。正是在这一点上，弗斯特回应了霍耐特对康德式建构主义的批判，他认为他整个理论最终将会阐明他在《正义的情境》开篇提出的：对正义问题的考察会避免一直以来对康德所做的那种"抽象"和"空洞性"的指责，而必须根植于正义之生成的情境，"不能以一种盲目的方式，必须放在一个历史的情境中，为此，而需要一种情境的视域"②。

最后，尽管正义并没有囊括整个规范世界，但它仍然代表了一种"完美"社会或者建立完美社会的"更耐用的栏杆"。然而，正义要能起到这种栏杆的作用，必须反观其局限性。据此，辩护原则正是这样在这个意义上是一种系统地提供理性自身的自我批判的机制。对此，弗斯特说："遭受'令人发愤的非正义'的人不能没有发言、敢于说话的正义。他们的诉求必须是听得见的，因为这是正

---

① Rainer Forst, *Das Recht auf Rechtfertigung*, S. 19.

② Rainer Forst, *Kontexte der Gerechtigkeit*, S. 10.

义的真实基础。"[1] 概言之，正义作为现代社会的基本结构，其核心表达的是人具有一种辩护的权利，对这种基本的权利的诉求，过去是、现在仍然是奠定社会规范秩序之最为重要和核心的驱动力。据此，弗斯特特意套用霍耐特"为承认而斗争"的表达，称"辩护的斗争"，或者"为正义而辩护"，是社会斗争和社会解放运动的深层"语法"。正是在这一深层"语法"中包含了人类为什么要"为正义而辩护"的根本动因。弗斯特对这一根本动因的解释依旧是康德式的[2]：

> 就正义或者是承认的"欲求"的心理学方面，换句话说，关涉的是"解放兴趣"，我相信，具有受到他们尊重其为自主代理人的欲求，特别是在政治背景下，它有理由是人类的一种深刻的、理性的欲求。它的基础是一种"尊严"的道德意识，"无视"或者是忽视其适当的辩护性的"权威"都是对这种尊严的侵犯。被非正义对待的侮辱的感受是深刻的，而不被别人视为有理有据的侮辱同样也是最糟糕的。自主（在有辩护权利的意义上理解）不仅仅是本体领域的哲学理念，对我们个体的自我理解和自我尊重来讲，它也是基础的。

结语

如果从弗雷泽 1993 年发表的《从再分配到承认？——"后社会主义"时代的正义难题》一文算起，法兰克福学派批判理论家有关"构建什么样的理论范式才能更合理地揭示、分析和批判当代社会的

---

[1] Rainer Forst, *Das Recht auf Rechtfertigung*, S. 20.

[2] Rainer Forst, "First Things First: Redistribution, Recognition and Justification", *European Journal of Political Theory*, 2007, Vol. 6, No. 3, p. 302.

不正义现象"的问题争论，已经持续近十余年了。其中，弗雷泽与霍耐特合著的《再分配还是承认：一场政治—哲学的交锋》，可以算作这场争论的标志性成果。我国作为法兰克福学派批判理论的研究重镇，学界自然也对这场争论给予了强烈关注，许多学者对之加以探讨并一致认为，弗雷泽与霍耐特之间的不断争论，不仅为他们双方澄清和深化各自的观点和立场提供了机会，也使学界对法兰克福学派批判理论的新范式及其现实意义有更为深刻的理解，也有助于我们掌握当今法兰克福学派的主要思想资源和未来发展走向。然而，随着时间的推移，在法兰克福学派批判理论内部涌现出的弗斯特、君特等一批新的批判理论家，他们理论的全部思考是试图在新的历史挑战下探求新的理论范式以回应全球化背景下产生的新问题。不言而喻，这些新的理论创建不仅正颠覆着我们过去所熟悉的批判理论框架，也更为内在地牵涉到本章所关注的法兰克福学派批判理论与康德哲学的关系。

虽然，仅仅从一种纯粹理论的向度来看，似乎作为德国哲学思想继承者的法兰克福学派早已不再活跃于目前哲学学术论争的核心领域了，除了几个具有批判理论学术背景的学术机构以及少数专门从事批判理论的专家学者之外，无论是在实证性研究占主导的社会学领域、还是在英美分析哲学范式盛行的哲学研究中，几乎很少有人会明确主张，我们要认真对待，或说要继承法兰克福学派的学术主张。法兰克学派看起来事实上已经沦为哈贝马斯昔日的"论辩对手"——卢曼口中所说的"马克思的死火山"。但是，无论人们如何定位和评价法兰克福学派的意义，一个不争的事实是，近年来学界又重新燃起了对批判理论的研究热情。这种关注一方面出于法兰克福学派自身所具有的批判哲学传统的兴趣；另一方面更为重要的是，哈贝马斯、霍耐特、弗斯特等批判理论家在对康德和黑格尔思想的继承和重构中引发出的一些学术争论，使得批判理论能真正参与到与当代实践哲学的"对话"中，并且进一步成为康德、黑格尔等法哲学思想在"后形而上学时代""现实化"的重要途径。在这双重的理论关联中，一个基本的问题域是，批判理论对现代社会的分析和批判日益成为一种超越当前政治哲学中社群主义者对自由主义之争的理论构建，这使得批判理论日益成为建构当代道德哲学和政治哲学理论的重要资源。这预示了那些"沉寂了"许久的法兰克福学派的学术主张似乎具有"死灰复燃"的可能性。

正是在这一重要的思想关联中，我们追问，康德哲学在法兰克福学派批判理论的理论构建中究竟意味着什么？或者说，我们应当怎样来理解法兰克福学派批判理论与康德哲学之间的内在思想关联？在此，我们套用弗斯特的表达来发问：康德哲学对于当前批判理论有什么可能的贡献？同样，我们也借用弗斯特本人的答案试图回答上述问题，弗斯特曾意味深长地引用马克思在1843年9月写给鲁格的一封信当中的一句话："理性向来就存在，只是不总具有理性的形式。"将批判理论的思想本质界定为"时代的斗争和愿望的自我澄清"。正是在这个意义上，弗斯特表明，他的思想道路之走向从根本上与康德所设定的批判哲学方向是一致的，即对理性本身的批判："正如我所看到的那样，理性是一种批判性和颠覆性的力量，它本身必须包含了能够批判自己的'病态'形式的含义。"①

---

① Rainer Forst, First Things First: Redistribution, Recognition and Justification, *European Journal of Political Theory* 6 (3), p. 302.

参考文献

一 中文文献

曹卫东：《曹卫东讲哈贝马斯》，北京大学出版社 2005 年版。

龚群：《道德乌托邦的重构：哈贝马斯伦理思想研究》，商务印书馆 2003 年版。

郭大为：《费希特的伦理思想研究》，中国社会科学出版社 2003 年版。

童世骏：《批判与实践：论哈贝马斯的批判理论》，生活·读书·新知三联书店 2007 年版。

王晓升：《哈贝马斯的现代性社会理论》，社会科学文献出版社 2006 年版。

章国锋：《关于一个公正世界的"乌托邦"构想》，山东人民出版社 2001 年版。

［德］阿列克西：《法律论证理论》，舒国澄译，中国法制出版社 2002 年版。

［古希腊］柏拉图：《理想国》，郭斌等译，商务印书馆 1986 年版。

［美］博拉朵莉：《恐怖时代的哲学：与哈贝马斯和德里达对话》，王志宏译，华夏出版社 2005 年版。

［美］博曼：《公共协商：多元主义、复杂性与民主》，黄相怀译，中央编译出版社 2006 年版。

［美］博曼等：《协商民主：论理性与政治》，陈家刚等译，中央编译出版社 2006 年版。

［美］德沃金：《认真对待权利》，信春鹰等译，中国大百科全书出版社 2002 年版。

［德］费希特：《全部知识学的基础》，王玖兴译，商务印书馆 1986 年版。

［德］费希特：《费希特哲学著作选集》第一卷，梁志学译，商务印书馆 1990 年版。

［德］费希特：《伦理学体系》，梁志学、李理译本，中国社会科学出版社 1995 年版。

［德］费希特：《自然法权基础》，谢地坤、程志民译，梁志学校，商务印书馆 2004 年版。

［德］弗兰克曼：《理解的界限：利奥塔和哈贝马斯的精神对话》，先刚译，华夏出版社 2003 年版。

［美］富勒：《法律的道德性》，郑戈译，商务印书馆 2005 年版。

［德］哈贝马斯：《交往与社会进化》，张博树译，重庆出版社 1989 年版。

［德］哈贝马斯：《现代性的地平线：哈贝马斯访谈录》，李安东等译，上海人民出版社 1997 年版。

［德］哈贝马斯：《认识与兴趣》，郭官义等译，学林出版社 1999 年版。

［德］哈贝马斯：《作为“意识形态”的技术与科学》，郭官义等译，学林出版社 1999 年版。

［德］哈贝马斯：《公共领域的结构转型》，曹卫东等译，学林出版社 1999 年版。

［德］哈贝马斯：《合法化危机》，刘北成等译，上海人民出版社 2000 年版。

［德］哈贝马斯：《重建历史唯物主义》，郭官义译，社会科学文献出版社 2000 年版。

［德］哈贝马斯：《后形而上学思想》，曹卫东等译，译林出版社 2001 年版。

［德］哈贝马斯：《包容他者》，曹卫东译，上海人民出版社 2002 年版。

［德］哈贝马斯：《后民族结构》，曹卫东译，上海人民出版社 2002 年版。

［德］哈贝马斯：《在事实与规范之间》，童世骏译，生活·读书·新知三联书店 2003 年版。

［德］哈贝马斯：《哈贝马斯精粹》，曹卫东选译，南京大学出版社 2004 年版。

［德］哈贝马斯：《交往行为理论》第一卷，曹卫东译，上海人民出版社 2004 年版。

［德］哈贝马斯：《理论与实践》，郭官义等译，社会科学文献出版社 2004 年版。

［德］哈贝马斯：《现代性的哲学话语》，曹卫东等译，译林出版社 2004 年版。

［德］哈贝马斯：《话语伦理学与真理的问题》，沈清楷译，中国人民大学出版社 2005 年版。

［德］赫费：《康德：生平、著作与影响》，郑伊倩译，人民出版社 2007 年版。

［德］亨利希：《康德与黑格尔之间——德国观念论讲演录》，彭文本译，台北：商周出版社 2006 年版。

［德］霍尔斯特：《哈贝马斯传》，章国锋译，东方出版中心 2000 年版。

［英］吉登斯：《现代性的后果》，田禾译，译林出版社 2000 年版。

［德］康德：《康德著作全集：第 6 卷纯然理性界限内的宗教道德形而上学》，李秋零等译，中国人民大学出版社 2007 年版。

［德］考夫曼等主编：《当代法哲学和法律理论导论》，郑永流译，法律出版社 2002 年版。

［美］科尔斯戈德：《规范性的来源》，杨顺利译，上海译文出版社 2010 年版。

［德］莱布尼茨：《人类理智新论》，陈修斋译，商务印书馆1982年版。

［德］莱布尼茨：《莱布尼茨自然哲学著作选》，祖庆年译，中国社会科学出版社1985年版。

［法］卢梭：《社会契约论》，何兆武译，商务印书馆2003年版。

［美］罗尔斯：《正义论》，何怀宏译，中国社会科学出版社1988年版。

［美］罗尔斯：《作为公平的正义：正义新论》，姚大志译，上海三联书店2002年版。

［美］罗尔斯：《政治自由主义》，万俊人译，译林出版社2006年版。

［英］洛克：《政府论》（下篇），叶启芳等译，商务印书馆1964年版。

［英］麦金泰尔：《伦理学简史》，龚群译，商务印书馆2003年版。

［美］桑德尔：《自由主义与正义的局限》，万俊人等译，译林出版社2001年版。

［美］施密特编：《启蒙运动与现代性》，徐向东等译，上海人民出版社2005年版。

［德］施特劳斯：《自然权利与历史》，彭刚译，生活·读书·新知三联书店2006年版。

［加拿大］泰勒：《自我的根源：现代认同的形成》，韩震等译，译林出版社2001年版。

［德］韦伯：《新教伦理与资本主义精神》（修订版），于晓等译，陕西师范大学2006年版。

［美］沃尔泽：《正义诸领域：为多元主义与平等一辩》，褚松燕译，译林出版社2002年版。

［古希腊］亚里士多德：《政治学》，吴寿彭译，商务印书馆1965年版。

二　外文文献

Alexy, Robert, *Begriff und Geltung des Rechts*, Verlag Karl Alber GmbH Freiburg/München, 1992.

Apel, Karl-Otto, *Auseinandersetzungen in Erprobung des transzendental-pragmatischen Ansatzes*, Frankfurt/ M. : Suhrkamp Verlag, 1998.

Apel, Karl-Otto, *Diskurs und Verantioortung*, Frankfurt/ M. : Suhrkamp Verlag, 1988.

Apel, Karl-Otto, *Transfonnation der Philosophie*, Bd, 2, Frankfurt/ M. : Suhrkamp Verlag, 1973.

Apel, Karl-Otto, "Normative Begründung der ＞Kritischen Theorie＜ durch Rekurs auf lebensweltliche Sittlichkeit? Ein transzendentalpragmatisch orientierter Versuch, mit Habermas gegen Habermas zu denken", in A, Honneth et al, (Hg,), *Zwischenbetrachtungen*, *Im Prozeß der Aufklärung*, Frankfurt/ M. : Suhrkamp Verlag, 1989.

Bernstein, Richard J, "The Retrieval of the Democratic Ethos", in A, Arato U, M, Rosenfeld (Hg,), *Habermas on Law and Democracy*, Berkeley, 1998.

Bloch, Ernst, *Naturrecht und menschliche Würde*, Frankfurt/ M. : Suhrkamp Verlag, 1977.

Bubner, Rüdiger, *Handlung*, *Sprache und Vernunft*, Frankfurt/ M. : Suhrkamp Verlag, 1982.

Cooke, Maeve, *Language and Reason*, *A Study of Habermas's Pragmatics*, Cambridge/MA, 1994.

Forst, Rainer, *Kontexte der Gerechtigkeit*, *Politische Philosophie jenseits von Liberalismus und Kommunitarismus*, Frankfurt/ M. : Suhrkamp Verlag, 1994.

Forst, Rainer, *Toleranz im Konflikt*, *Geschichte*, *Gehalt und Gegemuart eines umstrittenen Begriffs*, Frankfurt/ M. : Suhrkamp Verlag, 2003.

Gosepath, Stefan, *Aufgeklärtes Eigeninteresse*, Frankfurt/ M. : Suhrkamp Verlag, 1992.

Günther, Klaus, *Der Sinn für Angemessenheit*, Frankfurt/ M. : Suhrkamp Verlag, 1988.

Günther, Klaus, "Diskurstheorie des Rechts oder liberales Naturrecht in diskurstheoretischem Gewände", *Zeitschrift für Kritische Justiz*, Vol. 27, No. 2, 1994.

Günther, Klaus, "Kann ein Volk von Teufeln Recht und Staat moralisch legitimieren? Otfried Höffes Beitrag zum Neo-Naturrecht", in W, Kersting (Hg,), *Gerechtigkeit als Tausch?*, Frankfurt/ M. : Suhrkamp Verlag, 1997.

Habermas, Jürgen, *Die Einbeziehung des Anderen, Studien zur politischen Theorie*, Frankfurt/ M. : Suhrkamp Verlag, 1996.

Habermas, Jürgen, *Die Zukunft der menschlichen Natur*, Frankfurt/ M. : Suhrkamp Verlag, 2001.

Habermas, Jürgen, *Theorie des kommunikativen Handelns*, Frankfurt/ M. : Suhrkamp Verlag, 1981.

Habermas, Jürgen, *Wahrheit und Rechtfertigung*, Frankfurt/ M. : Suhrkamp Verlag, 1999.

Habermas, Jürgen, *Zwischen Naturalismus und Religion*, Frankfurt/ M. : Suhrkamp Verlag, 2005.

Habermas, Jürgen, Die postnationale Konstellation, Frankfurt/ M. : Suhrkamp Verlag, 1998.

Habermas, Jürgen, *Erläuterungen zur Diskursethik*, Frankfurt/ M. : Suhrkamp Verlag, 1991.

Habermas, Jürgen, *Faktizität und Geltung, Beiträge zur Diskurstheorie des Rechts und des demokratischen Rechtsstaats*, Frankfurt/M. , 1992.

Habermas, Jürgen, *Moralbewußtsein und kommunikatives Handeln*, Frankfurt/ M. : Suhrkamp Verlag, 1983.

Habermas, Jürgen, *Nachmetaphysisches Denken*, Frankfurt/M, 1992.

Habermas, Jürgen, *Strukturwandel der Öffentlichkeit*, Frankfurt/ M. : Suhrkamp Verlag, 1990.

Habermas, Jürgen, *Theorie und Praxis*, Frankfurt/ M. : Suhrkamp Verlag, 1982.

Habermas, Jürgen, "Zur Architektonik der Diskursdifferenzierung, Kleine Replik auf eine große Auseinandersetzung", in D, Böhler et al, (Hg,), *Reflexion und Verantwortung*, Frankfurt/ M. : Suhrkamp Verlag, 2003.

Habermas, Jürgen, "Reconciliation through the Public Use of Reason: Remarks on John Rawls's Political Liberalism", *Journal of Philosophy*, Vol. 92, No. 3, 1995.

Habermas, Jürgen, "Sprechakttheoretische Erläuterungen zum Begriff der kommunikativen Rationalität", Zeitschrift für philosophische Forschung, Vol. 50, No. 1/2, 1996.

Habermas, Jürgen, "Was heißt Universalpragmatik?", in K, – O, Apel (Hg,), *Sprachpragtnatik und Philosophie*, Frankfurt/ M. : Suhrkamp Verlag, 1976.

Hegel, *Grundlinien der Philosophie des Rechts*, §7, in: Hegel Werke in zwanzig Bänden, 7. Theorie Werkeausgabe, Frankfurt/ M. : Suhrkamp Verlag, 1970.

Honneth, Axel, *Das Andere der Gerechtigkeit*, Frankfurt/ M. : Suhrkamp Verlag, 2000.

Honneth, Axel, *Kampf um Anerkennung*, *Zur moralischen Grammatik sozialer Konflikte*, Frankfurt/ M. : Suhrkamp Verlag, 1992.

Honneth, Axel, *Unsichtbarkeit*, *Stationen einer Theorie der Intersubjektivität*, Frankfurt/ M. : Suhrkamp Verlag, 2003.

Höffe, Otfried, *Politische Gerechtigkeit*, *Grundlegung einer kritischen Philosophie von Recht und Staat*, Frankfurt/ M. : Suhrkamp Verlag, 1987.

Höffe, Otfried, *Kategorische Rechtsprinzipien*, *Ein Kontrapunkt der Moderne*, Frankfurt/ M. : Suhrkamp Verlag, 1990.

Höffe, Otfried, *Vernunft und Recht*, *Bausteine zu einem interkulturellen Rechtsdiskurs*, Frankfurt/ M. : Suhrkamp Verlag, 1996.

Joas, Hans, *Die Entstehung der Werte*, Frankfurt/ M. : Suhrkamp Verlag, 1997.

Kant: Grundlegung zur Metaphysik der Sitten, in Kants Werke IV, Hg, v, d, Kgl, Preußischen Akademie der Wissenschaften, ND Berlin, 1968.

Kettner, Matthias, " Otfried Höffes transzendental-kontraktualistische Begründung der Menschenrechte ", in W, Kersting (Hg,), *Gerechtigkeit als Tausch?*, Frankfurt/ M. : Suhrkamp Verlag, 1997.

Korsgaard, Christine: "Skeptizismus bezüglich praktischer Vernunft", in S, Gosepath (Hg,), *Motive*, *Gründe*, *Zwecke*, *Theorien Praktischer Rationalität*, Frankfurt/ M. : Suhrkamp Verlag, 1999.

Lasse Thomassen, *Habermas: A Guide for the Perplexed*, Continuum Books, 2010.

Marcel Niquet, *Moralität and Befolgungsgültigkeit-Prolegomena zu einer Realistischen Diskustheorie der Moral*, Wuerzburg: Verlag Koenigshausen&Neumann, 2002.

McCarthy, Thomas, *The Critical Theory of Jürgen Habermas*, The MIT Press, 1978.

McCarthy, Thomas, " Die politische Philosophie und das Problem der Rasse", in L, Wingert U, K, Günther (Hg,), *Die Öffentlichkeit der Vernunft und die Vernunft der Öffentlichkeit*, *Festschrift für Jürgen Habermas*, Frankfurt/ M. : Suhrkamp Verlag, 2001.

McCarthy, Thomas, "Legitimacy and Diversity, Dialectical Reflections on Analyticai Distinctions", in A, Arato U, M, Rosenfeld (Hg,), *Habermas on Law and Democracy*, Berkeley 1998.

Menke, Christoph, *Tragödie im Sittlichen*, *Gerechtigkeit und Freiheit nach Hegel*, Frankfurt/ M. : Suhrkamp Verlag, 1996.

Nussbaum, Martha C, *Frontiers of Justice*, Cambridge/MA, 2006.

Rainer Forst, *Kritik der Rechtfertigungsverhältnisse*, Frankfurt/ M. : Suhrkamp Verlag, 2011.

Rawls, John, *A Theory of Justice*, Cambridge/MA, 1971.

Siep, Ludwig, *Praktische Philosophie im Deutschen Idealismus*, Frankfurt/ M. : Suhrkamp Verlag, 1992.

Stefan Müller-Doohm, *Jürgen Habermas: Eine Biografie*, Berlin: Suhrkamp Verlag, 2014.

Sunstein, Cass, *The Partial Constitution*, Cambridge/MA, 1993.

Tugendhat, Ernst, *Vorlesungen zur Einführung in die sprachanalytische Philosophie*, Frankfurt/ M. : Suhrkamp Verlag, 1976.

Tugendhat, Ernst, *Vorlesungen über Ethik*, Frankfurt/ M. : Suhrkamp Verlag, 1993.

Wellmer, Albrecht, *Endspiele: Die unversöhnliche Moderne*, Frankfurt/ M. : Suhrkamp Verlag, 1993.

Wellmer, Albrecht, *Ethik und Dialog*, Frankfurt/ M. : Suhrkamp Verlag, 1986.

Willam Rehg, *Insight and Solidarity: A Study in the Discourse Ethics of Jürgen Habermas*, Berkeley: University of California Press, 1994.

Williams, Bernard, *Ethics and the Limits of Philosophy*, Cambridge/MA, 1985.

Wingert, Lutz, *Gemeinsinn und Moral*, Frankfurt/ M. : Suhrkamp Verlag, 1993.

索　引

后　记

　　本书是以我的博士论文为基础成文的。我由衷感谢王凤才教授、邓安庆教授和弗斯特教授的悉心指导。这本书虽然未能列入《批判理论研究丛书》出版，但我还是要再次表达对丛书主编王凤才教授的感谢。

　　本书是我的学术研究的起点。尽管书稿已经完成即将付印出版，但我深知其中有太多需要完善的地方。近两年来我一直在继续推进博士论文未竟的学术研究。附录有关霍耐特和弗斯特的文章可视为上述工作的成果。当然，如果要使哈贝马斯晚期的法哲学研究方向得到清晰的认识，那么还是有必要将他与君特之间的思想关联清理出来，而这正是我目前进行的工作。

　　本书难免仍有错讹之处，恳请读者批评指正。